U0613097

The Whole-network
Ecological Marketing

全网生态营销

单仁 ◎著

南方出版传媒
广东人民出版社
·广州·

图书在版编目（CIP）数据

全网生态营销/单仁著．—广州：广东人民出版社，2017.10
ISBN 978-7-218-11882-6

Ⅰ．①全… Ⅱ．①单… Ⅲ．①网络营销 Ⅳ.①F713.365.2
中国版本图书馆CIP数据核字(2017)第147475号

本书中文简体字版通过**Grand China Publishing House (中资出版社)**授权广东人民
出版社在中国大陆地区出版并独家发行。未经出版者书面许可，本书的任何部分不得
以任何方式抄袭、节录或翻印。

QUANWANG SHENGTAI YINGXIAO

全 网 生 态 营 销

单 仁 ◎著

版权所有　翻印必究

出 版 人：肖风华

策　　 划：中资海派
执行策划：黄 河 桂 林
责任编辑：罗 丹
特约编辑：乔明邦　宋金龙
版式设计：王 雪　林卓群
封面设计：胡小瑜

出版发行：广东人民出版社
地　　址：广州市大沙头四马路10号（邮政编码：510102）
电　　话：（020）83798714（总编室）
传　　真：（020）83780199
网　　址：http://www.gdpph.com
印　　刷：深圳市彩美印刷有限公司
开　　本：787mm×1092mm　1/16
印　　张：25　字　数：324千
版　　次：2017年10月第1版　2017年10月第1次印刷
定　　价：69.80元

如发现印装质量问题，影响阅读，请与出版社（020-83795749）联系调换。
售书热线：（020）83795240

献 词

> 《全网生态营销》从营销战略的高度出发，阐述了以搜索引擎、微信、微博、博客为代表的线上营销体系，以软文、评论、赞赏为代表的内容营销，以电视、报纸、路牌等媒介为代表的传统媒体，共同形成一个可以自生长、自传播的生态营销系统。

推荐序

传统企业向互联网转型的"摆渡人"

郝鸿峰
酒仙网董事长兼总裁

传统企业在向电商转型的道路上，注定要经历一些严峻的考验吗？

在这条崎岖波折的道路上，有没有贵人扶我们上马，再送一程呢？

我凭借亲身经历给出的答案是：肯定的。

单仁老师就是我的贵人，也是酒仙网的贵人。

现在看来，酒仙网是幸运的。我们2010年创立之初，就遇到了单仁老师，并且组团参加了单仁老师的课程。当时，我们的团队没有一个人知道传统企业怎么向互联网转型，不知道电子商务是什么，也不知道在网上把酒卖给谁。今天，酒仙网已经是全球最大的酒类电商平台，估值近100亿元人民币，拥有1 500多万名会员，经营11 000多种酒。

这样的成绩固然离不开单仁老师及其团队。在本书中，单仁老师为了方便读者理解并运用盈利模式，分别总结了6种传统企业可以通用的盈利模式。其实，这6种盈利模式相当于6个盈利模块，任何一家企业都可以结合自身优势，重组6个模块，形成独特的、竞争对手无法抄袭的盈利模式。

酒仙网就是这么干的！

2016年年底，我们在单仁资讯的协助下，开始重构酒仙网的商业模式。我们重新定位优势资源，组织专业化运营，从过去专业领域内的垂直电商模式转型为"垂直电商＋平台"模式。成立近10年来，我们的用户规模达到千万量级。通过大数据分析，我们可以为入驻商家提供消费人群画像、精准定位人群，帮助酒类企业深入了解用户需求，以此调整销售策略。上述这一系列动作全都离不开单仁老师及其专业化团队的支持与帮助。这些可都是单仁资讯的看家法宝。

在传统企业向互联网转型或试水电商，甚至跨境电商项目时，企业一把手的脑袋往往直接决定了项目能否成功。通读本书，你会发现，这本书就是写给企业一把手看的网络营销与电商策略书。它就是要深入老板的脑袋，破解老板脑袋里面根深蒂固的顽固思维，激发他们埋藏在心底的创业激情，带领企业征战更加广阔的互联网市场。因此，我向企业家朋友推荐《全网生态营销》。

权威推荐

著名财经评论家　叶檀博士

无论是传统制造型企业，还是自带互联网基因的中小创企业，政策与市场的两股转型东风已备。单仁老师再次抢先一步，占领浪潮之巅，推出这部互联网营销转型大成之作《全网生态营销》，创造性地提出可以"自传播、自生长"的生态营销系统，值得学习与认真实践。

中国十大营销专家之一　朱玉童

做品牌就像培育小树苗一样，从注册那一天起，我们就开始持续投入人力、资金、精力，并且容不得半点虚情假意。单仁老师的确有先见之明，精准捕捉众多企业家内心最痛的这一点，推出《全网生态营销》一书，助力企业以较低成本，培训可持续成长壮大的品牌。仔细拜读完这本大作，感触良多，收获颇丰，并推荐大家阅读此书。

中商国际管理研究院院长　杨思卓

从触网到破网，单仁老师这本书告诉我们最关键的一点：互联网思维的本质是客户思维。

智囊传媒董事长　傅　强

互联网给人们带来的变革不仅仅是"基础设施"的改变，也包括整个商业思维以及运营模式的变化。在这个全新的生态环境下，真正地实现了从客户需求出发，关注客户痛点，进而提出解决方案的商业运行轨迹！此时的"营销"，不再是工业化时代的"卖产品"，而是以客户为中心的商业起点。

广东省东方谈判发展研究院院长　畅销书《首席谈判官》《谈判兵法》作者　武向阳

　　单总在本书中，创造性地把搜索引擎、微博、微信等营销途径结合起来，提出全网生态营销概念，志在将企业品牌、产品或服务打造成为可以自生长、自传播、自复制的生态系统。拜读此书，给了我许多启发。

领航青年商学院院长　危正龙

　　全网生态营销是基于用户思维和用户中心，重构和统合商业生态链条并形成新的利益共生体的一种新型营销模式。它们相生相克、和谐共生，以形成交互依存式营销生存状态并形成命运共同体。即它是穿透商业模式顶层视角的全网生态营销。

国内知名营销专家　人生赢家商学院创始人　胡兴都

　　"互联网"时代里全网营销是大势所趋，单老师这本书全面系统地分析了作为传统企业如何摆脱营销艰难之困局，值得传统企业主和每一个从事营销相关的人员阅读和学习！

目 录 | The Whole-network Ecological Marketing

第二部分　触网有术

百度、360、搜狗等搜索引擎优化识别什么样的域名？如何判断虚拟主机服务商的可靠度？什么样的内容可以让用户自动自发成为企业的"宣传员"或"播种机"？

联想元老柳传志如何跨界爆卖猕猴桃？千呼万唤始出来的微信小程序究竟会给营销人员带来怎样的推广机会？

手机营销网站与PC营销网站的区别在哪里？如何找到满意的建站公司？

第三部分　破网亮剑

越来越多的传统企业接触网络，却只有少数企业能够突破网络，这里面的道道究竟在哪里？跨境电商如风临口，火遍神州，你心动之余，如何采取行动？

运营团队包括哪些岗位？怎样的设置既能带来高效成果，又节省成本？老板如何考核运营总监、营销总监，以及团队的业绩？如何全网预售、发售，打造全网爆品？营销预算应该包括哪些核心指标？如何考核？如何跟进？

第四部分　全网心得

10年前赶潮流，匆忙搭建企业官网，却让网站昏睡了10年，直到走进单仁资讯，短短两年里，竟然新增126家专卖店。

最古老的手工绣花企业如何"勾搭"上最前沿的网络营销？并通过网络斩获70%的营业额？挂牌上市？祖传瑶医如何通过网络营销，让收益一年内增长10倍？饰品花边行业的"苹果"怎样把产品卖到GAP、欧时力等全球知名快时尚企业？

自　序

当 20 年前的"胡思乱想"变成现实

　　1981 年，我开始读本科，学习商业会计专业。作为财经类专业学生，除了学习商业会计专业的课程之外，我也要学习各种经济学理论。

　　当时，中国商业其实非常简单，就是遍布全国的供销社系统，划分为四级供销和调拨体系，从国家供销总社到省供销社、县供销社再到公社供销社。产品按照计划生产出来，到用户手上，需要经过超过四个环节，且每一个环节都要加价。

　　马克思在《资本论》中说："流通或者商品交换不创造价值。"既然交换不创造价值，为什么经过了流通环节后的产品都会翻倍的加价？这不是价值和价格的严重背离吗？于是，我的本科毕业没有写会计学方面的论文，而是写了经济学方面的主题叫《论直销》的论文，完成了我的本科阶段的学习。

　　20 年后，也就是 2003 — 2005 年，我做图书、音像业务。新华书店是避不开的渠道，但是新华书店是典型的国企机制，效率低得让人无法接受。从店面开单补货到书籍补充到店面，即使店面到仓库的距离不过百米，但是补货时间都需要一周左右。

　　因为无法接受新华书店系统的低效补货和长达一年的货款结算，我的团队开始通过网站销售图书，自己建立网站，把图书放到网上去卖，图书从出版通过网络直接到达读者手上，完全不需要任何中间环节，不需要无数次加价。不仅如此，通过网络，书籍可以销售到多伦多、洛杉矶、悉尼等全世界各地的城市。

我明白了互联网可以让流通效率大幅提升。通过两年多实践，我越来越发现利用互联网从事营销，不正是我 20 年前想象的商业结构吗？于是 2006 年 4 月，我创立单仁资讯的时候，才想到深度研究网络营销，把更多的基于互联网的营销手段系统化，并且教给更多中小企业。

传统的产品经营体系都是基于本地化市场建立起来的。移动互联网让这一切变得简单而直接。

过去的 20 年，企业即使上网，也是简单的、浅层次的触网，对互联网的平台、技术的理解知之甚少，对网络营销和传统营销的转换关系不甚了了，对不同产品和服务基于移动环境的营销范式更是不知所以了。

传统营销必须升级基于网络环境的生态营销。

所谓生态，是生物互相依存的自然状态。良好的生态是基于在某一个环境下，对各方都友好的一种可持续发展的平衡状态。

移动时代营销，从传统的简单粗暴的营销，向着"精准"和"生态"的方向发展。

很多企业虽然也走上互联网，却不明白传统经营和网络经营的区别在哪里。因为不知道这一区别，所以，即使是运用互联网也是浅尝辄止。区别究竟在哪里？四个字，叫"精准"和"生态"。

传统的生意，不管是个人购物还是单位采购，买卖双方总能见面，买家有机会详细提出自己的需求，卖家根据买家提出的要求确定能不能满足对方。产品能以实物形态展示，通过见面交流，明确需求，完成交易。

当交易转移到互联网上时，买方会按照自己的需求和意愿，从寻找开始，到满足结束。在没有确定卖方是不是能基本符合自己需求之前，买方不会主动和卖方搭讪。直到找到符合自己需求的产品和服务，才会联络卖方洽谈和最终成交以及交付相关的问题。

基于网络的营销，卖方必须深入洞察买家的身份、所处的状态、细致的需求，并且能分类、分场景地展示产品和服务。产品的展示必须能代替买家的真实现场体验和感受。用各种可能的方式，让买家通过在线就能完成身临其境的效果。除了产品服务本身之外，企业的价值观、公司的文化、服务的手段、管理方法等要素都是买家可能考虑的方面，都需要纳入整体形象之中。

传统的营销，都是品牌商的独角戏。通过影响和操控传播资源，主要是主流媒体，按照自己的意愿，制造和传播信息。买方只能靠少量的信息做决策。

在互联网环境下，尤其是移动互联网环境下，会有非常多的购物者甚至消费方面的专家，分享购物的经验和专业意见。他们一起构成了一个新的交易生态，卖家不能利用消费者的无知，利用人性的弱点，肆意挥动营销的大棒了。

就像自然界的生物链一样，在移动互联网的营销环境下，企业必须把整个社会作为一个有机整体，也是一个生态系统去经营。生态营销要把所有人，除了公司客户之外，还包括公司员工、行业领袖、媒体大咖都作为公司的潜在客户去对待。他们的声音，一起构成了企业丰富多彩的品牌形象特质，他们对公司的共同评价，构成了用户对品牌的核心印象，也构成了品牌最核心的内涵。

互联网的核心是"链接"，连通万事万物，因而有无限扩张的能力，网络有核心、无边界。

生态营销就是要围绕目标用户构建可持续发展的环境系统。用户、社群、社会一起成为生态的参与者，企业必须发挥自己的核心竞争优势，尤其是核心服务能力，围绕目标用户核心场景需求，通过引入更多产品和服务，共同构成一个整体，为用户创造一个优异的消费环境。

网络营销升级为生态营销，是用可持续发展的战略思想指导并因应市场竞争。因此,生态营销必须是企业、用户和社会各方利益的有机统一。

生态营销,就是打造一个包容性生态系统,适应新环境变化,包括接受新物种的加入。当然,每一种新物种的进入,都会打破原来的平衡,去制造新的平衡。

随着新技术的应用,搜索营销会发生深刻变化。过去的20年,搜索框内主要是文字。关键词组合主要考虑消费者的文字组合习惯;但随着语音识别技术的成熟,用户搜索的方式从文字搜索越来越多地转向语音搜索。卖家必须从过去基于文字的搜索,转向口语习惯的搜索。

新技术也让产品展示变得更加符合买家的体验要求。VR和AR技术越来越成熟,卖家用新的展示方法,更加真实重现买家和产品、服务零距离的体验。

从传统营销到生态营销不是形式的变化,而是营销本质的变化。这种变化不是基于产品和自己有限资源,而是基于用户导向,借助网络的技术,链接所有可能的资源,为用户提供更加美好的服务。

这本书从营销战略的高度出发,阐述了以搜索引擎、微信、微博、博客为代表的线上营销体系,以软文、评论、赞赏为代表的内容营销,以电视、报纸、路牌等媒介为代表的传统媒体,共同形成一个可以自生长、自传播的生态营销系统。

单仁行
央视财经评论员单仁博士
唯一官方公众号
带你走进网络营销最前沿

第一部分

明道先行

OPPO 和 vivo 超越小米的秘诀来自哪里？单靠无处不在的实体店面吗？他们又如何向小米偷师，学习网络营销？深圳一家名不见经传的茶叶商"荔花村"如何通过网络把生意做到联合国大会？怎样把中国的门窗卖到非洲？

从传统工商时代到移动互联网时代，广告狂人奥格威的文案还会受追捧吗？传统企业如何重新设计独一无二的盈利模式？如何运用四大定位系统找准互联网触点？

移动互联网时代的特点与变化

第 1 章
传统企业谋求非传统活法

"互联网 +" 与各行各业的关系，不是 "减去" (替代)，
而是 "+" (加) 上。各行各业都有很深的产业基础和专业性，
互联网在很多方面不能替代。

——腾讯控股董事会主席兼 CEO 马化腾

2016 年，国产手机行业历经了数不尽的腥风血雨，究竟谁能够独踞行业头把交椅？是向高端市场发起猛攻的华为，自感 "迷茫"、调整补课的小米，还是占领农村、剑指城市的 OPPO 和 vivo？

知名数据调查机构 IDC 称，2016 年，vivo 手机销量高达 7 730 万部，比 2015 年增长 103.2%，增速仅次于 OPPO 的 132.9%，以互联网饥饿营销见长的小米手机却被挤出前五名；老牌市场调查机构 GFK 则认为，2016 年，华为在国内依然是销量冠军，占据 18.1% 的市场份额，OPPO 排名第二，市场份额是 13.8%；而另一家市场调查机构 Counterpoint 则表示，vivo 凭借 78% 的超高增长率占据着手机销量增长率排行榜的第二名。

尽管 IDC、GFK、Counterpoint 等机构的统计数据不太一致，但都说明了一个事实：OPPO 和 vivo 正在强势崛起，

小米则走上了下坡路。令人奇怪的是，大多数研究机构和业内人士近乎一致地把 vivo 和 OPPO 两个品牌的崛起归因于它们多年深耕线下渠道，终结硕果。

事实果真如此吗？我们暂且不提两个品牌不惜重金冠名的热播综艺节目，只回顾一下，它们这两年做的一些网络营销活动。

2015 年 1 月 25 日，国内领先的社交平台微信试水朋友圈 Feed 流广告。vivo 手机以"向音乐致敬"为创意主题，拔得头筹。vivo 手机广告通过贝多芬、金色大厅、留声机、摇滚、调音台、vivo，共六幅图片，传递"天赋、梦想、经典、自由、坚持、极致"六大主题，见图 1.1。这条广告被精准投放到 1 000 万名潜在消费者的朋友圈中。

与此同时，vivo 投放的 H5 页面广告也给人留下深刻印象。在纯黑色背景中，用星空勾勒出迈克尔·杰克逊的头像，画面极简，却给人强烈的视觉冲击力，见图 1.2。

图 1.1　vivo 手机发布第一款朋友圈广告

对此，一位 4A 广告公司创意总监评论说，vivo 手机向来把音乐作为最大卖点，此次进军移动互联网的营销活动，仍然以音乐串联全局，是一次有情怀的营销推广。

其实，"向音乐致敬"Feed 流广告为消费者揭开了 vivo 在移动互联网上进行的众多不为人知的精耕细作。

2015 年 5 月 14 日，vivo 发布 X5Pro 手机。在创意十足的发布会结尾，万众期待的价格公布环节，vivo 官方向广大消费者卖了一个关子——价格将在隔日的微信朋友圈公布，见图 1.3。

早在移动互联网兴起之际，OPPO 副总裁吴强在接受《成功营销》杂志采访时便透露，OPPO 品牌创始人陈明永曾表示，"现在电视广告已经不重要了，因为现在的电视观众偏老龄化和女性化。怎样通过特殊定位，迅速凝聚一批'粉丝'，然后通过互联网的方式传达，这种方式是现在年轻人需要的。"

图1.2 vivo 手机推送的 H5 页面

图1.3 vivo 手机利用朋友圈吊足消费者胃口

在现实中，很多传统企业在过去的几十年里都过着旱涝保收、衣食无忧的日子。大多数企业也在 2012 年前后开始关注移动互联网，但只有少数企业迅速行动了起来。即使在这些行动起来的企业中，仍然有相当多企业误认为，移动互联时代与传统商业时代并无二致，它们的"打法"甚至是一模一样的。

从传统商业时代到移动互联时代，众多传统行业的中小型企业需要应对哪些变化呢？

市场环境急速迭代

在中国，互联网从无到有，只不过经历了短短 20 多年时间，却以迅雷不及掩耳之势完成门户时代、网页时代，以及移动互联时代的更迭与升级。面对变化如此迅疾的商业环境，小米联合创始人黎万强说："营销不再刻意营造'高大上'，类似'龙行世纪'之类的口号就不用了，我们要求直接说大白话。"

联想集团副总裁陈旭东说："实际上，整个世界发生了很多变化。我们以前的成功套路，现在已经不适用了。举一个例子，我们花很多钱在推广上，但监测到的品牌指标并没有明显提升。我们就是要从过去以产品为中心的推广方式，快速地转变成以客户体验为中心的移动互联化的方式，通过经营客户关系，建立起他们对联想的热爱。"

2015 年 11 月 13 日，知名投行高盛集团在一份研究报告中，用数字和图形描述了中国 80 后、90 后人群的特征与消费密码。由图 1.4 可以看到，伴随着互联网长大的 80 后和 90 后已成为中国内地网络用户及网购的主力军。虽然他们仅占中国人口总数的 31%，却占了网民人数的 55%，在网购人数中占比高达 73%。由此可以看出，今天及未来，中国最具消费力的人群几乎全部集中在网络上。今天的 80 后、90 后越来越习惯于网络购物，他们正日益成为社会的主体力量。

　　首先，需求迅速转换。在工业时代，一家企业可以凭借一款好产品或一个好品牌生存延续很多年。但逐渐成为消费主力军的 80 后、90 后高度崇尚个性化需求，消费需求也如潘多拉魔盒一样，变幻无常，也变化迅速。

　　其次，热点变化快。昨晚饭局上，我们还在和朋友热火朝天地讨论万科股权之争；今早睁开眼，打开手机，翻看微信朋友圈，发现大家都在围观华为如何超越三星，OPPO 和 vivo 凭什么成功逆袭小米。

　　这不仅是大家在茶余饭后的闲聊谈资，更是企业经营者关注社会热点，布局全网营销的接触点。如果企业经营者或经营团队没有日常关注时事热点的习惯，那么，他们怎么借此东风，给产品装上一对"可以飞得更高的翅膀"呢？其实，不仅企业经营者需要对热点事件保持高度敏感，甚至每一名员工都有义务去发现，并捕捉社会热点或行业热点，借势宣传品牌，推广自家产品，引发目标用户围观。

　　再者，技术快速进步，迫使管理者跳脱传统。近两三年来，中国在大数据、云计算、宽带提速、移动终端等网络硬件设施建设方面，已经超越大多数西方国家。据麦肯锡公司调查，20 年前，全世界拥有手机的人不到总人口的 3%，有机会使用互联网的人数不到 1%。今天，全世界拥有手机的人超过总人口的 2/3，1/3 的人可以通过互联网交流。

　　如今，新技术和持续创新正在缩短企业的生命周期，企业管理者不得不更加高效地制定决策和配置资源。在"朝生夕不保"的商业环境里，创业型公司具备"船小好掉头，白纸好描画"的优势。如果传统企业不能快速转向互联网，那么，它们很快就会成为"传统"了。

销售渠道碎片化

　　在阿里巴巴、eBay 等在线平台上，90% 的卖家都在做跨境电商，而在传统行业的中小型企业中，这一比例不到 25%。我们的许多学

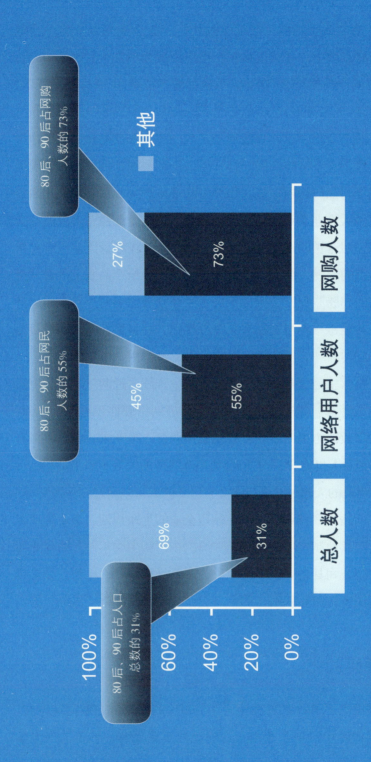

图 1.4　网络消费人群细分

员企业已经成为这 25% 中的一员。其中，荔花村茶叶有限公司通过网络，把茶叶卖到了联合国大会，还在加拿大设立了销售处；株洲大匠风建筑科技材料有限公司通过网络拿到碧桂园百万元大单，2015 年网络订单占公司业务量的 31.5%；江苏圣澜服饰创意有限公司的网络营销业绩占销售总业绩的 30%；佛山市南海富轩门窗幕墙有限公司把业务拓展到了美国和非洲，五六成业绩来自于网络；河南一涵汴绣有限公司的七成订单来自网络，并于 2015 年 7 月成功在上海股权交易托管中心挂牌。

2012 年以来，移动互联网呈爆炸态势急剧扩张，深度改写、重组了我们所熟知的商业模式，动摇了企业竞争的根基，也打破了传统的行业界限。传统线性价值链快速蜕变成像蜘蛛网一样的价值网。我们在与众多企业家学员利用课余时间讨论时发现，企业发展的绊脚石不再是资金、供应商、客户、生产等商业元素，而是我们脑袋里的观念。

2015 年，各行业垂直电商迅速崛起，社群电商和微商方兴未艾，渠道的碎片化愈演愈烈。对于传统行业的中小型企业而言，这其实是一件好事：我们与消费者接触的机会更加丰富了，通过实践全网生态营销，可以对线上和线下的碎片化渠道进行统筹和管理。

企业从未像今天这样，可以支付非常低的成本，却接触到更多的客户。例如，餐饮服务原本属于传统行业，店主选择一个位置，开办一家门店，经营一方美食，周边的客户进店用餐消费。当微信、滴滴、百度地图、大众点评、美团等应用软件崛起，迅速侵入各个传统行业后，商业模式发生了翻天覆地的变化，传统的进店消费渠道日渐式微，通过新兴渠道消费的人群则日渐兴盛。

随着网络普及率越来越高，社交媒体越来越活跃，企业与消费者之间的接触点越来越丰富。企业可以从线上网站、行业论坛、"粉丝"群、朋友圈、线下实体店等渠道提升产品或服务的曝光率，吸引客户注意力，引起围观，发掘成交的可能性。

信息过载，营销再深"点"

小米董事长雷军说："我们只不过是在顺势而为。"既然渠道碎片化已成趋势，这就给了我们顺势而为的机会。针对碎片化的渠道，我们的营销就需要更深"点"、需要更个性化的内容。

在一次与学员的互动中，我问大家："你们觉得，一个人每天为了'吃'这件事情，需要作出多少次决定？"大家经过一番激烈讨论，甚至争论，给出答案："应该不会超过100次。"

我说："太少了。一家数据调查机构给出的答案是：大约200次。"普林斯顿大学心理学教授丹尼尔·卡尼曼（Daniel Kahneman）这样解释："我们倾向于认为，决定大多是在理性思考之后才作出的，但事实上，很多决定是由直觉推动的。根据我们所知道或者所预想的情况作出决定，是人类与生俱来的本能。"

如果我们做的生意与"吃"有关，怎样才能从一位客户的 200 次决定中，捕捉到 1 次或更多次决定呢？不妨借鉴亚马逊、乐购、网飞等公司的做法：记录客户在自家网页上的浏览习惯，分析点击数据，根据用户的消费习惯向客户推荐商品或服务。此举可以缩小客户选择范围，将客户引流到推荐的商品或服务页面。其实，这样的行为既是善意的操纵，又是有效的营销方法。

我们正在做的全网生态营销，就是要让产品或品牌覆盖电话、展会等传统营销渠道，微信、微网页、微博等移动互联网，以及搜索引擎、邮件等 PC 互联网，三网合一，从众多竞争对手中间脱颖而出，引起用户的围观、成交以及传播。

漏斗成炮灰，员工担当新炮手？

营销漏斗的全称是"搜索营销效果转化漏斗"，包含 6 个层次，对应企业进行搜索营销的各个环节，即从展现、点击、访问、咨询、获取线索到生成订单的过程中，监测客户数量及流失率。它是一个在营销过程中，将潜在用户变为有效客户的转化数量模型，见图 1.5。

展现量位于漏斗顶端，数量最大，逐层向下，数量缩减，最终成交的数量最小。这表示，各个环节都有客户流失或放弃购买。我们通过分析图 1.6 可以发现，企业在开展网络营销时，推广是重要工作，但并非全部工作。

针对询盘量较低的情况，我们可以研究浏览者的兴趣、行业和习惯，从顾客的角度出发，提供信息，解决疑问。在提升订单成交率方面，企业还可以对销售人员进行话术培训，以及提高其对市场的熟知程度和对竞争对手的研究程度等。

DMRC 波纹营销课题组通过研究传统营销漏斗各个环节的预算配置后得出结论，这个模型的弊端就是中间转化花费大，实际转化效率不理想。而时趣互动 CEO 张锐则打趣道："移动互联网和社交媒体的兴起，狠狠地踹了漏斗一脚。"

CTR 媒介智讯表示：2015 年前三季度，中国广告市场规模同比缩减 3.5%，传统广告骤降 7.3%；Gartner 研究报告则指出：67% 的企业的营销部门将在两年内增加与技术有关的预算，预计到 2017 年，首席营销官 (CMO) 花在技术上的时间和精力将会超过首席信息官 (CIO)。

通过对比 CTR 媒介智讯和 Gartner 研究报告两组数据，我们发现，企业正在缩减传统营销费用，增加与网络技术有关的预算。DMRC 波纹营销课题组认为，企业与消费者之间，传统的强势媒体这条大路正在收窄，而一条条类似微博、微信、朋友圈等社交媒体的"小径"

图 1.5 搜索营销效果转化漏斗

正在不断涌现。他们提出的社会化传播波纹模型展示出，品牌营销就像朝一个平静的湖中不断扔石子，让湖面产生一个又一个涟漪，涟漪和涟漪在波纹同步的过程中会互相影响，形成更大的波峰和波谷。

通过调研超过10万家传统行业里的中小型企业，我们发现，75%的企业还在依靠固有线下渠道接单，完成生产、交付并提供服务。而在尝试网络营销的企业中，绝大多数也只是花钱创建了一个官方网站，一个月的访问量还很难破百。更有甚者，一些企业官网创建多年，成交订单量依旧没有破零。

无论在PC互联网上，还是在移动互联网上，营销信息都不会自动形成，也不是简单依靠打动人心的场景内容，就能把企业形象或产品传播出去。在纠结是否需要提高营销预算时，许多企业却忽略了隐形的高价值资产——员工。在移动社交快速发展的今天，每位员工的微信朋友圈都是企业进行高效率、低成本营销的阵地。

知名作家、编剧、影评人王洪涛（网名：释道合一）在博客中分享了一个精彩的微信朋友圈营销案例：

> 2016年4月27日上午，一个名为"世茂集团"的微信账号出现在一位做地产的朋友的微信朋友圈。起初，他的朋友认为这是地产商在投放微信广告。大约20分钟后，这位朋友打开微信朋友圈，看到满屏都是"世茂集团"——同样的昵称、同样的头像、同样的内容。
>
> 朋友开始怀疑这是谁搞的恶作剧，还是手机中了病毒？后来，他仔细翻查发布记录，发现这条微信来自世茂集团的一位员工，而不是世茂集团官方。
>
> 如果事情到此结束，这次事件也不过被视为一次无伤大雅的小玩笑，没什么过人之处。但在当天下午，这条信息席卷了地产人的微信朋友圈，越来越多业内人士加入进

来，把自己的名称和头像修改成"世茂集团"，见图1.6。

这时，那位做地产的朋友才意识到，这是针对世茂品牌的一次精妙绝伦又非常成功的"微快闪"营销活动。在此次营销过程中，世茂集团没有产生任何成本。

图 1.6　微信朋友圈中的"世茂集团"

随着互联网和移动互联网的发展，越来越多的企业、个人将会产生联系，实现人与人、人与物、人与服务、人与场景、人与未来的连接。在开发与应用这些连接的过程中，企业将从触网到破网，实现华丽转型与升级。本章行文至此，我想起了弗罗斯特的诗歌《未走过的路》，诗的末尾是这样写的：

多年，多年后，在某地，
我将讲这件事，叹口气：
树林里路分两股，而我呢——
选上的一条较少人迹，
千差万别由此而起。

第 2 章
如果大卫·奥格威还活着

> 未来营销要结合人们的信念与企业的价值观，公司需要先
> 与用户建立同感和共鸣，然后再从人们的情感中获利。
>
> ——现代营销学之父 菲利普·科特勒

无论在课间闲叙，还是翻阅微信留言，我总会被学员问到这样一个问题："单老师，我的企业已经全面布局网络营销了，我还需要养活大量的地推人员吗？或者还需要每天进行电话营销吗？我还需要在高速路口的广告牌上打广告吗？"

其实，每次听到或看到类似问题，我都会感到一丝惭愧。我经常反思和自问："是我没有讲清楚，还是学员没有理解'全网营销'的本质呢？从'全网营销'升级到'全网生态营销'，学员们又能够接受多少呢？"

传统媒体已成明日黄花？

2012 年，比尔·李（Bill Lee）在《哈佛商业评论》发表了一篇文章《传统营销之死》。这篇文章认为，广告、公共关系、品牌推广和企业宣传等传统营销手段已经失效。

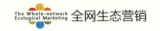

其中的很多从业者似乎还未意识到，他们所做的工作已是窠臼之策。比尔·李给出了以下三点论据。

首先，消费者已经不再关注传统营销方式。一些研究已经证实，在消费者的购买决策中，传统营销的传播作用基本上难以奏效。消费者通常有自己的方式去获取产品和服务信息，其中常用的方式是网络、口头传播、客户评价等来自公司外部的信息源。

其次，广告主的首席执行官没有那么多耐心等待传统营销方式发挥作用。2011年，伦敦富尔乃兹营销公司（Fournaise Marketing Group）针对600名首席执行官和企业决策者进行了一项调查。他们发现，73%的受访者认为他们的首席营销官缺乏商业信誉，没有能力实现大幅度的业务增长；72%的受访者声称他们感到厌烦，因为营销人员只知道要求资金投入，却从不解释如何实现业务增长；77%的受访者表示，营销人员常常大谈品牌资产，却无法把它与公司真正的市场估值或其他公认的财务指标联系起来。

最后，在社交媒体日益发展的大环境下，传统营销不仅效果不好，甚至不能言之有理。设想一下，某家企业雇用员工，找到广告代理、咨询顾问和合作伙伴，但这些人并不是消费者，其利益必然和消费者不一致，那么企业如何能希望这些人可以说服消费者把辛苦钱花在他们宣传的东西上呢？

在《传统营销之死》这篇文章中，比尔·李认为，这样的讨论有些多余，因为传统营销手段无论在哪儿都发挥不了作用。同时他还认为，人们才刚刚揭开未来营销神秘面纱的一角。而未来营销的关键则在于社区营销，寻找能够影响客户的"意见领袖"，帮助意见领袖赢得社会资本，引入客户需求向导（Customer Advocate）。

在过去的一段时间里，我深入研究了比尔·李的这一观点。我认为，电视、广播、杂志等传统营销载体仍旧拥有十分庞大的受众基数，并且，其权威性和可信度超过网络媒体。我提出的全网生态营销，指将产品规划与开发、网站建设与运营、品牌推广、产品销售等环节集于一体，形成营销价值链。它将电视、广播、报刊等传统渠道，搜索引擎、网站与博客等网络平台和微博、微信等自媒体为代表的移动互联网整合在一起，进行营销推广。并且，以内容为主线，整合上述营销触点，形成一个可以自生长、自传播的营销体系。其实，所有营销触点都可以实现数据化，全网生态营销给用户带来的体验包括线上、线下、社交、移动端等几大板块，让产品或品牌与伴随消费者左右。

微信，在中国可以称为新媒体营销当之无愧的代表。许多白领人士可能会依稀记得，2011 年微信刚推出时在公交车和地铁上发布的"摇一摇"广告。

时至今日，尽管传统媒体与微信的影响力已经发生了"乾坤大挪移"，但也不构成谁扼杀谁，谁置谁于死地的关系。相反，我认为，传统营销与新媒体营销之间存在一个黄金平衡点，也就是说，在资源有限时，通过合理分配线下和线上资源，把二者结合起来，使营销效果最大化。

大卫·奥格威的迷局

大卫·奥格威（David Ogilvy，1911 – 1999）年轻时被称为"广告怪杰"，职业生涯后期至今则被奉为"广告教父"（The Father of Advertising，又称"广告教皇"，见图 2.1）。他创办的奥美广告公司现如今是世界上最大的广告公司之一。有调查显示，通过他的广告卖出去的产品数量是另外两位广告大师比尔·伯恩巴克和李奥·贝纳加起来的 6 倍。

提起这位广告教父，广告界与营销界的许多从业人士都可以脱口而出奥格威几句名扬天下的广告语，比如劳斯莱斯的汽车广告：在时

图2.1　大卫·奥格威坚持广告不是艺术，
它唯一正当的功能就是销售。
做广告是为了销售产品，否则就不是做广告。

速 150 公里时，这辆新款劳斯莱斯汽车上的最大噪声来自它的电子钟；再比如多芬香皂的广告语：多芬香皂不但能够深层清洁皮肤，同时对皮肤还有保护和润泽作用，洗澡特别舒服。

1999 年 7 月 21 日，享年 88 岁的大卫·奥格威在法国多佛家中安静地离开人世。时至互联网泡沫破灭前夜，互联网在广告和营销方面的威力还没有被激发出来。或许，他的离世标志着一个时代的结束。

现在，我们不妨一起想象一下，如果奥格威还活着，并且一直从事他挚爱的广告业，他会经营 Facebook 或 Twitter 这些自媒体吗？他的微信朋友圈会发布哪些内容？他会如何看待近十多年来兴起的网络营销和移动互联网营销呢？

在回答这些问题之前，我们首先看一看，从传统工商时代到移动互联时代发生了哪些变化，又有哪些方面没有变。

终端用户没有发生变化。杭州立新实业是一家经营电机的企业，他们的终端用户一定是对电机有需求的企业和机构。

2012 年，立新实业的杨总已年逾花甲，但他经营企业的劲头丝毫不输 20 多岁的毛头小子。上完单仁资讯的课程后，他果断启动全网营销，并在 2013 年通过网络斩获近亿元的销售额。在一次活动中，我们请杨总分享他的"触网心得，破网秘诀"。他信步上台，用平缓的语调表达了他的真实感受："如果你的企业至今仍未很好地利用互联网这个工具，不具备互联网思维，那么就算你有最好的产品、最好的团队、最好的管理，也会被淘汰。在移动互联时代，没有哪家企业强大到不能被挑战，也没有哪家企业弱小到不能参与竞争。小企业只要大胆创新，就有可能与大企业竞争，甚至赢得胜利。"

从这个事例中，我们可以看出，终端客户对产品的需求没有发生变化，但网络拓展了企业与终端客户之间的成交路径。

用户需求没有发生变化。虽然互联网引爆了一场底层革命，将最大可能地摧毁、重建我们在传统工商时代看到的一切现象，但养鸡的

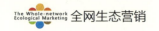

仍然需要鸡饲料，养牛的仍然需要牛饲料，装修新房还是要用到涂料，购买空调、电视等家电。2013 年，《罗辑思维》罗振宇激情高呼："过去的一切都不值得你再留恋了，一切继承的经验都不值得你再去学习了，勇敢地向前冲，这就是我们的理念。"对此，知名战略营销顾问王冠雄说："在许多人看来，《罗辑思维》是玩自媒体的，大错特错，它的本质其实是社群电商。在互联网上混的，都是要卖东西的。"

罗振宇用敏捷的思维、犀利的语言吸引了数百万"粉丝"，然后向这些人销售图书。他无法改变用户的需求，但可以把需求引流到自家商城。他做到了，并且非常成功。每天，沃尔玛、大润发等实体大卖场会推出超低价商品（多半会是蔬菜），此举之意也在于引流，进而满足用户的其他需求。

用户的选择过程没有发生变化。中国有句俗语叫作"货问三家不吃亏"，准确描述了消费者希望用低价购买到高品质商品的欲求。几年前，凡是购买电视、冰箱、空调等大家电的人，多少都会到国美、苏宁等卖场，以及京东商城看一看，比对一下价格和性能。这样的消费选择过程不只出现在国内。

哈佛商学院的两位教授塔莱斯·S. 特谢拉（Thales S. Teixeira）和伊丽莎白·安妮·沃特金斯（Elizabeth Anne Watkins）在该学院的案例研究《百思买的展厅现象》中记录了一个有趣故事。

> 百思买董事长伯蒂斯·詹森（Bertice Jenson）巡视俄克拉何马城的本吉大卖场时，看到一对年轻夫妇在她面前用智能手机对着一台 50 英寸的三星超高清电视机拍照，然后用一款手机应用程序搜索网上报价。
>
> 伯蒂斯说："不好意思，我看到你们在做什么了。你们觉得这样做是不是有点儿不公平呢？"
>
> 这对年轻夫妇对望了一下，并没有意识到有什么不

妥。"我们只不过是在比价。"年轻女士一边说，一边抚摸着怀里的小猎犬。

"那个应用程序——是亚马逊的吧？"伯蒂斯问，"等你们决定要买哪个型号的电视机，是不是就会从亚马逊订购？"

"有可能。"年轻男士说。

"可这里不是亚马逊的展厅，"伯蒂斯说，"我们本吉大卖场展示商品、雇用服务员，可不是为了亚马逊的利益。我们希望你们从这里购买。"

年轻夫妇茫然地望着伯蒂斯。"啊，你是这里的工作人员吧？"女士问道。

这只是伯蒂斯的一次随机走访。作为掌管市值400亿美元企业的董事长，她没有必要作过多解释："没什么，不过请记住，你们现在做的事情是会产生影响的。本吉提供的真实购物体验帮助你们决定购买哪一款电视机。如果你们从亚马逊订购，实质上就是在欺骗我们。"

伯蒂斯说完便转身离开了。年轻夫妇只是怔怔地看着她的背影。

伯蒂斯知道，自己这句话听起来十分刺耳。

故事到这里就结束了，可伯蒂斯的行动才刚刚开始。她随即召开董事会，广泛听取与会董事与高管的想法，并采纳了一些可行度较高的建议。

在单仁资讯的课堂讨论中，大家认为，市场改变时，公司必须重新考虑创造与捕获价值的途径，而不是试图改变消费者的购买习惯。

经营区域、产品展示方式和推广方式发生了变化。在百思买的案例中，伯蒂斯正是采纳了本吉公司的首席执行官斯坦利的建议：一方面，通过培训提高服务水平，尊重顾客及其喜欢的购物方式；另一方面，把大卖场式零售转变成精品体验店，并调整经营区域和产品展示方式。

到 2015 年年底，苏宁电器在全国开设了约 1 600 家店铺，但经营的品项数只有 40 万。京东商城通过网络平台经营的品项数为 2 460 万，约为苏宁电器的 60 倍，花费的成本却比苏宁低很多。

在讨论过传统工商时代与互联网时代的几点变化与不变化过后，我们再回过头来，尝试解答前文提出的与奥格威有关的问题。

中国传媒大学广告学院院长黄升民在为《一个广告人的自白（纪念版）》撰写的推荐序中这样写道："广告业是一个多变的行业，操作常变、组织常变、知识常新，大卫·奥格威正是在求变之中锻造了一支奥美团队。"然而，在大卫·奥格威晚年的时候，这位广告英雄不得不为业内发生的翻天覆地的变化所震撼，不得不惊叹世道之无常："咳，现在的广告老大，连正经的广告词都还没有写过呢！"这成为他有名的世纪之叹。

时至今日，尤其是移动互联网经过六年快速膨胀过后，受众群体无论是对内容还是对营销的要求都越来越苛刻，一切看起来似乎是要回归到半个世纪之前，属于大卫·奥格威的年代了。与内容营销有关的详细内容请阅读本书第 11 章。

企业一把手：既演抓手，又当推手

我的大部分学员都是企业老板。对于平日里当惯领导的他们，能来到课堂上，坐下来，专心听几天课，已经十分难得。对此，我十分感激。因此，在设计课程内容时，我会尽量考虑他们的需求，并且要让他们听得懂，学得会，用得上，有效果。

大多数老板都有一个通性——喜欢热闹。好在互联网正是一个热闹的地方，也从来不缺少热闹的事情和看热闹的人。

2016 年元旦，万达集团老板王健林在公司年会上的摇滚视频被上传到互联网。短短 10 天，这段视频就被点击了 11 亿次。马云、雷军、董明珠、刘强东等网络红人的段子就更多了。一向低调神秘的华为公司，自从进入手机终端消费领域后，风格也发生了一些变化。掌门人任正非挤地铁、深夜排队搭乘出租车等照片在互联网上疯传，引来无数围观群众。

其实，大佬们的举动正是深刻领悟全网生态营销真谛的表现。这些拥有数万甚至数百万名"粉丝"的企业家和企业高管，掌握着最优质的媒体资源。

我们在组织了一个专家团队，调研了数千家企业后，提出了移动互联时代营销的核心思路。按照这一思路，企业可以引起潜在用户围观，再引发关注，并将他们转化为消费者，将消费者培养为传播者，最终升华为合作者，见图 2.2。

对于一家企业的营销工作而言，全网生态营销系统的每一个触点都是非常重要的：广告牌、灯箱、报刊等线下触点；电视、广播等数

®本图为单仁资讯注册商标

图 2.2　单仁资讯全网营销思路图

字化触点；企业官网、门户网站、搜索等线上触点；微信朋友圈、微博等自媒体触点。在现代社会的大环境里，传统行业里的中小型企业主是承受压力最大的群体。从早起睁开双眼，到午夜拖着疲惫不堪的身体躺在床上，他们全天都在思考企业发展。搭乘飞机时，顺手翻开杂志，看到别人的广告，可能会想一下自己是否也可以在上面打广告；通勤路上看到路边的广告牌，可能会思考自己是否也可以这样做宣传；与朋友聊天时，听到有趣的想法，可能会认为自己也能去试一试。

在吃透全网生态营销理论，熟练运用这些方法的过程中，我们需要了解每一类营销触点的功能、受众群体以及投入产出回报率，并且将这些触点联结成完整的营销网络，提炼独有的营销战略，打造多元化营销体验。

对此，企业经营者可以从三个方面当好营销推手。

思考型推手。了解流量、转化率、跳失率、客单价等常用的营销数据及其意义。在组建新型"营销特混战队"时，不仅需要客服、编辑、美工、SEO专员等网络营销人员，还需要懂得数据分析的技术人员。思考型推手会带领这样的"营销特混战队"紧密合作，共同完成收集与监测营销触点实时数据，分析营销投资回报率，对营销计划进行结构性优化。

感受型推手。直接与用户面对面互动，感受来自用户传递过来的、热乎乎的一手信息。长沙学动力教育联合创始人徐军和他的团队成员创造性地提出"灵感式教育"方法。在推广过程中，他亲自与学生家长交流。很多家长问："你说得这么玄乎，到底多久能让我的孩子提高成绩？"起初，徐军的回答是"不知道"。许多家长对此提出了质疑。

然而，对于每一个前来学习的学生，徐军都倾注了大量的时间和精力。他说："我们对每一个学生都进行了全面了解，制定不同的教学方案，核心就是激发孩子的想象力和创造力，让他们懂得选择，懂得怎样高效地完成一件事情。"

徐军能够了解或代表用户群体所急所需，所思所想，并将他们的感受和欲求告诉营销团队。同时，把这些感受和信息加入由内向外的信息传递过程中，自然会引起目标用户的共鸣和认可。

行动型推手。亲自审核、把关推广内容。打开手机，翻看微信朋友圈，专业的公众号一周 7 天每天都在更新，甚至每天进行多次更新。我每天早上 6：30 推送的音频，无论前一天晚上工作到几点，我都会亲自或授权他人认真审核、修改。

现在这个时代，世间万物时刻都在更新升级，我们需要持续学习，不断尝试、提高、检测结果，然后开始新一轮学习过程。

几年前，我在《抢道》一书中这样写道：

> 最懂得产品和营销的是企业领导，最懂得竞争对手的也是领导，而不是那些业务员或者技术员。在目标客户定位、盈利模式定位、营销手段、营销政策上，没有企业领导参与的团队，就像一支没有方向的军队，往哪里打都成问题，更遑论打胜仗了。

通过几年时间的调查和实践，我越发坚信，企业经营者不仅应该以营销项目为抓手，更应该是营销项目的推手。在创作《抢道》一书时，大数据在营销中的应用和优势还无法与今日相提并论。现在，企业经营者作为掌舵人，不仅需要学习全网生态营销理念，更需要了解数据化思维和知识。

第3章
从可持续竞争优势到瞬时竞争优势带

比你的竞争对手学习速度更快，可能是唯一可持续的竞争
优势。

——知名商业理论家　阿里·德·赫斯

在与身边的企业家朋友聊天时，我时常会听到"这两年生意真不好做""企业硬撑着""竞争太激烈，没钱可赚"之类的话。这些无奈之言听多了，我的感触也越来越深。

有一天，我吃过晚饭，走进书房，在书桌前坐下，打开桌面上的台灯，打开笔记本电脑，开始审订一份PPT文件。在阅读过程中，我的目光落在"企业"两个字上，脑海里冒出一个问题："这两个字的意思究竟是什么？"我几次尝试回答，竟然无法给出令自己满意的答案。

我从书架上取下商务印书馆出版的第六版《现代汉语词典》，在"企"字的解释文字中查到"企业"词条：

名词，从事生产、运输、贸易、服务等经济活动，在经济上独立核算的组织，如工厂、矿山、铁路等。

读完这些文字，我还是无法从字面上理解它的意思。于是，我又翻查"企"字的解释：

> 抬起脚后跟，站立。

瞬间我明白了它的意思。我们把"企"字拆开来看：上面是"人"字，下面是"止"字。我自问："一个人在什么情况下会停止？"嗯……比如走路时我们时常被街边的新奇事物吸引，而停下来围观。

我想，我们之所以选择做企业，大多数老板会像我一样，被某些东西深深地吸引着。因此，从字面上看，我对"企业"一词的理解是：

1. **做发自内心喜欢做的事情。**《大学》开篇写道："知止而后有定，定而后能静，静而后能安，安而后能虑，虑而后能得。"找到自己喜欢做的事情，并且笃定坚守下去，安静地思考，身心皆安，思考周全，最后才可能获得成功。

2. **需要抬起脚后跟站着做事情。**这也就是说，累是常态，摔倒也是常态。

《道德经》第二十四章写道："企者不立，跨者不行。"意思是说，踮起脚后跟想要站得更高，反而会站立不稳；迈着大步，想要加速前行，反而不能远行。我们怎样才能比别人站得更稳、更久呢？有竞争，自然就会有人想方法。《孙子兵法》《鬼谷子》《三十六计》等众多古籍都涉及竞争之法，但这不在本章的探讨范围之内。

企业基于网络环境的竞争，因为突破了地域限制，参与竞争的同行数量增加，竞争的激烈程度比传统环境下更强。当你想买一样东西，去到一家卖场，同一类产品的品牌就那么几个，数量比较有限；而当你到网上去买东西，能找到的同类产品的品牌数量会是线下的几十倍

甚至上百倍。在如此激烈的竞争之下，企业需要找到自己的优势所在，用自己的长处去 PK 对手的短处。互联网最大的价值就在于它是一个"优势放大器"，所以在进入互联网之前，我们必须创造优势，找出优势，发挥优势。

接下来，我会介绍两种通用的竞争优势分析方法——波特竞争力模型（Michael Porter's Five Forces Model）和经过优化的 SWOT 分析法。波特竞争力模型从宏观层面给了我们一个分析和思考框架，而 SWOT 分析法让我们聚焦到企业内部，挖掘我们的优势和机会，发现劣势和威胁。通过这两种分析方法，可以精确定位企业的核心竞争力。如此一来，一方面我们可以掌握己长敌短，或用己长攻敌短，或使己短避敌长；另一方面，我们也能够找到可以提供给客户的独特价值。

何谓优势？老板说了算

竞争优势与决策者有莫大的关系。沃伦·巴菲特被称为"股神"。在长达近半个世纪的时间里，他创建的投资组合都能持续盈利，但只有少数人才知道：可持续的竞争优势是巴菲特构建投资组合的基石理论之一。

市场的变化，包括用户购买方式的变化和用户需求的变化这两个维度。互联网让用户的购买方式发生变化，企业必须不断调整自己的营销方式、业务范围和产品结构。通过业务形态和市场竞争策略的调整，培养竞争优势。

巴菲特在 1963 年控股了一家纺织企业伯克希尔·哈撒韦公司。在后来的几十年里，他逐渐把这家公司打造成一家金融控股公司，与纺织业基本没有一点关系。

同样，美利肯公司也是一家传统的纺织企业。20 世纪 60 年代，美国的纺织行业面临着灭顶之灾，业内大多数企业都选择整体搬迁到亚洲，这家公司却奇迹般地活了下来。原因在于美利肯公司踏上一条持续性变革之路：进入朝阳行业，退出夕阳行业。20 世纪 60 年代，公司专注于纺织业和化学品业务；20 世纪 90 年代，公司的核心业务变成先进材料和防火产品；进入 21 世纪，公司又成为特殊材料和专利化学品的领头羊。到 2009 年，美利肯公司才逐渐关闭了美国工厂。

可见，决策者为了打造可持续的竞争优势，首先应该明确企业究竟做什么，以及在不同阶段，企业的核心业务是什么。

向哈佛商学院教授学习竞争力

20 世纪 80 年代，哈佛商学院的教授迈克尔·波特出版了《竞争战略》和《竞争优势》两部重磅著作。后来，埃森哲公司和《时代》杂志对全球最有影响力的 50 位管理大师进行排名，波特教授高居榜首。

今日，《竞争战略》和《竞争优势》被誉为管理"圣经"，全球发行数量超过百万册。在《竞争优势》一书中，波特教授认为：

> 竞争优势基本上源于企业为买方创造超越成本价值的能力，买方愿意支付金钱购买价值。竞争优势源于企业以比竞争对手更低的价格满足顾客相同的利益，或是向顾客提供他们愿意额外加价的特殊利益。通常存在两种基本的竞争优势：成本领先和差异化。

波特竞争力模型是用来分析企业的竞争优势，它是提炼竞争战略的有力工具，见图 3.1。企业竞争力可以从五个方面分析：

1. 供应商的议价能力

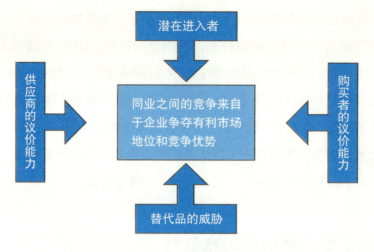

图 3.1　波特竞争力模型

2. 购买者的议价能力

3. 潜在竞争者进入的能力

4. 替代品的替代能力

5. 行业内现有竞争者的竞争能力

供应商的议价能力可以直接影响后端采购企业的生产成本，间接影响新产品研发、生产规模、盈利能力等方面。一般情况下，供应商的议价能力来自以下三点：

1. 供应商行业内部相对稳定，业内竞争不足，面对分散且众多的采购方，任何一家采购方都不足以成为供方企业的大客户。

2. 在不同供应商的产品之间，存在较高的转换成本，或者没有替代品。

3. 供应商拥有纵向延伸的能力，可以实行前向联合或一体化，而采购方难以后向联合或一体化。

我们通过一个案例来理解供应商的议价能力。

山东东阿阿胶股份有限公司是全国领先的阿胶及系列产品生产企业，它拥有"国家级保密工艺"和"国家级保密配方"两大金字招牌。在过去十多年里，阿胶的销售价格飙涨了十多倍。虽然历次涨价的幅度有所不同，但理由都出奇的一致：驴皮价格大幅上涨。

中商情报网产业研究院袁健教授调查发现，2000年，每张驴皮的售价仅20多元（3.5～4公斤）；2010年，每张驴皮价格已攀升至200元；2014年，每张驴皮价格已涨至令人吃惊的1 500元左右。东阿阿胶作为此行业不容置疑的龙头企业，为了锁定驴皮价格，扩大进口，与内蒙古、山东、宁夏等地的畜牧农户签订购销协议，甚至自建牧场。纵使它采取了诸多措施，但在与驴皮供应商谈判时，依然无法争取更多话语权。在此案例中，驴皮供应商之所以拥有强大的议价能力，主要是因为驴皮没有替代品。

购买者的议价能力是指购买方对供应方提出降低价格、改进产品质量或提升服务质量等要求的能力。这项能力的建立基础主要有4个方面：

1. 购买者数量较少，单个购买者的采购量较大，占据单一供应方销量的比例较大。

2. 供应方企业数量较多，规模较小。

3. 采购商品近于标准化产品，供应商之间很难建立转换成本。

4. 购买者可以联合起来，实行后向一体化，而供应商难以前向一体化。

沃尔玛成立几十年来，依然固执地坚持"采营分离"，即零售系统和采购系统是两个并行、无交叉的独立运行系统。通常情况下，沃

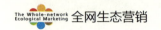

尔玛与大多数供应商维持着一种不对等的购销关系：沃尔玛针对一种商品，倾向于联络数家供应商，并促使他们相互压价，然后选择价格最低的一家，签订采购数量巨大的长期合约。同时，它还会向供应商提出繁琐的技术或质量标准。

新进入者的威胁是指新进入者在贡献新生产能力和新资源时，也希望在行业中拥有一席之地。新进入者可能会引发市场份额竞争、原材料竞争，甚至技术革命。通常情况下，新进入者会引发行业盈利水平的下降。极个别情况下，他们还会成为现有企业的"掘墓人"，凭借颠覆性技术或革命性产品，掠夺现有企业的生存空间，直到这些企业退出行业或"寿终正寝"。

新进入者对现有行业造成的威胁，究竟能够引发行业结构多大的变化？可以从两个方面来衡量：一方面，现有企业对新进入者的预期及应对措施；另一方面，取决于行业壁垒。行业壁垒主要表现在以下几个方面：

规模经济：在传统制造行业里，一方面，规模往往是现有企业阻止新进入者的重要手段；另一方面，企业在扩大规模时，实际效益会逐渐下降，最终会触及规模不经济（Diseconomies of scale）。

差异化产品：全球知名咨询公司IDC亚太区终端设备高级分析师Tay Xiaohuan在一次接受采访中表示："华为等品牌的成功，可归结为他们为了吸引消费者而努力打造品牌，并把产品差异化作为销售重点。"华为旗舰手机P9配备了徕卡镜头，这一差异化举措受到关注成像质量的消费者的厚爱。

资本量：在优步和滴滴的商业模式里，资本量和用户数量成为两个非常关键的因素。

转换成本：同样是包装企业，做一般制品包装，设备是纸张印刷机，但如果改成塑料包装，因为设备不同，成本将非常高昂。

销售渠道：在快消品行业，沃尔玛、大润发等渠道早已被现有企业霸占，新进入者如果要占有一席之地，往往需要付出极大努力。

政府行为：我国政府这两年正在削减钢铁产能，这对钢铁行业新进入者的影响无疑是致命的。

垄断性自然资源：煤矿、铅矿、铜矿等企业都需要矿山资源。

地理区域：茅台酒产自茅台镇；港口只能修建在河滨或海滨。

替代品的威胁是指同行业甚至跨行业的企业生产的产品具有可替代性，从而产生的竞争行为。现有企业通过关注替代品的价格、功能、质量、用户转换成本、销售增长率等因素，可以判断出新进入者究竟能够造成多大的威胁。

在微信上市之初，移动、联通和电信三大运营商并没有把它作为替代品对待，否则他们也不会在网络接入方面给予支持。从现在的情况来看，我们可以大胆肯定，微信基本取代了短信，并且正在抢夺三大运营商的语音业务。

同行业的竞争程度主要体现在价格、营销、产品、服务、渠道等诸多方面。它又与竞争者之间的力量均衡程度、市场增速、固定成本、差异化程度及退出壁垒有关。一般而言，在传统行业里，终端消费品的竞争会大于中间工业品。可想而知，很少有企业会选择进入饮用水行业，创立一个新品牌，与娃哈哈、统一、康师傅、怡宝等企业"近身肉搏"。

在现实世界中，企业面临着上述五种力量交织在一起的威胁，客户也会针对企业竞争者的举动采取一些措施。通过分析这五种力量，波特在《竞争战略》中提出了三种卓有成效的竞争战略：总成本领先战略、差别化战略和专一化战略。

总成本领先战略要求企业坚决地建立高效、规模化的生产设施，在经验基础上全力以赴降低成本，做好成本与管理费用控制，最大限度地缩减研发、服务、推销、广告等方面的费用。

差别化战略是提供与竞争对手有差别化的产品或服务，打造在行业内具有独特性的东西。实现差别化战略可以有许多方式：设计独特的品牌、形象、技术、性能、服务、网络，以及其他方面。理想的情况是在几个方面都能体现出与竞争对手的差别化特点。

专一化战略是主攻某个特殊顾客群、某产品线的细分区段或某地区市场。和差别化战略一样，专一化战略也可以具有多种形式。

在参与国际竞争时，我们国内的企业最熟悉，使用起来最得心应手的战略就是成本领先战略。15年前，通信交换机上一块线路板国外卖20万元；10年前，国内企业开始生产这种线路板；5年前，线路板价格下降到1万元左右。水泥厂磨机用的减速机，在国内企业可以生产前，进口1台需要1 000万元，国内企业可以生产后，每台只需300万元。2004年，15英寸面板的市场价是260美元，国内企业可以生产以后，每块面板的价格大约是60美元。

国内企业的研究开发能力越来越强，有些企业也在差别化和专一化两个战略方面取得了越来越多的胜利果实。

优化SWOT分析法

如果说波特竞争力模型的关注点是行业层面，那么SWOT分析法就是深入企业内部，挖掘核心竞争力的有效方法。该方法可以逐条评估内部因素和外部因素，分清有利因素和不利因素，保证企业能够利用内部优势，抓住外部机会，同时弥补内部劣势，消除潜在威胁。

我在《抢道》一书中写过："任何一家企业的优势和劣势都是相对的，是相对于你所选择的竞争对手而产生的。因此，做 SWOT 分析的第一件事就是要找到一个竞争对手，将这个竞争对手作为参照物，进行比较。"在《抢道》一书中，我说明了如何调查一家企业的优势、劣势、威胁和机会。在这里，我想分享的是这些年来大家一起使用这个方法的流程、独创性和心得。

传统 SWOT 分析方法如图 3.2，优化 SWOT 分析法如图 3.3。

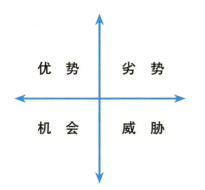

	机会（O）	威胁（T）
优势（S）	SO	ST
劣势（W）	WO	WT

图 3.2 传统 SWOT 分析方法图

图 3.3 优化 SWOT 分析方法图

通常情况下，我们召集的参与人包括公司老板、营销总监、生产总监等高管和公司的专家。

准备工作：一个安静的场所，一块白板，四色便利贴（红色表示风险、黄色表示威胁、绿色表示优势、白色表示机会），若干支笔等。

第 1 步：阐述行业概况，以及公司的业务范围和流程。

第 2 步：与会人员就"我们企业属于哪个行业"达成一致认识。

第 3 步：进行外部分析，即分析机会和威胁。主持人负责计时，在 10 分钟内，大家完全保持安静，把想到的机会点和威胁点写到相应颜色的便利贴上。主持人提示大家，在思考外部因素时，可以对内部因素做一些假定，比如无所不能。也就是说，可以忽略内部因素。在大家都无法提供新想法时，主持人提出一些启发性问题，例如市场出现了什么趋势？用户需求发生了什么变化？标杆企业在做什么？

与会人员把自己的成果粘贴在图 3.3 最上面一栏，并作简要阐述。在此过程中，如果其他成员有新想法，可以补充。

每位成员逐个审读便利贴，并在自认为最重要的 3 个便利贴上标示小圆点或画圈。

第 4 步：进行内部分析，即分析优势和劣势。流程与第 3 步相同。

第 5 步：列示方案。注意观察图 3.3 的四个象限，每个象限都包含 SWOT 四点中的两点。主持人提示大家，在这四个象限里，写出来的都是方案。

比如：我们提取的劣势中的"营销人员不够"和机会中的"新媒体发展迅速"。通过讨论可以得出方案：新媒体对营销的作用越来越大，且不需要更多人员，因此我们可以在 WO 象限写下"利用现有人员，扩大新媒体营销工作"。

我们的讨论重点是带有较多圆点或圆圈标示的便利贴。这个步骤面临的困难最多，耗时最长，大家的思维也最容易被束缚。

第 6 步：针对第 5 步列示的解决方案，进行排序。排序的原则是：

1. 列出 SO 类方案，在优势中发现机会，这可能会成为企业打造的核心竞争力。

2. 列出 WT 类方案，在劣势上面临的威胁，有可能发展成致命因素。

3. 列出 WO 类方案，既然在劣势中发现机会，就需要补强劣势，才能抓住机会。

4. 列出 ST 类方案，在优势中发现风险，在资源、时间、人员等因素不具备时，可以适当暂缓处理。

第7步：总结执行计划表，包括项目、时间、责任人及跟进监督人。

到此为止，我们改造后的 SWOT 分析法就告一段落了，接下来就要严格按照执行表，打造企业核心竞争力了。

我们使用优化后的 SWOT 分析法，对2014年10月在集美家居召开的一次"扒皮会"内容进行重新整理与提炼，并尝试给出方案。使用优化后的 SWOT 分析法，往往会涉及部分企业的核心经营机密。为了保护企业的这些机密信息，我在此案例中仅列示出部分信息。

第1步，分析行业现状与企业概况。

行业现状：行业竞争加剧、集中度提高。消费者观念转变，互联网对实体店冲击巨大。品牌价值优势突出。定制业务提升较快。

企业概况：集美家居是北京城区规模最大的家居企业之一，总营业面积达50万平方米，业务包括家具制造、经营、市场展销，建材、装饰品展销以及家装设计施工等。

第2步，通过讨论，大家达成一致。

集美家居经营家居卖场及租赁与管理业务。客户是租赁商户，与商户合作吸引终端消费者。

第3步，对外部进行分析，提炼出机会。

1. 80后和90后逐渐成为购买主力，偏好私人定制产品。

2. 家装企业向上游整合，建材企业向下游整合。

3. VR技术让场景式销售成为可能。

提炼出来的风险：

1. 房地产行业调控趋严。

2. 曲美等企业尝试升级社区店"你+生活馆"。

3. 人力成本明显增加。

第4步，对内部进行分析，提炼出优势。

1. 五人以上专车接送。

2. 托管儿童及老人。

3. 老品牌，口碑好，对中老年消费者人群有号召力。

提炼出来的劣势：

1. 卖场大，品类多，容易引起消费者疲劳。

2. 与消费者距离较远。

第5步，列示方案。

1. 根据"五人以上专车接送""托管儿童及老人""老品牌，口碑好，在中老年人群有号召力"优势和"80后和90后逐步成为购买主力，且偏好私人定制"机会，给出SO方案：针对五口之家，提倡全家一起逛家居卖场，可以托管儿童，策划宣传与营销活动。

2. 结合"老品牌，口碑好，在中老年消费人群中有号召力"优势和"房地产行业调控趋严"威胁，给出ST方案：以中老年消费者人群为目标，进行宣传二次家装、老年家装。

3. 根据"与消费者距离较远"的劣势和"曲美等企业升级社区店'你+生活馆'"威胁，给出WT方案：联合商家开发社区体验店。

4. 根据"人力成本明显增加"劣势和"VR技术促进场景式销售"机会，给出WO方案：引入VR技术，开辟虚拟体验馆。

第6步，按SO/WT/WO/ST顺序排列。

1. SO方案：针对家庭，提倡全家一起逛家居卖场，可以托管儿童、用餐等服务，策划宣传与营销活动。甚至可以将此类业务打造成区别于宜家、红星美凯龙等竞争对手的独特业务。

2. WT方案：联合商家开发社区体验店。

3. WO方案：引入VR技术，开辟虚拟体验馆。

4. ST方案：以中老年消费人群为目标，宣传二次家装、老年家装。

第7步，与会人员对上述方案达成一致并上报决策层，通过后，再执行。

无论是机会、威胁，还是优势、劣势，在讨论过程中，每家企业都会有一些独特的信息点。虽然读者在此案例中仅看到了十分有限的信息，但我们认为，优化后的SWOT分析方法在帮助企业找准竞争优势、打造核心竞争力方面，可以发挥更大作用。

瞬时竞争优势带

哥伦比亚商学院教授丽塔·麦格拉思（Rita McGrath）认为："到如今，已经鲜有公司能保持真正具有持续性的竞争优势。消费者和竞争对手已变得越来越不可捉摸，行业也变得越来越松散和不稳定。"

我非常赞同麦格拉思教授的研究成果——拥有瞬时优势的公司，当优势逐渐消退时，公司需要更快速地度过战略生命周期，且更加频繁地切换优势周期。的确，如麦格拉思的研究呈现出来的状况一样，行业环境快速变化，优势的"有效期"越来越短，持续性越来越差。因此，企业决策者需要花费更多时间和精力提炼和打造竞争优势。

在此基础上，我提出一个全新的概念——瞬时竞争优势带，即企业把多个瞬时竞争优势组合起来，共同发挥竞争对手难以比拟的优势，使企业在某一个阶段里，完成使命，达成利润目标。

我们可以把瞬时竞争优势带和企业生命周期理论结合起来（见图3.4）。企业生命周期理论由美国著名管理学大师伊查克·爱迪思(Ichak Adizes) 创立。美国主流媒体把爱迪思教授评为 20 世纪 90 年代"唯一一名处于管理尖端领域的人"。他用企业生命周期理论揭示了企业发展、老化甚至衰亡的发展演变过程，概括了企业生命周期不同阶段的特征，并提出相应的对策，归纳了企业生命周期的基本规律。

现在，我们把企业生命周期理论和竞争优势放在一幅图上，就可以清晰地对比可持续竞争优势和瞬时竞争优势带，发现两者的不同：

第一，前者的有效期明显长于后者。

第二，前者的投入成本高于后者，维护成本低于后者。大型制药企业通常会投入数年时间，数百万甚至上亿美元研发一项新药，申请专利。虽然前期投入巨大的成本，但在专利期内，维护成本会相对低廉许多。

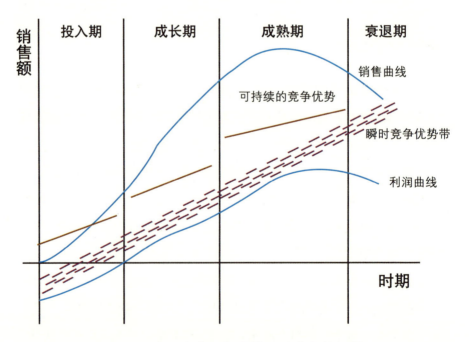

图 3.4　企业生命周期中的瞬时竞争优势带

第三，当行业变化越来越快速时，后者的适应性更好。尤其当我们和我们的企业一起站在移动互联时代的大门口，时间碎片化了，注意力碎片化了，工作也碎片化了。当然，我们也可以把行业变化越来越快的特性视为行业也碎片化了。同样，我们提炼的竞争优势也可能面临着碎片化的命运，这就需要我们把众多"优势碎片"黏合成为瞬时竞争优势带。

第四，瞬时竞争优势带拥有更好的灵活性。单一瞬时优势的提炼成本较低，持续时间短，不过我们可以快速更换优势带中的瞬时优势，以保持优势带的生命力。

本章围绕竞争优势进行了集中讨论，也介绍了波特竞争力模型，并对 SWOT 分析法进行了优化。最后，在麦格拉思教授的研究成果的基础上，我开创性地提出"瞬时竞争优势带"概念。一旦掌握了优化后的 SWOT 分析法，我们就可以快速打造独有的瞬时竞争优势带。

在《抢道》一书中，我曾这样强调："在网络营销过程中，懂得用 SWOT 分析法定位企业的核心竞争力，可以极大提高网络营销的成功率。

《抢道》一书上市已有 8 年，销售已达数十万册。在此期间，我的研究越来越精进，越来越深刻。我仍然认为，营销工作应该与企业的优势相结合，才可以将其作用发挥到极致。

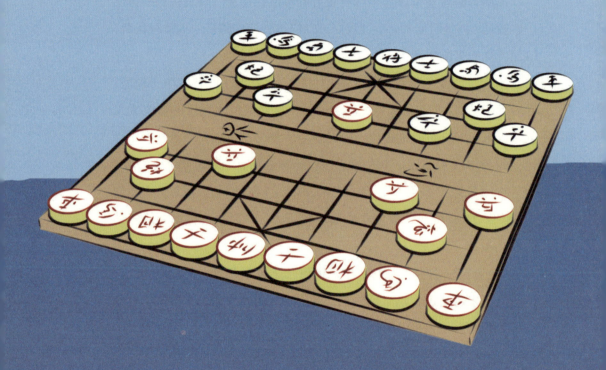

跨界整合思维

第4章
全网生态营销五大思维

每个人都在谈论互联网思维，却没有人知道怎样去做。
每个人都觉得别人在做，于是每个人都号称自己在做。

——杜克大学教授 丹·艾瑞里

从前，有一位非常聪明的国王。有一天，他带领众大臣在御花园散步。众人来到一个池塘前，国王问身边的大臣："这个池塘里一共有多少桶水？"众大臣听后面面相觑，无法作答。于是，国王给他们三天时间思考。三天过后，众大臣来到池塘前，面见国王，个个耷拉着脑袋，一筹莫展。

此时，一个小孩站出来说："尊敬的陛下，我知道池塘里有多少桶水。"众大臣听闻此言，都为小孩捏了一把汗。国王说："哦？那你说吧。"小孩子说："池塘里的水是固定的，关键要看用多大的桶量。如果桶和池塘一样大，那就有一桶水；如果桶可以装一半池塘水，那就有两桶；如果桶可以装三分之一池塘水，那就有三桶……"国王打断了小孩："行了，你的答案完全正确。重赏！"小孩子谢过国王，退下了。

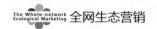

然后，国王问众大臣："你们是怎么思考的？"其中一名大臣战战兢兢地说："回陛下，我们想了很多种用桶测量池塘水的方法，但一直无解。"

从这个小故事中我们可以发现，众大臣一直身处固化体系之中，时间久了，便形成了思维定式，被限制在了究竟能装多少桶的问题上。那个受到重赏的小孩则没有受到这些限制。

作为企业的经营者，我们有时会纳闷，一个简单的问题到了员工手上，怎么就变成一个无解难题了呢？可能有两方面原因：其一，双方的思维没有在一个频道上；其二，在安排工作过程中，出现了信息损耗，也就是说，听话人领会的意思和讲话人表述的意思不同。

在统一大家的认识或思维之前，我们需要先调整自己对一件事情的认识。在启动全网生态营销之前，我们也需要掌握以用户为中心、聚焦优势、社群聚合、跨界整合、数据化这五大思维模式。这些思维模式并不是孤立的，而是相互关联，相辅相成的。或者，我们可以把这五种思维模式看作是一个思维生态系统。

以用户为中心：给他一个回家吃饭的理由

2016年7月16日，全球产业互联网大会在北京举行。创新工场创始人李开复、奇瑞汽车董事长尹同跃等知名企业家作了主旨发言。虽然这些商界大伽的演讲无比精彩，给我留下最深印象的却是老板电器首席技术官王强的发言。

"我们一直期望帮助用户找到回家吃饭的理由和动力，找到一家人坐在一起吃饭、聊天、做事情的理由和动力。"王强说，"我们原本希望解决烹饪产生的问题，买菜是烹饪问题，做菜是烹饪问题，处理厨房垃圾也是烹饪问题。我们作为厨房电器企业，希望能够把这些问题处理好。除了服务增量用户之外，我们还服务现有的将近 3 000 万名存量用户。除了让这些存量用户在心中记得他们几年前买过我们的电器，我们是很好的电器供应商之外，我们还希望给他们提供更多的服务——我们是厨房烹饪的好伙伴，或者说，我们是智能管家。国家一直在引导我们进行产业转型升级，目的就是让我们能够和互联网融合起来。"

王强的发言之所以打动我，是因为以下两方面原因。

第一，对于大多数企业经营者，尤其是中小企业主而言，如果能够在一天工作结束之后，回到家里，和家人围坐餐桌一起吃晚饭，真的算是他们的奢华之梦了。老板电器定位高端吸油烟机，急用户之所急，送用户之所需，给用户积极、真切的关怀。

第二，不仅想方法服务更多新增用户，也关注存量用户。这一点，非常值得在传统行业里打拼的中小企业借鉴。无论是做建材生意还是饲料生意，客户多是相对集中的。把一锤子买卖做成长久生意，这才是商业大智慧。

老板电器是单仁资讯的学员企业。2016 年前三个季度，老板电器的营业收入 39.85 亿元，同比增长 27.69%，归属于上市公司股东的净利润为 7.01 亿元，同比增长 43.67%。"互联网＋"转型是老板电器保持高速增长的重要推动力。

王强在近 20 分钟的演讲中多次提到"用户"一词，而几乎没有提到"客户"一词。虽然只有一字之差，但内涵相差十万八千里。一般而言，"客户"是指掏钱购买企业产品或服务的人，包括经销商、专卖店、最终用户等；而"用户"则指产品的最终使用者。也就是说，客户是产品购买者但不一定是使用者，用户是产品使用者却未必是购买者。他们之间的关系如图 4.1。

客户与用户的主要区别是：用户更关注产品的使用价值，客户更关心产品价格。以客户为导向时，营销策略是关键；以用户为导向时，体验才是最重要的。

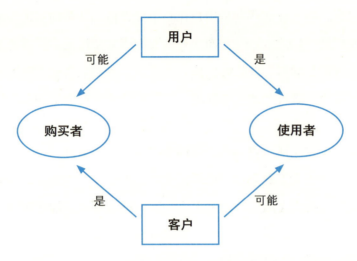

图 4.1   用户与客户概念关系图

客户：付钱人，是你的经销商或购买产品给别人使用的人。

客户关注点：价格空间，外在感觉，货币价值大小。

用户：使用产品的人，深度接触产品或企业的人。

用户关注点：产品的使用价值与使用体验。

由图 4.2 可见，客户对产品 / 服务的关注要素主要是价格，感受的是货币属性；用户除了关注产品好不好用外，还对产品倾注了情感。

由图 4.3 可见，客户与公司之间的交易结束后，关系即终止。比如经销商，有钱挣就与企业合作，没钱挣就终止合作关系。但用户不一样，他们更注重产品的使用价值与使用体验。用户对企业与产品的感受更深刻，与企业接触更频繁，和企业的品牌关系更持久。只要他们喜欢企业的产品与服务，就会与企业保持良好的黏性。

　　北京的冬天，气温一般会在清晨7：00下降到零下2摄氏度。即使如此，菜市场的菜贩也会照常营业。这天，菜贩老板张哲看到熟客王大妈拉着立白洗衣液赠送的手拉车，蹒跚着走了过来。

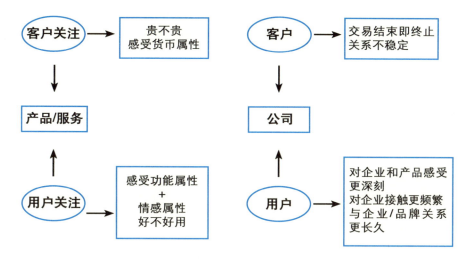

图4.2 客户关注与用户关注的区别   图4.3 客户与用户交易完成后的关系

张哲远远地打声招呼："王大妈，您老真准时，这刚过七点钟，您就来了。今天想带点什么菜？牛肉和鱼可都是才卸的货，新鲜着呢！"

"今天不吃鱼了，来一斤牛肉、一把西芹。"

"这大冷天儿的，吃一顿土豆炖牛肉可真是美，您大孙子一准会多吃两碗米饭。"

"小伙子，再给我来几个土豆。"

"好嘞！牛肉、西芹、土豆，一共65.5元。"

张哲给王大妈找完零钱，看着她离开的背影，还不忘记说一句："大妈，天冷路滑，您老慢走。"

王大妈走远后，张哲掏出一个小本子，记下王大妈今天买菜的品种和分量等信息。如果他发现王大妈最近连续几天买菜的分量比较大，就会问是不是有亲戚过来小住，然后根据亲戚来自哪里，推荐对应的肉菜。

这是一名菜贩和熟客的日常对话。从中我们可以看出，张哲自始

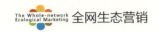

至终都是以用户为中心，润物细无声地进行营销。这样一对一的营销服务，建立起来的用户黏度必定远高于商超的低价竞争。

当然，我们在以用户为中心进行开发、生产、营销、服务等经营活动时，也需要避免落入"用户陷阱"。

汽车大王亨利·福特（Henry Ford）说过："如果你问顾客需要什么，他们会说要一辆更快的马车。因为看到汽车之前，没有人知道自己需要一辆汽车。"乔布斯在设计苹果产品时，深受这句话的影响，所以他认为"消费者不知道自己的需求是什么"。

如果说消费者都不清楚自己的需求，那企业怎么才能知道消费者的需求呢？美国南卡罗来纳大学摩尔商学院的李卅立副教授和北京大学光华管理学院路江涌教授在《哈佛商业评论》发表过一篇文章，阐述了跳出"用户思维"的陷阱的五种方法。我把这五种方法称为挖掘用户真实需求的五把利剑。

第一把利剑：丰田直问剑。 丰田公司在组织改善经营、精益生产的过程中，总结了一套直接询问法。针对发现的问题和对方给出的答案，接连问五次"为什么"。第一次"为什么"针对发现的问题；第二次"为什么"针对对方给出的答案；第三次"为什么"针对第二次对方给出的答案，依此类推。经过五次询问，无论是提问方，还是回答方，对问题的理解都会更加彻底，也会找到自己需要什么。

第二把利剑：外来和尚剑。 俗话说："外来的和尚会念经。"在我们与用户互动的过程中，如若发现用户描述不清甚至无法描述自己的需求，就可以引入"外来和尚"。当前，社区营销发展迅猛，各类社群都涌现出自己独有的"意见领袖"。这些人正是我们要寻找的"外来和尚"，他们比我们更了解这个社群，因此，他们是我们了解用户需求的必选对象。

第三把利剑：移情剑。 设计人员通常比较钟爱这把剑。比如做婴幼儿产品的企业，就无法使用丰田直问剑和外来和尚剑。试想一下，如果雅培的市场人员对着一个不满周岁，还不会讲话的小婴儿连问五个"这款奶粉好喝吗？为什么"。他会得到什么呢？雅培的市场人员当然不会这样做市场调查，他们会选择婴儿的妈妈完成这项工作，其实奶粉的真正用户是妈妈而不是孩子。因为妈妈会通过孩子喝奶的速度、喝奶之后的反应，以及孩子的身体状况去判断奶粉的好坏。

第四把利剑：由果溯因剑。即认真观察用户行为，捕捉到一些独特现象，生成假设，解释这一现象。麦当劳在美国本土市场就用过这把利剑。他们发现，大多用户只在早上 8：00 前购买奶昔。针对这一现象，他们假设的原因是，用户为了打发开车的无聊时间。于是，麦当劳让奶昔变得更浓稠，既耐喝，又可以填饱肚子。

第五把利剑：先知引领剑。英特尔公司的未来学家布莱恩·大卫·约翰逊（Brian David Johnson）接受《福布斯》杂志采访时说："我的工作是看到未来的 10 年、15 年，并拿出一个人与计算机互动的方案。"像布莱恩这样的未来学家不是魔法师，他们没有预知未来的水晶球，却掌握着基于大数据的科学分析方法。有时，我们的企业在策划营销工作时，也需要充当用户的"先知"，在用户没有发现产品的新用途或新功能之前，我们要通过营销告诉他们。

社群聚合：人以群分，物以类聚

20 世纪初，社会学家用社群（Community）一词描述人与人之间的关系。美国社会学家埃班克在《社会学概念》一书中就列举了40 多种社群类型。

今天，"社群"逐渐演变成一个商业词汇，成为人们谈论商业模式的一个关键词。在传统工商时代，企业找客户、客户找用户；在信息时代，用户找企业、企业找"粉丝"；在移动互联时代，用户找同伴、企业找社群。其实，在中国悠久的历史文化中，"群"这个字并不陌生。《易传·系辞·上》写道"方以类聚，物以群分"。后来渐渐演变成我们常用的俗语——物以类聚，人以群分。现在来看，在移动互联大潮的冲击之下，这句俗语有可能演变成"人以群分，物以类聚"。虽然只是简单地变换位置，却能够折射出商业的演变过程。大家可以使用百度地图搜索一下，现在的北京市、西安市、开封市等众多历史名城，还沿用着诸如菜市街、骡马集等古地名。古时候，人们需要买菜了，会想到去菜市街逛一圈，那里都是菜贩摊子；人们需要买卖牲口时，也会想到骡马集之类的地方。那时，是先有物聚，后有人群。

现在则不同，尤其是在移动互联网发展起来后，各类社群如雨后春笋，蜂拥而出，野蛮生长。在2015年中国互联网移动社群大会上，知名财经作家吴晓波谈及他运营的微信公众号"吴晓波频道"时说："社群是互联网送来的最好服务。"他认为，从做公众号到运营社群，最重要的是有价值观，以及双向交互的价值认同感。他结合自己的实践经验，总结出三个关键点：

1.做有态度的内容，聚集起人气与共鸣。

2.做圈层化互动，让社群产生大规模互动。

3.从共享中互利。社群中的每一个人既是贡献者，也是获利者。

我们在触网伊始，就可以接触众多QQ群或微信群，可以按照属性分为内部群和外部群。就像吴晓波先生管理全国无数个社群一样，先按北京、上海、杭州等地区进行一级区分；然后，按创业、理财、户外、阅读等内容属性进行二级区分，甚至还会按照年龄段等其他属性再细分下去。社群可以帮助我们把营销内容直接呈现到用户的视野之内。我们可不能单纯地把社群当成一个发广告的地方，在提供有价值的内容时，我们也要给广大群友提供实在的价值或利益。

聚焦优势：别把"护城河"变成"马奇诺防线"

在传统工商时代，有些中小型企业偏安一隅，日子过得还可以。他们的产品或服务在地域上形成一道天然"护城河"。受地域限制，外地的企业根本无法进入，或者本地用户找不到外地企业。

但随着互联网逐渐向底层侵入，这道天然"护城河"逐渐变成了商业上的"马奇诺防线"。之前，如果你在路边开一家快餐店，你的竞争对手多半是附近的其他快餐店，而辐射的用户则大多生活或工作在附近数百米范围内。但"饿了吗""百度外卖"等业态出现后，这种竞争格局就变生了变化，几公里或十几公里外的店铺都可能成为你的竞争对手。商业环境发生了变化，我们的竞争策略也应该随之调整，以适应新的环境。

无锡善志创意营销策划有限公司（以下简称"善志"）是一家为各类企业做策划设计的公司。公司成立初期，业务仅限于无锡当地市场，经营状况不太理想，始终没有太大发展。

2011年下半年，善志老板肖国平参加了单仁资讯的课程。随后，肖国平立即开始对公司的业务进行聚焦，重新定位公司的业务方向及发力点。

在此之前，善志不区分行业及业务，只要有生意就做。客户需要视频他们就拍视频，需要广告他们就做广告。但肖国平把单仁资讯的课程内容应用到实际工作中后，经过思考，他决定将原来的业务模式改为专注于"主题餐饮品牌策划"，聚焦于餐饮企业的主题策划和设计，希望将公司打造成餐饮策划这一细分市场的专业品牌。

重新聚焦业务后，肖国平创建了一个新的营销型网站。网站上线初期，就接到了多笔本地业务，更让人惊喜的是，很多省外客户也纷至杳来。如今，善志的业务70%以上来自网络，网络营销已成为公司拓展业务的主要方向。

通过善志的转型我们可以看出，企业的定位越清晰，核心竞争优势就越突出。聚焦优势需要从梳理公司基础业务开始，即进行目标客户、核心产品、核心卖点、关键词及盈利模式等方面的定位。然后，我们才能进行聚焦。

跨界整合：跨界非目的，整合是关键

腾讯网科技频道主编龙兵华在《跨界》一书的序言中写道：

> 传统行业与互联网行业的企业家们来到界限两边，焦急而谨慎地伸出脚去试探。
>
> 焦急，是因为谁都明白，在这个移动互联网跨界的时代，原有商业逻辑或将不再有效，全新商业规则正在形成。
>
> 谨慎，是因为谁都不知道，在这个相互融合与渗透的时代，前面的道路究竟是机会还是陷阱，后方的阵地是否还足够安稳。此时此刻，对跨界核心趋势前线情报的掌握，就显得尤为重要。谁能早日拨开迷雾，早走一步，少错一点，谁就能在未来的商业格局中占据优势。

在移动互联的浪潮中，很多身处传统行业的中小企业主被挤、推、攘、拉到了传统行业与互联网行业的边缘。

他们之所以认为当下的商业世界如此疯狂和难以置信，是他们的思维体系或信念完全落后了。在过去的经营中，他们历经无数风雨雷电，才有了现在的安稳与成就。再次面临跨界或转型，他们多半会踌躇不前，不愿意迈出第一步。在企业触网并寻求破网的过程中，跨界不是目的，整合才是关键。2015 年 11 月，三星电子与滴滴出行就上演了一出精妙绝伦的跨界营销大戏，他们共同把电子科技产品融入日

图 4.4　滴滴和三星发起的跨界营销

常出行，为打车出行的乘客私定专属座驾，配置与出行相匹配的电子科技产品三星 Galaxy Tab S2 平板电脑，见图 4.4，让乘客在乘车时也能享受在家一样的休闲时光。

他们可以通过平板电脑看视频、玩游戏、网购、自拍、查询航班，甚至办公。这不仅可以帮助用户消磨出行途中的无聊，也让他们体验到三星 Galaxy Tab S2 的强大功能。

这项活动充分体现了用户与产品的交互性，也是对未来移动出行方式的一种前瞻与创新。三星与滴滴的这次营销策略是针对特定消费人群的真实产品体验的场景化再现，让用户对三星 Galaxy Tab S2 有了准确的认知和定位，并赚足了消费者眼球。

如把三星与滴滴的跨界称为合作，那么腾讯推出微信并免费使用，则是赤裸裸的竞争，或者说是对移动、联通和电信等巨头的"打劫"。十年前，估计很少人会预见到，腾讯会成为移动端的竞争者，更没有人会想到阿里会去"打劫银行"。我们做企业的也一样，在时局变幻莫测之时，我们应该保持开放的思想状态。

数据化：把铃铛系到猫脖子上

前些日子，有一位企业家对我说："单老师，我感觉现在大数据仿佛成了魔咒，和其他企业家交流时，如果不提一下大数据，都不好

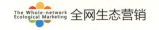

意思开口说话。"

听他这么一说，我笑了笑，问："想不想听我讲一个故事？"

他赶紧说："想呀！"

我给他讲了一则《伊索寓言》。

在很久很久以前，有一窝老鼠长期忍受着一只大花猫的侵袭，它们感到十分苦恼。

于是，它们召开了一次会议，商量用什么办法对付大花猫，以求平安。在会上，老鼠们争相提出了很多主意，但都被大家否决了。最后，一只小老鼠站出来提议："如果在大花猫的脖子上系上一个铃铛，我们只要听到铃铛一响，就知道大花猫来了，就可以马上逃跑了。"老鼠们对它的建议报以热烈掌声，并一致通过。

有一只老得走不动的老鼠坐在一旁，始终一声没吭。等欢呼声渐渐平息，它缓缓说道："小鼠想出的这个办法是非常绝妙的，也是十分稳妥的。但还有一个小问题需要解决，那就是派谁去把铃铛系在大花猫的脖子上？"

众鼠听后，愕然呆立。

这位企业家朋友听完这则寓言，表情有些不自然，但好像又明白了一些我想要传达的意思。我说："企业的确应该学会运用大数据思维，但这需要从使用小数据入手。"

首先，我们需要纠正对数据规模与数据使用的认识。谈到数据化，多数人会联想到规模庞大的数据库，或先进到难以掌握的数据分析工具。其实，这两个方面对于每一家企业而言，都不是阻止其建立数据化思维的绊脚石。美国西北大学凯洛格商学院教授马克·杰弗瑞（Mark Jeffery）调查发现，252家公司一共投入了530亿美元技术预算，但其中 57% 的公司没有跟踪和分析市场数据库，80% 的公司没有通过使用整合后的数据资源来实现以结果为导向的自动营销手段。因此，我们需要认识到，真正重要的不是如何想方设法获取数据，也不是获得多少数据，而是如何使用这些数据。

其次，作为中小型企业经营者，我们不一定要成为数据分析专家，但我们应该成为数据使用专家。如果我们自身对数据实在不感冒，那么至少我们应该在决策团队里安排一名精通数据的提案人。阿里巴巴集团副总裁车品觉在"2016 大数据营销论坛"上预测，以下六大趋势将会深刻地改变营销：

1. "应用无线化"将让终端设备与资料采集的作业可以更有弹性，更有效率。

2. "信息数据化"让信息的流通、交换、加工、运用更趋标准化和结构化。

3. "交易无纸化"将彻底改变交易行为与资金流。

4. "人类智能化"将使大数据所产生的创新价值深入人类生活。

5. "决策实时化"将改变决策与信息的关系。

6. "线下线上化"意味着未来仍将是呈现线下更多地运用线上数据的趋势。

第三，利用数据缓解规模化生产与个性化需求的矛盾。在传统工商时代，规模通常是众多中小型企业追逐的目标之一。在西方经济学体系内，大规模生产带来的经济效益通常被称为规模经济（Economies of Scale），是指在一定的产量范围内，随着产量增加，平均成本不断降低的事实。但对于每一家企业来说，都有一个最优规模，并不是规模越大越好，见图 4.5。当产量超过 Q2 后，长期边际成本开始增加，

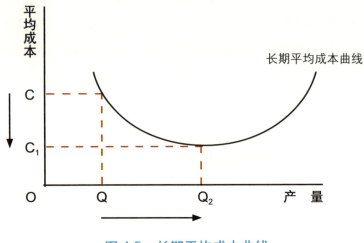

图 4.5　长期平均成本曲线

资料来源：高鸿业主编：《西方经济学》（第六版），中国人民大学出版社，2014年

规模经济转变成规模不经济。但在移动互联时代，传统的规模化生产已无法满足越来越多用户的个性化需求。通过收集用户端数据，针对不同的个性化参数对用户需求进行分类，建立分门别类的数据库。

比如一家生产和销售监控设备的企业，必须就监控设备的应用领域进行分类。不仅在展示页面上划分出用户展示产品的应用场景和特点，同时要了解不同应用领域的用户不同的需求特征。

当企业在不同地域销售的时候，也就是通过网络向不同地区投放网络广告的时候，也要研究不同地域的使用场景和用户习惯。例如，一家生产户外家具的企业，当在网络上向热带地区和寒带地区销售户外家具时候，一定要理解在高温多雨的热带和寒冷干燥的寒带，用户的需求和顾虑是什么。无论是产品设计，还是产品线上展示等方面，一定要结合用户的需求进行区别。同时在和不同地域用户交流的过程中，有针对性地收集相关问题和用户浏览数据。这样做，不仅能大幅提升流量的转化率，也能够为改善展示和产品研发做好准备。

与此同时，在生产端，针对同类用户，统一协调生产，测算并建立最优生产规模；在营销端，则用数据武装一线销售人员，一对一精准营销，引导用户需求。

数据正在成为企业最重要的一项资产。如果企业能够累积越来越多的精准数据，并且能够对数据进行专业化处理，那么他们就可从数据中提取对企业发展有利的决策依据，成为未来最重要的核心竞争力之一。

今天，虽然很多企业已经知道数据的重要性，如通过客户关系管理系统（CRM）收集客户联系方式、跟踪记录等。企业经营了多年，通过各种业务信息已经积累了大量基础数据，但这些数据中的95%以上可能没有被利用起来。如果我们想把这些沉淀的数据利用起来，帮助预测和决策，就需要把各部门分开保管的客户、财务、售后和客服等数据整合起来，消灭数据孤岛，形成数据链。

在移动互联时代，一切皆可量化。伴随着移动互联网的发展，可以预见，企业在移动互联环境下经营，海量用户信息及有效的数据资产正在发挥越来越重要的作用。

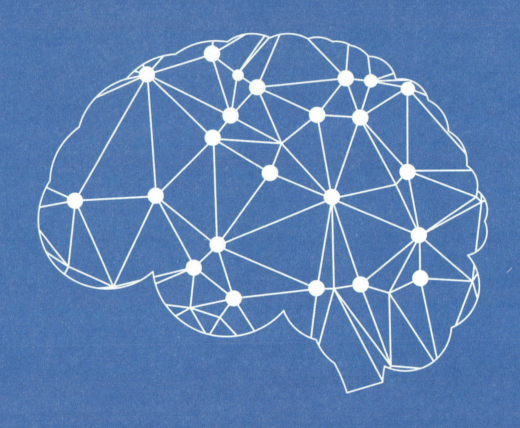

要有数据营销思维

第 5 章
全网防御策略 VS. 全网进攻策略

善守者藏于九地之下，善攻者动于九天之上。

——《孙子兵法》

经过近 20 年的发展，互联网已经从一项前沿高科技，演变成了像自来水、电、道路一样，现代人必备的基础设施。互联网变得越来越扁平、高效、易得、低成本。因此，研究互联网竞争也成为企业经营活动的一项关键任务，而挖掘互联网的作用，发挥它的价值则成为企业提升利润的一条有效路径。

庆幸的是，我们在互联网兴起之初，就已开始布局这方面的研究和应用开发工作。现在，我们形成了完整的战略思考，才能够从容应对越发不确定的未来竞争。这不仅让我们的企业受益，更有意义的事情是，让数十万家学员企业受益。

概括而言，我们团队经过十多年研究和提炼，再到企业中实践。最终，我们把互联网竞争策略划分为防御策略和进攻策略两大战略体系。

全网防御策略

全网防御策略是企业为了有效应对市场既有风险或正在积聚的潜在风险，而采取一些措施，加以保护、巩固，甚至提高自身现有市场地位的营销策略。在战争中，防御是指通过有效布局兵力，使敌方无法侵入己方阵地。其实，基于当下情况，对于很多企业而言，我们暂且不说如何追求持续成长，至少应该优先保护现有业务不受损失。因此，我们需要从四个方面制订全网防御策略：

第一，用户防御策略。2015 年，一项人口统计数据发现，中国的 80 后和 90 后约有 4.15 亿人，占中国总人口的 31%，占中国网民数量的 55%，占网络交易人数的 76%。这说明，年轻人正在成为市场主流，且应该成为任何企业决策者的关注对象。尤其是企业营销人士都应该研究这群年轻人的消费习惯和消费行为，投其所好。前两年，我有一次到长沙讲课。从机场到酒店的一路上，我看到一家整形美容机构投放的灯箱、路牌、电子屏幕等诸多形式的广告。到了酒店，我打开电视机，竟然在几个频道也发现了他们的广告。这说明，这家公司的品牌意识特别强，也有很好的宣传推广意识。

不过，大家想一下，他们的目标用户是哪个年龄段的人？25 岁以下的人群走进美容院的多吗？不可能太多，因为这个群体还不具备消费实力。40 岁以上的人呢？虽然他们具备消费实力，但这个年龄段的大多数人都已成家，并在享受幸福的家庭生活，或者正在拼搏事业。加上丰富的社会阅历，这类人会发现，内在气质美比外貌形象美更加重要。而 25 ～ 40 岁是人生的怒放季节，也就是如今的 80 后和 90 后，对她们而言，如何更加漂亮，如何让漂亮更加持久，是心头大事。那么，今天的 80 后和 90 后想去整形时，看到街头的广告牌，在走进这家整形美容院之前，必定会通过互联网搜索这家机构的信息，如口碑怎样，有哪些项目，医生水平如何，过往客户怎么评论等。我尝试着在互联网上搜索这家整形美容机构。输入这家机构的名称，第一个页面毫无踪影，第二个页面也没有出现。我继续往后翻查，只找到一些零散的信息，没有官网。在第二天的课堂上，我分享了这个案例。巧合的是，这期学员中也有人从事整形美容行业，与我案例中讲到的整形美容机构是竞争对手。我问她，现在你学会了怎么布局全网生态营销，怎么针对目标客户设计关键词等方法，有信心抢到对手的客户吗？她很激动地给了我肯定的答案。

第二，区域防御策略。在传统工商时代，企业的竞争对手主要来自同区域内的同行企业。而互联网时代，企业的竞争对手很可能会从遥远的地方，突然出现在你面前，迅速侵吞你的市场份额。比如图书出版行业，出版社之前都是在当地找一家印刷厂，印刷完成后，货发全国。现在，出版社调整了策略，对于复本量较大的图书，则会在全国不同区域选择几家印刷厂，按照发行商就近原则，安排印刷与发货。如果你经营一家印刷厂，怎样保证外地的出版社能够找到你呢？在路边做灯牌广告？在当地报刊、公交车上打广告吗？这些广告很难让跨区域客户找到你。

所谓区域防御策略，主要指占领客户网络接触点和重要平台。在网络接触点方面，企业通常可以参考关键词定位系统的内容，使用区域和业务组合的关键词，占领搜索引擎入口。当有人通过网络搜索"深圳罗湖区冰箱维修""西安校服生产""长沙整形美容"等关键词时，首先看到的是你的联系方法或推广信息。占领重要的平台是指行业网站、企业官网、交易型平台，以及当地的有影响力的社区，如杭州的19楼、广东的大粤、58同城各地分站等。

第三，品牌防御策略。品牌防御包括企业的商标、产品名称和专利技术等方面。一名学员问我："我的企业刚刚突破100万元营业额，要不要进行品牌防御？"我问他，是不是依靠大量业务员扫街或拜访客户获得业务？他点点头。其实，这样的企业可不是个案。我们很多学员企业都面临着这样的困境，业务员一次又一次登门拜访客户，业务员把嘴皮都磨破了，把能想到的溢美之词都说尽了，还是无法与客户签单。其实，他们没有意识到，他们把自己的企业夸得再好，也只是王婆卖瓜，客户无法听到第三方的声音。而当客户通过网络搜索业务信息，找不到你的时候，心中就会产生疑虑。其实，大企业更加需要保护自己的品牌。大公司在进行品牌防御时，一方面要保证客户通过网络能够找到你的品牌；另一方面，要通过网盟推广或付费投放，让你的品牌广告追着客户满网络跑，不断强化客户对你的品牌的认知。

第四，核心业务防御策略或核心产品防御策略。对于企业而言，核心产品或核心业务通常都是企业的利润源泉。从正面思考来看，企业通常集中优势资源于一款产品。长城汽车主攻 SUV 市场，弱化家用轿车产品，就是一个很好的案例。2016 年，长城汽车销量达到 107.5 万辆，同比增长 26.01%，SUV 占比近九成；他们的核心产品"哈弗 H6"的销量达到 58.07 万辆，劲增 55.58%。顾客满意度、关注度最高的 SUV，刷新了中国汽车市场 SUV 车型年度销量新纪录。

我们再从反面看一下苹果公司的"围魏救赵"之策。2016 年 3 月 22 日，苹果公司在美国加州总部发布了一款 4 英寸屏幕的 iPhone SE 手机。这款手机采用 iPhone5S 的外观，却通过升级硬件和软件，使性能达到 iPhone6S 的水准，定价只有人民币 3 288 元。从数据调查机构公布的手机销售数据来看，在 2 000 元到 3 000 元的价格区间，国产手机已经占据了 88% 的市场份额；而 3 000 元到 4 000 元区间，国产手机占比也达到了 77%，并且正在往 4 000 元以上的高端市场进攻。苹果在此情况下，推出价格相对低廉的

iPhone SE 手机，与华为的 Mate、P 系列，OPPO 的 R 系列，以及 vivo 的 X 系列短兵相接，其实是在吸引国产手机厂商的注意力，缓解高端市场压力。2015 年，苹果手机在中国市场的销量是 5 000 万台，其中，4 英寸的 iPhone 5S 贡献了 1 000 万台。信息技术研究和分析公司 Gartner 的首席分析师吕俊宽在一次接受采访时告诉记者："2015 年，iPhone5S 的销量占苹果在中国区销量的 20%。iPhone SE 可以满足这类用户的需求。从这些策略上可以看出，这款手机是苹果的一款防御型产品，而非进攻型产品。"之所以定义为防御型产品，是因为企业推出这款产品的目的是保护核心业务，而不是追求销量或利润。

讲到这里，或许敏锐的老板会质疑，价格是一种有效的竞争策略，为何我却避而不谈？在我看来，价格竞争是一种杀敌一千，自损八百的双输策略。如果使用不当，还可能会产生杀敌八百，自损一千的下场。如果绕不开价格竞争，我们宁可把它看成是一项进攻策略，而不是防御策略。把低价竞争引到对方的核心业务领域或核心产品上来，而不是在自己的核心产品或业务方面开展低价竞争。那么，如果遇到对手把低价竞争的战火引到你的核心业务领域，你应该怎么办？全球知名战略咨询公司德勤公司对全球 25 000 家上市公司的 45 年的经营数据分析发现，提升品质可以有效地还击低价竞争。如果对手通过拉低成本，采取降价策略，那么我们的优势策略则应该是提升品质，拉大与对手低价产品的差异，甚至提高价格。

俗话说，兵无常势，水无常形。企业的竞争策略也是如此。无论是外部经营环境，还是企业内部情况每天都在发生变化。即使我们把防御策略做到极致，也无法保证最终的胜利。就像足球比赛一样，固若金汤的后防线虽然可以阻止对方进球得分，但很难让己方进球得分。最好的结果可能是对方交一张白卷，而己方

吃一个"鸭蛋",平局收场罢了。因此,再好的防御都不能替代进攻,而进攻则是最好的防御。

全网进攻策略

在瞬息万变的互联网时代,机会往往只会被勇于走出去的企业抓住。如果企业不紧不慢、按部就班地往前走,很可能刚迈出一步就发现,前面已经没有路了。面对同样的机会窗口,有的企业获得的收益是"1",而有些企业获得的收益则是"2"。想象一下,在下一轮竞争面前,这两家企业的机会还会是均等的吗?第一轮得2分的企业,在第二轮竞争中可能投入超过1的成本,而第一轮得1分的企业则很难投入超过1的成本。

进攻策略的三大成本。在我们看来,好的进攻策略可以产生摧枯拉朽的效果,用最短时间在市场上斩获最大成果。当然,兵马未动,粮草先行。进攻是要付出成本的。对于企业而言,进攻的成本可以分为三种:时间成本、机会成本和获取用户的成本。

第一,时间成本。这是当今世界上最大的成本。比如有学员对我说,他想在互联网上做一个平台。我就会花时间问他一连串问题,以获取信息。

第二,机会成本。在传统工商时代,很多企业只会沿着既有的业务模式一条路走到黑。做零售的就大力做零售,最多是顺带着做一些批发客户,而不会专门开发批发业务。做批发业务的企业通常把客户的定制化需要当成是"天上掉馅饼",而不会着力开拓定制业务。通常,这样的企业还会给自己找出一大堆似是而非的理由,如区域限制、人员限制、资金不够、品牌没有吸引力等。

但在互联网时代,情况发生了变化。互联网给每一家企业提供了非常好的机会。如果你不争取新机会,而对手抓住了新机会,最终的结果很可能是，你连原有业务都会输掉。京东在美国纳斯达克上市时，刘强东的第一个投资人今日资本的徐新说，如果刘强东当年没有坚守重资产，自建物流，她有可能不会出资。彼时，无论是资本市场还是业内人士，大家都十分看好阿里巴巴的轻资产模式。也就是说，京东选择把自家平台打造成一家自营商场，他的机会成本就是成为像阿里巴巴那样的商业街。在互联网时代，机会稍纵即逝。在如此短暂的时间里作出选择，还要承担一定的成本，这种情况容不得企业抱着试试看的想法。既然冒着损失其他机会成本尝试一个机会，那么就一定要努力取得更好的结果。

第三，获取用户的成本。前些年，企业要在互联网上招徕一个客户，可能只需支付几角钱或几元钱的成本，但如今企业通过互联网获得用户的成本越来越高。如果想在互联网上取得比较好的结果，就需要思考用户的价值回报，也就是用户的价值贡献。与传统工商时代相比，互联网的优势在于，它可以无限扩张。企业既可以在品类上进行横向扩张，也可以针对单一客户进行纵向扩张。因此，通过这两个方面的扩张，提升客户价值贡献，从而降低获取成本。

2016年七八月，我应邀前往大明厨具考察，这是我们的一家学员企业，总部位于西安市，工厂在秦岭山区。他们的核心业务是生产不锈钢厨房设备。他们刚刚接到华为在东莞松山湖建设新基地的员工食堂的设备订单。

华为的采购人员在网络上搜索商用烤炉产品，看到了大明商用厨具的推广信息。想不到的是，华为与大明厨具接触过程中，不仅采购了他们的商用烤炉，还采购了厨房全套不锈钢设备和烟机设备，甚至还有大明厨具不生产的桌子。大明厨具花了不到6元钱的成本，获取了一张近600万元的大订单。

现在，我们明白了企业采取进攻策略，会支付三大成本，那么，

企业到底应该如何进攻呢？

进攻的三大战术。战而后阵，兵法之常；运用之妙，存乎一心。一旦确定要发起进攻，就要布阵，这是用兵的常识。而如何巧妙布阵，则在于将帅的巧妙谋划。企业决策层，在决定向某个市场或产品发起进攻之前，就应该熟悉互联网时代常用的进攻战术。

第一种，多模式战术。有一家来自浙江义乌的学员企业，主营箱包业务。起初，他们是做定制业务的，后来也想到要向互联网转型。于是，他们专门组建了一个网销团队，在网上零售箱包。我走访后，告诉他们老板这样干不行。我给出的建议是，组建两个团队。一个团队专门负责网上零售，销售自有品牌箱包；另一个团队仍然做定制业务，还要适当巩固定制业务。而且，第二个团队需要兼顾国内市场和国际业务。如此操作，企业的人力成本增加了 1 倍，划算吗？大家再回头想一想，进攻的三大成本的第一项是什么？时间成本。它的意思是，时不待我，机不可失。在进行开拓业务时，对收入的考量始终是应该先于成本的。那家箱包企业后来同时操作零售、批发和定制业务，真正实现了多模式组合战斗。

第二种，多应用战术。多应用战术是指围绕核心产品，开发更多的应用市场。2015 年，青岛一家叫乐好英超的企业入选全国十大牛商。乐好英超创立于 1956 年，之前主营服装零售和定制两种业务，这两种业务几乎各占半壁江山。

如果我们想要攻占一个市场，那么，可以同时组建三个团队，使用两种模式进攻吗？除此之外，有没有一种可能，我们把一种模式做得更加深入一些呢？就像乐好英超一样，他们在定制业务方面，专业组建了主攻高端定制的两个团队。一个团队专门针对政府部门，承接政府单位的定制业务。对于一家成立 60 多年的企业而言，早就积累起了与各级政府的各类资源，同时，企业内部也积累了从法律到招投标的各类专业人员。不同的是，过去，他们这个团队只针对青岛以及山东境内的政府机构延揽业务。现在不一样了，他们借助互联网，针对全国各级政府机构开发定制业务，市场机会扩大了许多倍。另外一个团队主攻企业定制业务，并且通过互联网延伸到全国范围。2014年，这三个团队大概有16个人，却做了8 000万元的业务。他们的进攻目的变得十分明确，进攻路线也十分清晰，并组建有针对性的团队。乐好英超始终围绕服装这一块业务，尤其是高端定制市场，进一步细分为企业定制和政府定制，把这块业务做熟、做透。

第三种，解决方案战术。在这种战术体系中，企业围绕客户的某项需求，向周边需求延伸，最终针对某个独立单元或应用，提供一套系统化的解决方案。我们再回到大明厨具的案例。起初，华为只是向他们采购不锈钢烤炉，到最后，他们为华为的新基地提供了一套完整的厨房设备解决方案。在这个方案中，实现成套产品的销售，甚至售后维护和保养服务。

在今天看来，尤其是很多企业希望借助互联网实现二次腾飞或弯道超车。对于这类企业而言，决策者最难的就是突破自身的资源限制。就像大明厨具一样，他们的核心业务是做不锈钢产品，但是通过解决方案，把其他公司的木桌子销售给了华为。他们老板对我说："我们与华为建立了良好的合作开端后，他们就不断地向我们提出各种需求，问我们这能不能做，那能不能做。我们的业务人员汇报到总部，我们商量后，答复华为，可以。"通过华为的案例，他们开发了一种全新的解决方案战术。在他们的销售武器库里，这可是一件具备巨大杀伤力的"核武器"。

细思一下，到底是大明成就了华为，还是华为成就了大明？答案难分伯仲。企业与市场本就应该是一种鱼水共生的关系。

那么，这三种战术是怎样的关系？到底应该怎样去进攻呢？我

们发现，这三种战术可以组合使用。我们在策略班的课堂上，讲述了企业决策者如何分析自己的实际情况，包括具备的能力、资源、潜在的市场机会。我们也讲到了如何进行战术组合，进行系统防御。我们认为，营销一定要与市场结合起来，销售做加法，市场做减法。

守于九地，攻自九天

韩非子说："事在四方，要在中央。圣人执要，四方来效。"放在今天来看，用到企业经营中来就是，老板应该把具体事务交由身边各级负责人去执行，而老板则掌握企业大方向上的决策权，尤其是战略方向上的正确。只要老板能够把握全局，那么，各级负责人都会积极效劳的。因此，企业在落实全网防御策略或全网进攻策略过程中，需要更多的执行人员。攻以快为上，方能趁其不备。《孙子兵法》有言："善守者藏于九地之下，善攻者动于九天之上。"会守的人，可以让敌人察觉不到己方的守势，更是无机可乘；会攻的人则是瞬间举雷霆万钧之力，使对方毫无还手之力。

对于企业经营而言，防御不等于保守，而是积极寻求在某个细分领域的深度专业化，是一种厚度积累，为的是有朝一日汹涌喷发。王石"主政"万科初期，卖掉了许多其他业务，只保留了房地产业务，才有了今天的万科。其实，在他出售的业务里面，也有许多优质业务，如今天的零售巨头华润万家，前身就是从万科体系中卖给华润的万家超市。最后，我想强调的是，全网防御策略与全网进攻策略都是企业经营系统的必备策略，可以有效指导企业向互联网转型。但这两者既不是非此即彼的关系，也不存在孰先孰后的顺序。

我们在使用过程中，和第 6 章、第 7 章的盈利模式结合起来，指导意义会更加明显，也会给企业带来更多实际利益。

第6章

重构互联网盈利模式

> 移动互联网的大潮，比你想象的还要大很多。我们之前没有能力用一台电脑连接 50 亿人，但现在可以了。2013 年，20亿安卓用户将会活跃起来，市场机会，不仅在科技业。
>
> ——硅谷知名投资人 马克·安德森

两百多年前，以蒸汽机为代表的第一次工业革命，把人类从农业社会带入工商社会。从那时起，人类对物质的追求一发不可收，电力、流水线生产、计算机等技术突破则掀起了一次又一次的工业浪潮，将人类彻底带入物质世界。在这样的社会环境中，企业从无到有，从小到大，并开始影响甚至主导人类社会的发展方向。

诺贝尔奖获得者、经济学家罗纳德·科斯（Ronald Coase）认为，企业的本质是一种资源配置机制，它与市场是两种可以互相替代的资源配置方式。在企业诞生后的 200 多年里，虽然经历了数次技术革命，但企业的本质没有发生太大变化——始终围绕产品或服务进行筹集资金、组织生产、开拓市场、宣传营销等活动。

20 世纪 90 年代，互联网大潮席卷全球。在之后近20 年里，无线传输和计算能力等技术领域取得了突破性

进展，人类社会迈入了移动互联时代。科技界和企业界的许多人士把 2010 年视为"移动互联元年"。

在此后短短数年间，企业的本质似乎开始发生了变化。一方面，企业仍然是一种资源配置机制；另一方面，企业与市场的边界越发模糊，企业在进行投资、生产、营销等活动时，越来越关注由用户组成的市场。与工商时代相比，移动互联时代在信息传播方式、用户行为和企业行为等方面都正在发生翻天覆地的变化。因此，企业需要重构盈利模式。

一家企业在完成技术和产品的创新之后，能否寻找到一套优秀、成熟的盈利模式，往往是其能否走向成功的关键。同样，中小企业要想通过互联网实现盈利，首先要找到一套适合自身的网络盈利模式。

那么，什么是网络盈利模式？顾名思义，网络盈利模式就是企业在互联网上靠什么来赚钱。详细说来，就是企业在网上卖什么，卖给谁，怎么卖。由于互联网多元化的优势，在互联网上，企业的盈利模式没有固定形式，只有成功和不成功之分。现实网络中存在各种各样的盈利模式，并且这些盈利模式可以组合在一起，共同为企业的利润添砖加瓦。

信息传播方式突变："金字塔"倒掉

在传统金字塔式的社会结构中，处于上层社会的人士不仅可以比底层人士接触更多信息，而且这些信息往往更具价值，见图 6.1。处于金字塔尖的人更容易看清社会全貌，把握社会趋势。这种信息落差表现在价格、技术、市场、渠道等多个方面，成为塑造传统商业模式的基石之一。

近 30 年来，互联网从出现到繁荣，正在一步步颠覆这样的社

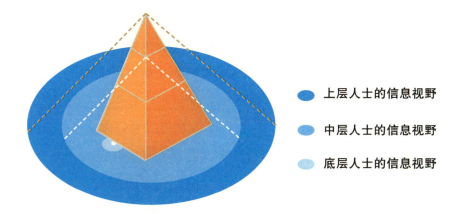

上层人士的信息视野

中层人士的信息视野

底层人士的信息视野

图 6.1　传统的金字塔式信息传播方式

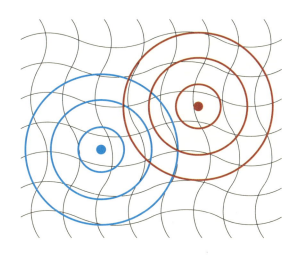

图 6.2　互联网时代网状信息传播方式

会结构。互联网通过无数条网线和路由器把世界上所有人联结在一起，见图 6.2。在网状结构中，"塔尖人士"消失了，这也就意味着：一方面，没有人可以主宰网络；另一方面，几乎没有人可以离网生存。

2016 年 7 月，《中国青年报》社会调查中心联合问卷网对 2 000 名受访者进行的调查显示，57.1% 的受访者在早上睁开眼的第一件事是刷微信朋友圈；有时和偶尔刷微信朋友圈的受访者分别占

24.2% 和 11.9%，仅 6.8% 的受访者表示从来没有醒来就刷朋友圈。

朋友圈是微信的一项应用，也是信息的传播方式之一。朋友圈首先具备了一对多的传播功能。我们发到朋友圈的信息，无论我们有多少位好友，他们在这条信息面前都一律平等，在几秒钟内就可以获取信息。只要你愿意，陌生人都可以看到你发布的信息。

微信不仅具备多向传播的功能，也具备双向互动的功能。我们发布在朋友圈的信息，其他人可以通过点赞或评论跟我们进行互动。这两种反馈途径，正是互联网摧毁传统金字塔式社会结构的秘密武器。这也正是全网生态营销体系强调的体验与围观的理论支撑。

买家可以像卖家一样精？

2001 年，美国信息经济学家约瑟夫·斯蒂格利茨（Joseph Stiglitz）凭借信息经济学方面的研究，获得了诺贝尔经济学奖。他和乔治·阿克尔洛夫（George Akerlof）、迈克尔·斯彭斯（Michael Spence）共同提出：在市场经济活动中，各类人员对有关信息的了解是有差异的。掌握信息比较充分的人员，往往处于比较有利的地位，而信息贫乏的人员则处于比较不利的地位。掌握更多信息的一方通过向信息贫乏的一方传递可靠信息而在市场中获益。

这就是著名的"信息不对称理论"（Asymmetric Information Theory），也就是我们老百姓经常说的：买家没有卖家精。

2016年3月，中央电视台财经频道《经济与法》栏目曝光了一起事件：李先生在郑州一家宝马5S店，花费60万元购入一辆二手宝马X6越野车。在付款前，李先生请销售经理小王查询这辆车之前是否出过事故。小王打开电脑，调出记录，显示的都是正常保养。

在李先生看来，正规5S店应该比普通二手车商更加值得信任。入手后不久，他感觉这辆车不对劲，有时会出现熄火、跑偏等状况。后来，李先生经过朋友从保险公司拿到了此车的维修记录。李先生看到，2010~2014年，这辆车一共出了7次事故，最严重的一次事故花费了15万元维修费用。

在一对一的交易行为中，买家作为个体，很难识别卖家掌握的信息。瓜子二手车直卖网作为一个二手车交易平台，一方面自身不参与商品买卖，另一方面给买家出示车辆第三方评测报告。通过实施这两项措施，买家与卖家对于标的车辆掌握的信息近乎一致，有效规避了交易中的道德风险。

在知名品牌战略专家李光斗看来，中国企业家是"一切交易源于信息不对称"的忠实信徒。中国企业家群体中的智商极高者，当年就是利用信息不对称理论大发其财。但在如今的互联网社会，信息实现了水一般的自由流动，消费者已经成为成熟的网民，信息不对称的时代已经一去不复返，想单纯依靠概念和包装已经很难打动消费者。

传统行业用户吹响网络集结号

2016年9月，中国电子商务研究中心发布《2016年（上）中国电子商务市场数据监测报告》。报告显示，2016年上半年，中国电子商务交易额达10.5万亿元，同比增长37.6%，增幅上升7.2%。其中，B2B市场交易规模达7.9万亿元，网络零售市场交易规模达2.3万亿元。对此，该中心B2B与跨境电商部主任张周平表示，B2B电商需要不断创新形式，深入挖掘和利用电商的价值，打造

完善的生态圈，以创新姿态提供更多增值性生态服务。

在创新形式方面，义乌市亿诺日用品有限公司的总经理楼女士亲身体验过一次惊喜。楼女士非常热心公益，每逢春节，她都会探望家乡的高龄寿星，并发放一些慰问金。公司网站维护人员将楼女士从事公益活动的照片放在了公司官网上。当这些照片被国外采购商搜索到时，他们认定，这是一家有社会责任感的企业。他们通过亿诺官网，订购了100万个沐浴球，并邀请楼女士成为他们的长期供应商。

单仁资讯服务过众多中小企业，经过调查发现，大多数企业的电商交易额增长率还没有达到中国电商交易额总体增长率。

用户从"主动"到"主导"

小米联合创始人黎万强认为，小米的新款手机都是基于论坛讨论，收集用户需求，并最终完成产品。用户觉得："啊，这个是我提的创意，我喜欢！"这种参与感让大部分用户觉得自己被重视。

"七格格"是一个原创网络女装品牌。每周，他们都会推出30 ~ 50款女装。七格格非常注重用户反馈，组建了许多QQ群，与数万名忠实"粉丝"互动。

每周四，七格格都会按时上架新品。在此之前，他们的设计师团队先将新款服装图片上传到网店，收集"粉丝"的投票和评价。然后，设计师在QQ群里发起讨论，与"粉丝"共同选出大家喜欢的款式，经过二次设计，再上传到网店。有时，要经过几轮讨论才能最终确定版型，进行批量生产。想象一下，如果你是七格格的"粉丝"，发现某款衣服口袋设计采用了你的创意，会不会激发你强烈的购买欲望？我们通过七格格的案例发现，买家与卖家之间，不再只有单纯的消费关系，买卖双方自然而然地形成了一种免费的创造共同体。在买家一次又一次的体验与分享中，品牌逐渐被更多人接受，并被注入独特的群体文化。

身处浪潮之巅

面对奔袭而来的移动互联浪潮，企业家的应对方式千差万别。有的想转型，却不知道从何下手；有的不敢直面新问题，逐渐被市场边缘化；有的积极面对，在变革中开辟了一片新市场。就像马云说的那样："面对一次机遇，大多数人经历过四种阶段：看不见，看不起，看不懂，来不及。"畅销书《世界是平的》作者托马斯·弗里德曼（Thomas Friedman）写道："互联网是企业快速成长的难得机会，你可以等，但你的竞争对手一定不会等。"

周鹏是远大空气净化器的一名经销商，他主要依托淘宝平台开发业务。2014年初，在一次课程间隙，他对我说："老师，我这两年在淘宝网做销售，效果还不错。"

他又说："老师，假如我现在才去淘宝做，一定没办法经营下去了。"我有一些好奇，问他为什么？他这样解释："老师，2011年我做淘宝时，一个流量只要三角钱。100个流量就能成交五单生意，平均一单生意只需六元钱成本。哪怕每笔订单成交一台空气净化器，我的毛利有300～400元，我仍然赚钱。但现在淘宝网有太多同行商家了，竞争非常激烈。原来三角钱的流量，现在则要18元。以前100个流量可成交五单生意，现在120个流量才能成交一单生意，成本是以前的60多倍，如果每笔订单成交一台空气净化器，我要赔掉1 700元。"周鹏的解释让我想起一则故事：

　　　　约翰死后去见上帝，上帝查看了他的履历，很不高兴地说："你在人间白活60多年，怎么一点成就都没有？"

约翰辩解说："主呀，我也想做出一些成就，可您没有给我机会呀。如果让那个神奇的苹果砸在我头上，发现万有引力定律的人就会是我了。"

上帝说："其实，我给大家的机会是一样的，只是你没有抓住。我带你再回顾一次吧。"

上帝把手一挥，时光倒流到几十年前。一天中午，约翰正在一棵苹果树下小憩。上帝摇动苹果树，一个苹果落到约翰头上，约翰捡起苹果，用衣服擦了几下，几口把苹果吃掉了，还对苹果赞不绝口。

上帝又摇动苹果树，一个更大的苹果落在约翰头上，又被约翰吃掉了。

上帝再摇动苹果树，一个更大的苹果落在约翰头上，约翰大怒，捡起苹果，扔得远远的，还不忘记抱怨："该死的苹果，搅了我的好梦！"扔出去的苹果砸在睡觉的牛顿头上，牛顿醒了，豁然开朗，发现了万有引力定律。

时光回到当下，上帝对约翰说："你现在应该口服心服了吧！"

约翰哀求："主啊，请您再给我一次机会吧……"

上帝摇了摇头："可怜的人呀，再给你一百次机会也是徒劳……"

机会面前，人人平等。在移动互联时代，唯快不破。机会不会等你，竞争对手更不会等你。

传播成本趋近于零

2015 年夏天，全中国似乎都掉进了一个大火炉，热得让人无处躲藏。但因工作需要，我仍然穿梭在深圳、成都、沈阳等各个城市。即使气温非常之高，我仍能时刻感受到一丝凉意。因为在此期间，无论我身处哪座城市，只要掏出手机，打开微信朋友圈，总能看到有些朋友举起满满一桶冰水，仰天长啸，把冰水倾倒在身上。

我看到越来越多的朋友，创造出各种新花样，发布类似的照片。在一次晚课结束后，我挤出时间，在网络上查证起来，终于把事情的来龙去脉搞清楚了。原来，这就是著名的 ALS 冰桶挑战。

ALS（Amyotrophic Lateral Sclerosis）的中文意思是"肌萎缩侧索硬化症"。波士顿学院的著名棒球运动员皮特·弗雷茨（Pete Frates）患有此病。他希望更多人能够关注此疾病，于是发起冰桶挑战。活动规则非常简单：被点名的人要么在 24 小时内完成挑战，并将相应视频上传到社交网站，要么为对抗 ALS 捐出 100 美元。

这项活动几乎没有花费传播成本，却在全球范围内疯传起来。在短短一个月内，募集了 2.57 亿美元资金。这项挑战由国外传入国内，并在微博上不断发酵。

雷军、李彦宏等企业家率先挑战，众多娱乐圈明星紧随其后，吸引了众多网民围观。虽然知道自己被点名的可能性极小，但看着平日"高大上"的名人们发布如此接地气又好玩的视频，也是一种乐趣。

经过反复咀嚼此案例，我发现，它之所以能以近于零的成本使受众范围扩大至全球，可能有以下几方面原因：

1. 参与活动的门槛较低，几乎所有人都是受众。

2. 社会心理学法则表明，在公众透明的监督机制下，参与者完成某项活动的意愿更加强烈。

3. 不同圈子里的名人参与互动，面向大众展现出了难得一见的一面。

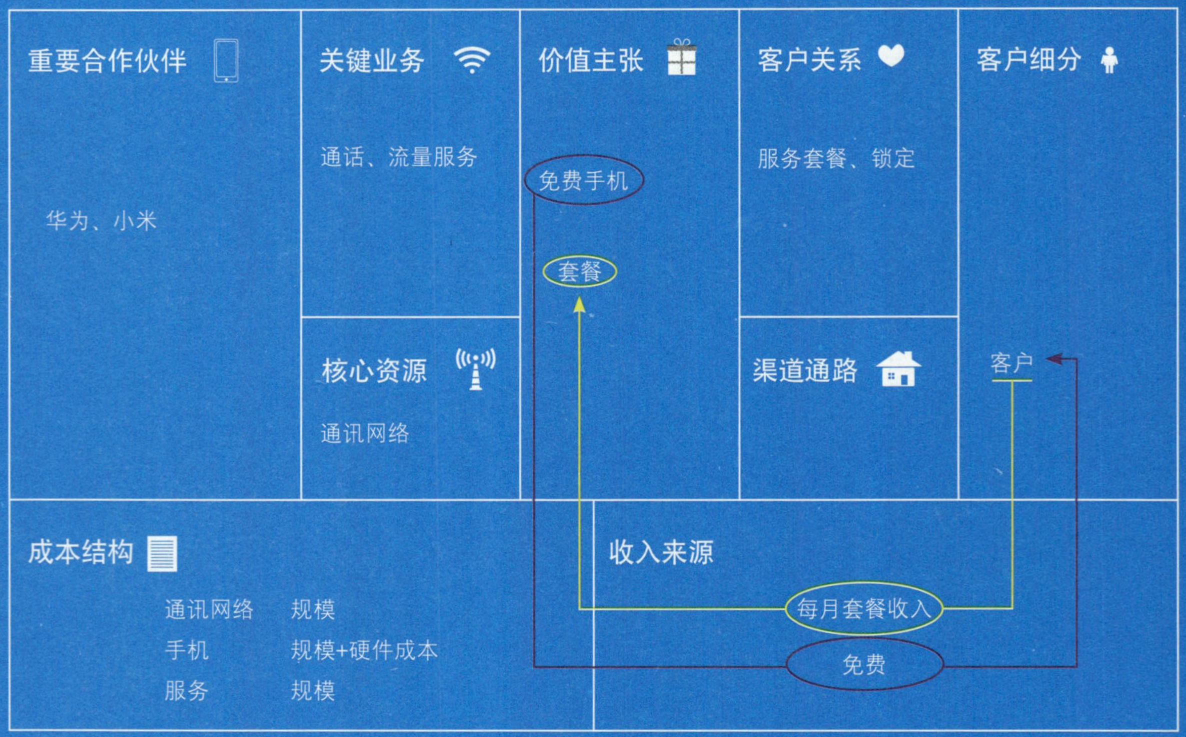

图 6.3　中国移动预存话费送手机盈利模式

重要合作伙伴 ▢

华为、小米

关键业务 ⌢

通话、流量服务

核心资源 ((⋅))▥

通讯网络

价值主张 ▦

免费手机

套餐

客户关系 ♥

服务套餐、锁定

渠道通路 ⌂

客户细分 ♟

客户

收入来源

每月套餐收入

免费

成本结构 ▤

通讯网络　规模
手机　　　规模+硬件成本
服务　　　规模

ALS 冰桶挑战是一次公益与营销的有效结合。在此之后，众多品牌纷纷借势营销，如三星向苹果发起的冰桶挑战。其实，我们也可以借助这股东风，营销我们自家的品牌或产品。

免费、跨界与创新

重构盈利模式其实是一件非常有意思的事情。但有些人认为它过于简单，因为不需要开发新技术、采购新设备或创造新市场，只需使用现有技术继续生产产品，改变用户找到你的方式，即改变产品呈现给用户的方式。这种改变一旦形成，很难被竞争对手察觉，更难被效仿。重构盈利模式能创造出一种无形优势，就像给企业修建了一条宽宽的护城河。

在探讨如何重构移动互联时代的盈利模式前，我们不妨先对中国移动的"存话费，送手机"这种盈利模式进行拆解和分析。中国移动应该算是大多数中国人的老朋友了，我们不仅非常熟悉这家公司，也非常了解他们的业务。按理说，我不需要赘述大家所熟知的东西。但我想问，正是我们如此熟悉的公司和业务，正是这家我们每天都在用他们的网络与客户通话的公司，我们熟悉他们的盈利模式吗？估计多数人只能给出诸如"存话费，送手机"或"买手机，送话费"之类的答案。

我们从图 6.3 可以看出，在这项业务中，中国移动设计了四个盈利点。

第一，稳定的现金流和高黏性用户群。中国移动以"免费手机"为诱饵，吸引了大量用户围观，一旦成交，就把原本的一锤子买卖变成了在此后若干个月的稳定现金流。并且，如果用户在使用套餐期间更换服务商，将会承担一定的沉没成本。因此，这批用户群拥有更高的黏性和稳定性。

第二，**用户被动浪费或追加服务**。使用过包月套餐的人多少都体会过，到了月底，要么用不完套餐时长，要么流量超额，需要额外缴费。而对于中国移动而言，用户浪费的套餐时长构成了一笔或有收益，需要追加套餐的用户又提供了额外收入。

第三，**有竞争力的硬件价差**。通过市场调查，我们发现中国移动门店销售的手机折合成对应的套餐价格以后，仍然高于其他渠道销售的同等配置的手机价格，但二者的采购价格几乎不存在太大差别。中国移动甚至会借助规模优势，获取更加有竞争力的采购价格。

第四，**资本收益**。资本也是有成本的，同时也是可以创造收益的。中国移动把收取到的套餐费转化为资本，进行再投资，赚取收益。

在设计上述盈利点时，中国移动始终以用户为中心。他们的销售人员既不会向走进中国移动营业厅的消费者描述良好的手机性能，也不会强调网络的稳定性。销售人员通过与消费者聊天，探寻他们对通话时长和流量的诉求，然后向其推荐合适的资费套餐，最后才会推荐手机。

中国移动在设计这项业务的盈利模式时，也严格遵守了移动互联网的三大特点：免费、跨界和创新。免费是指开放网络、应用接口、内容和服务等，比如他们的流量载体是众多的应用程序，而中国移动则允许合作伙伴使用自己的网络平台。

跨界是指与合作伙伴共享资源，充分互动，协同参与，借此给用户提供更多的自主性和选择，比如中国移动把通信费用和销售手机这两项业务整合在同一款套餐中，与不同的手机厂商设计数款手机，供用户选择。中国移动简单地把套餐划分为通话套餐和流量套餐。这样一项简单的创新就为不同用户提供了更多可能性，满足他们不同的需求。

重构盈利模式的五大要素

剑桥大学教授斯坦里奥思·卡瓦迪亚斯（Stelios Kavadias）带领研究团队，调查分析了 40 多种新涌现的盈利模式。他们发现，这些新模式似乎都有潜力改变所在行业，但真正成功的只是其中一部分。他们在这些模式中找到了五大共性要素。虽然没有一种模式同时具备这五大要素，但具备的要素越多，成功的机会就越大。

要素 1：流通环节去中间化。 2016 年 4 月初，我在南昌讲学。一天，下午课程结束，一名学员主动要求送我去昌北机场。我本以为他有问题要向我请教，但上车之后他表示，送机只是为了感谢我。我问他为什么？他是做什么的？他说自己是做饲料生意的，主要是仔猪饲料。感谢我的原因是，他在 2015 年一年的盈利相当于前十年的总和。我当时听了有些将信将疑，问他为什么能做到？他说，他 2014 年在单仁资讯学习网络营销，开始用移动网络重新构造销售体系。

之前，他自己生产的仔猪饲料都是通过各地经销商卖给养殖场的。小的饲料厂就是靠低价抢经销商，在他们的行业里，厂家每吨 20 元钱的价格变动就可能被经销商换掉。所以在饲料行业里，小厂的毛利率只有 7% ~ 8%。而且，经销商永远缺钱，账期通常是一年。

从 2014 年下半年开始，他开始用移动网络寻找养殖户。为什么以前不能这样做？在智能手机普及之前，上网是电脑加网线，养殖户既没有电脑也没有接网线。移动互联网让养殖户即使在野外也可以上网。他们白天养猪，晚上上网，养殖过程中遇到任何难题，他们会用手机在网上寻求帮助。这名学员就是这样一家一家找到养殖户的。通过直接和养殖户接触和交易，他的毛利率增加到了 22% 左右，也就是把原来经销商的一部分加价变成了自己的

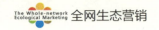

毛利。同时，因为他和养殖户打交道，一般小额交易，全部要求现款，大型养殖户一旦产生账期，也会在卖出小猪或者生猪的时候结算。这样账期缩短到三个月，也就是同样本钱的资金，一年可以多做四倍的营业额。

移动互联网让生产商去掉中间环节，直接和用户打交道。

要素2：产品服务定制化。在设计之初，定制化产品或服务就需要围绕用户需求展开。希洁化学是一家做水处理剂的公司，也是单仁资讯的学员，他们之前一直通过经销商系统销售标准品，不仅毛利率低，还常常被经销商压价和拖欠货款。后来通过系统学习，利用网络直接对接需要水处理的企业，而且针对企业的实际需求配制产品，比如造纸厂、镀金厂、城市生活用水处理站等，分析具体污染物元素及构成，并且提供有针对性的解决方案。

要素3：价值链闭环化。在传统行业里，大多数企业的价值链通常是一条线性消耗流程，即制造产品、使用产品和丢弃产品。而大多数新兴互联网公司则比较注重设计闭环式价值链。亚马逊公司把客户体验作为核心竞争力，并进行全程跟踪。从客户下单开始，直到产品递送到客户手上，采集及时性、准确率、满意度等众多数据，传输到数据中心，经过分析后提炼出需要改进与提升的环节，当天反馈给一线员工。如此一来，亚马逊公司在服务价值链上形成闭环，在客户体验方面进入了良性改进通道。

要素4：资源社会化。互联网，尤其是移动互联网，让企业借助某种产品和用户之间的接触，了解用户的真正需求，从而衍生出更多产品，成为解决方案提供商。对企业来说，更多的产品和服务不是完全局限于自己的资源范围，而是通过对接整个社会的生产、服务能力，为用户提供更加完善的服务。

2016年7月，我在西安拜访了学员企业大明厨具。大明厨具是一家生产商用不锈钢厨具的企业。他们通过网络接到了华为公司东莞松山湖项目的价值几百万元的订单，订单除了包括大明厨具生产的不锈钢厨具外，甚至还有餐桌。很明显，餐桌并不是大明厨具自己生产的，而是整合了外部餐厅家具厂商的资源。

传统行业中有很多重资产类型企业，看着车间里动辄价值上百万元的设备，能否让它们创造更多价值？或许，这正是重新设计盈利模式的切入点。

移动互联时代，企业与企业之间的边界越来越模糊。同一条供应链上下游的数家企业，从简单的交付关系演变成共生关系，原本依靠市场机制完成的业务，纳入企业内部进行，效率或许会更高，就像前面提到的大明厨具的例子一样。

要素5：定价个性化。前文分析的中国移动在确定套餐价格时，经过了严密的市场调查，如针对年轻人对流量的需求较多，设计低价格、多流量的套餐。也就是基于不同用户的不同需求进行定价。

著名商业思想家纳西姆·尼古拉斯·塔勒布 (Nassim Nicholas Taleb) 认为，企业转型成功的关键不是接受了外部理论的指导，而是源于内部持续的自我调整与实干，以及对新环境的适应。就像学习骑自行车的人一样，他在练习骑自行车之前，并不需要掌握空气动力学知识，只需亲自实践即可。

总之，传统行业的企业谋划向互联网转型，重新设计自家的盈利模式前，需要认清所处行业的特点、企业和市场的边界、可以动用的资源等因素。企业需要围绕用户需求，重新搭建价值传递路径，选取合适的资产、资质或平台等切入点，在局部取得关键性突破后，再对新的盈利模式进行迭代升级。

准备好了以上这些，现在我们要开始详细阐释网络上的盈利模式了。

当我们自己开车去到一个不熟悉的地点，我们会用什么工具帮助？答案当然是导航。

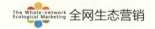

现在想象一下导航系统是怎么工作的？

打开导航，我们必须输入目的地，同时必须让卫星找到我们出发的位置，还要在导航系统后台输入我们的条件，是优先走高速，避开拥堵，距离最短，还是时间最短，有了这些条件，导航就可以给我们推荐一条到达目的地的线路。我们选择的路线会呈现出深色，其他道路就会变成浅色。

扫我学习
《如何用互联网重构经营模式》

第7章
传统行业必备六种网络盈利模式

> 网游使用点卡充值最大问题在于，无论学生还是亿万富翁，
> 在游戏消费上都是一样的。这是营销大忌。
>
> ——著名企业家　史玉柱

我们在第6章讲述了互联网盈利模式的准备知识，那么传统企业向互联网转型时，究竟可以选择哪些盈利模式呢？

通常而言，传统企业可以选择展示销售、招商加盟、网络批发、网络零售、信息平台＋广告，以及交易平台＋会员费等六种盈利模式。互联网的多元化发展也决定了企业在互联网上的盈利模式需要多元化，或者将这六种盈利模式组合使用。

制定网络营销策略的根基

虽然企业在互联网上的盈利模式各不相同，但他们的成功都有一个共同点——向不同顾客提供价值，这里的顾客包括企业、商业机构和个体消费者。

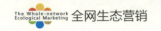

很多企业家在参加单仁资讯的培训课程之前，都会让我们的学习顾问帮忙诊断他们的企业网站。因此，每隔一段时间，我就会组织学习顾问一起总结。

每次总结我都会发现一个普遍现象：不少企业网站流量不小，可转化率却较低，盈利能力很差。究其原因，就是没有找准网站的定位，而定位又直接决定了网站的盈利模式。在诊断和总结的过程中，我们发现了两个最明显的共性问题：

第一，很多网站的定位和自身的盈利模式相差甚远。很多企业在做网站之初，根本没有仔细思考网站的盈利模式，而只是基于美观因素，选择了建站公司提供的模板。

当然，网站定位也不是一件非常轻松的事情。我们要考虑用户的需求，还有这些用户能否给我们带来流量和人气，甚至这些用户能否扩大网站的品牌效应；我们还需要考虑网站必须满足指定用户的需求，还要满足大部分人群的需求。

关于这个问题，我认为，网站定位一定要结合自身优势，选定目标用户。当然，这个目标用户要有相当的人气。如果人气非常低，则很难给网站带来可观利润。

第二，企业盈利模式被误解、误用的概率很高。"模式"这两字很容易让一些喜欢走捷径的企业依葫芦画瓢，结果就是千军万马抢过独木桥。比如做网上商城，在满足了用户的价格需求后，那么其盈利一定就是通过销售商品。但如果所有人都以满足价格需求为目标去卖商品，那么在市场已经饱和的情况下，我们如何进入？

这个时候，我们就要有所区分。相信大家都知道美丽说导购商城，这家商城的主要盈利模式就不是以价格来卖产品，而是通过推广时尚潮流服饰实现销售。

喜爱时尚潮流服饰的用户，自然会关注美丽说的推广。这样不仅避免了价格战，还通过为用户选择他们喜爱的服饰，获得了用户的喜爱和关注。简单讲，网站如何盈利就等同于你的网站为何而生。

在设计盈利模式时，一定要针对目标用户需求。比如搞技术类型的网站，就可以通过网站销售一些培训书籍、技术文章或者资料获取利润。当然，这样的网站也可以做一些有关技术方面的广告链接。

总而言之，盈利模式是企业制订网络营销策略的基础。企业必须清楚自己的盈利模式到底是零售、招商，还是批发。因为不同的盈利模式需要不同的网络沟通对象。

企业在做网站时一定要明确客户对象。网站最好只面向某一类客户。零售类网站只针对终端客户，招商类网站只针对加盟商，批发类网站只针对批发商。如果企业在做网站推广时发现自己人力、物力和财力都有限，那就必须找一个重点作为突破口。确定重点要以网站的定位为依据。选择正确而合适的盈利模式，将帮助企业成功打响网络营销的第一炮。

不同盈利模式，不同网络沟通对象

对于同一样东西，每个人的理解和需求是不同的。我曾接触过一家外贸公司，主要从事鞋类代工，也就是OEM。在他们的公司网站上，所有介绍都围绕他们做的鞋子的款式和工艺。

对于一家做OEM订单的企业来讲，这样的表达是完全错误的。我们应该站在客户角度思考，如果你想要委托一家OEM工厂帮你生产鞋子，你最关注什么？是这家企业有什么款式的鞋子，鞋子有什么样的功能吗？

绝对不是，你会关心这家工厂的设计研发能力怎么样，整体质

量控制体系如何，能否按时交付，当然也包括相关资质认证。所以，在正式开展全网生态营销之前，决策者需要先考虑清楚，你在网络上展现的内容和你想要成交的业务的方向是否一致。

选择盈利模式也是在选择前行的道路。那么，究竟有哪些网络盈利模式可以供不同行业、不同规模的传统企业选择呢？

展示销售：如何在网上试穿衣服？

电子商务给企业带来越来越明显的好处。现如今，几乎每家企业都有自己的网站，在电子商务中占据重要位置的展示销售变得越来越重要。所谓展示销售，就是企业通过互联网展现企业的技术、经验、背景、条件等信息，获得客户的关注、交流，进而成交。简单来讲，展示销售是企业将产品推向客户的一种新型营销手段。

相比传统的展示方式，网上展示销售具有明显优势：投入低、信息更新快、查找方便、不受时间地点限制、消费者可相对完整地获得厂家资料、企业可以跟踪消费者的喜好等。这些都给消费者带来便利，也给企业带来好处。

当然，我们之所以很难通过互联网让顾客相信我们的产品或服务，是因为他们毕竟看不到实物。企业如果不能很好地结合自身特点，在网上展示销售时就无法给客户留下专业化印象，也无法提升商品的附加价值，还可能弄巧成拙，破坏企业的形象。企业如果不能及时更新和维护好自己的网络展示页面，就会造成客户对企业能力的不信任。

随着电子商务的发展，网上展示销售的一些缺点正在被商家改正。比如，为了消除顾客的不信任，商家允许顾客在线设置模特儿的身高、体形、比例等参照因素，打造立体商城，为顾客提供更真实的购物体验。

图 7.1　Zugara 网站在线试穿功能展示

　　Zugara是美国加州一个旨在提供交互式在线营销服务的网站。他们通过一个叫"网络摄像头在线社交导购"的工具，让客户在线试穿服装，实时展现穿着效果。

　　与其他试穿服装网站不同的是，在Zugara的网站上，用户并不需要上传自己的照片，或者只是看模拟效果，而是可以直接通过摄像头把衣服"穿"在身上，随着用户摆出各种动作或造型，服装也会一起移动和变化，见图7.1。

　　在Zugara网站购物比较简单。首先，客户会登录Zugara网站，选择自己喜欢的衣服。只要你站在连接网络的电脑摄像头前，屏幕上就会呈现你穿上这件衣服的样子。

　　如果消费者想选取不同颜色或风格比较试穿效果，只需要站在摄像头前，用手拨动呈现在电脑屏幕上的各个按钮，就能向Zugara传达出更多指示。比如换一件衣服或者换一种颜色，抑或把当前的状态存储下来，以便发给朋友。

　　此外，Zugara 还拥有丰富的SNS社交网站元素，通过电脑屏幕的服务按键，用户可以随时把试穿效果图发送到Facebook和Twitter等SNS网站上，与朋友交流，即时获

取朋友的反馈信息；还可以将试穿视频录制下来，上传到
Youtube 上进行交流，听取点评意见。

Zugara创始人说："这个功能当然不能满足那些挑剔
的购衣狂人的需求。它所能替代的场景是：当你在服装店
看见一件衣裳，随手拿起来放在胸前照照镜子，或者让一
旁的亲友看看是否合适。在线试穿功能当然不能替代亲自
穿上衣服，在镜子前反复观瞻的细节体验。但对于大多数
'正常人'而言已经足够了。"

Zugara 目前还在不断改善这种逼真的试穿技术，除了
让用户可以借助摄像头"真人试穿"外，还可以让用户通
过输入一些比如身高、体重、体形之类的身体数据，在线
生成一个模拟人体，以保证试穿的效果更为精准，从而对
用户更有参考价值。

借助互联网，通过用户自己的摄像头，Zugara不仅给
消费者带来了一种虚拟世界的真实体验，还全方位地展示
了自己的产品，让消费者可以更快、更好地找到自己理想
的服装和其他商品。

Zugara这种展示方式，还可以大大节省企业的资源。
比如，为同时应付10名试衣者，企业需要拿出10件衣服，
并且配备一定的人力。而如果衣服可以以数字化形式在网
络上展示，对资源和人力的占用就几乎为零。

当然，很多企业在刚开始进行网络营销时，会纠结自己的产品
是否适合在网上展示销售。之所以会担忧和纠结，原因就在于我们
在互联网上见过的产品，大都是那些能被普遍接受的标准化产品。
这类产品的特点在于产品质量、性能很容易鉴别，具有较高的可靠
性；并且这类产品在线下有较成熟的售后服务体系。比如拥有固定

尺码标准的服装和鞋子，这也是淘宝上销售的最大类别产品。

再比如图书，几乎不存在本质上的差异，消费者接受起来比较容易；并且，由于是线上交易，节省了中间销售环节的成本，从而使图书的价格比书店里便宜很多，更具吸引力；再者，网上书店的品种更多，消费者的选择空间更大。

那么，对于那些有着特定标准或很小众的产品，也适合在网上展示销售吗？当然适合，因为随着市场环境的发展完善，消费者消费理念的更新，网上展示产品也会不断产生新的内容，表现出新的形式。比如说今天我们在网上可以看到很多个性化的解决方案，例如做电机。电机实际上可以有很多特别的功能需要。这种个性化的定制，往往是属于展示销售结构。凡是不能在网络上直接成交的那些业务，又不能做批发、加盟业务，几乎都是展示销售结构。

单仁资讯有一家学员企业是做阀门批发的，主要是给阀门商供货。如果有一家水务公司，需要根据其要求标准做一批定制阀门，这笔生意能做吗？这时，阀门生产商需要向顾客证明其自身优势在哪里，有哪些产品，曾经服务过什么样的客户，以向水务公司证明，自己可以为其需求提供特别服务，这往往是定制化的网站所要表达的内容。这样一来，只要企业做好物流，几乎所有商品都可以在网上展示销售。互联网上做展示，我们需要研究三个方面：

第一，增加展示机会。搜索引擎、社区、不同的 B2B 平台……我们能够争取到的展示机会越多，接触顾客越多，生意就越多。

第二，点击量。有展示没点击，有没有用？作用很有限。因为展示只会让用户对你的品牌产生一点点印象，但是真正产生交易，需要靠外部展示链接，吸引用户进入你的产品展示平台，最终完成交易。所以有展示还需要有点击，尤其是外部推广链接的点击。

第三，成交。企业通过网络可以将产品展示给各地的目标消费群体，扩大产品的销售机会，提升业绩。所以企业在网上展示

时必须附加上产品的销售方式（一般为网上销售），消费者在接受了企业文化、产品的展示后，购买就是自然而然的事了。

招商加盟："哎呀呀"，我有3 000多家店！

招商加盟，往往是在线上或线下的专门店中，别人以你的品牌作为他经营的主打。做招商加盟的前提条件是，项目要具备可持续的市场前景，只有广阔的市场发展前景才能吸引到加盟商。

> "哎呀呀"是一个饰品品牌，目前在国内已经为大众所熟悉，只要时尚的地方，就会有"哎呀呀"饰品的身影。
>
> "哎呀呀"饰品的董事长叶国富是我的学员，在一次跟他聊天的过程中，他提到"哎呀呀"最初的定位是低价饰品超市，针对14～25岁、月收入2 000元以下的青春女孩。
>
> 叶国富非常注重店面选址，他说："开10元店最重要的是要找客流量大的地方。"于是，他的第一家"哎呀呀"饰品店开在了一家专卖高档服装的时装店旁边，和一般的10元店给人的简陋感觉不同，叶国富很注重店面装修，把10元店弄成了专卖店的样子。
>
> 实践证明，叶国富的想法是正确的。叶国富的10元店生意非常红火，30平方米的店，每天销售额能达到5 000元以上，很快他开了第二家、第三家分店。
>
> 此时的他又开始盘算如何把店做大。叶国富考察了肯德基、麦当劳、家乐福、国美等比较有名的连锁店，他意识到：小商品店想发展和壮大，必须走连锁加盟的路子。
>
> 通过建立统一的品牌标志，从2004年6月到12月底，"哎呀呀"在广东一带通过自营和发展加盟，一共开出12家门店。

2005年，叶国富将公司总部从佛山搬到了广州，"哎呀呀"也开始请形象代言人。明星代言让全国二三线城市的加盟者和消费者对"哎呀呀"有了印象，这些城市恰恰是"哎呀呀"重点拓展的区域。这一年，来自全国的加盟者纷纷找到"哎呀呀"合作。

为了在大量复制的同时保持品牌不倒，叶国富成立了"哎呀呀"商学院，每周都开设讲座，免费培训各地的加盟商。叶国富包下了广州机场路金贸大厦附近的一个招待所，为"哎呀呀"全国各地的加盟商提供免费食宿，定期讲授管理课程，包括"哎呀呀"品牌形象建设、最新产品知识、促销技巧、管理技巧等内容。

几年时间，"哎呀呀"就改变了饰品零售行业的游戏规则，将一度被边缘化的饰品变成了深受广大女性消费者追捧的时尚主流。

更值得一提的是，叶国富不仅发展传统的连锁店，在接触互联网之后，他也开起了网店。而且，他不拘泥于用网络做零售，而是借网络招商加盟，发展线下加盟系统，短短一年时间，就从1 600多家线下加盟店很快发展到3 000家，年营业额也从8亿元猛增到20亿元。

"哎呀呀"在互联网上进行招商加盟，之所以能取得巨大成功，除了这个项目本身具备可持续的市场前景，还得益于它多年积累的线下成熟市场运作及盈利系统。成立"哎呀呀"商学院，给加盟商提供免费培训，这些都是在向加盟商证明"哎呀呀"的服务能力。因为加盟商在选择项目的时候，关心的一定是有没有钱赚，有没有培训，有没有区域保护，卖不掉的东西能不能换货，热销货品能否持续供应等。如果能在网站上就把加盟商的这些疑虑全

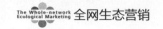

部解决，那么加盟就是迟早的事情了。

众所周知，招商加盟的效果远好过零售。加盟商与厂家合作少则数年，多则数十年。成交一个加盟商比零售 1 000 单更有价值。网络招商的效果是传统招商效果的 10 倍以上，成本却不到传统招商的 1/10。可以说，网络招商是一个低成本、高收益的招商手段。如今，网络招商受到越来越多的企业和代理商看好，逐渐成为招商代理的主流模式。

湖南有一家名叫"茶物语"的企业，也是单仁资讯的"策略班"学员。他们的定位是打造全球奶茶饮品加盟第一品牌。现在在百度上搜索"茶物语"，你会发现很多都是他们的招商加盟信息。此外，"茶物语"还在不同的大学校园网论坛里发帖，宣传其加盟信息，并交流自己的创业心得和经验，吸引那些即将毕业的、有创业欲望的大学生群体加盟。

同时，他们会支持加盟的大学生去参加大学生创业比赛，赛后回到学校做分享，进而吸引又一批加盟大学生。通过互联网招商加盟，"茶物语"实现了超高速发展。当然，"茶物语"之所以做得这么出色，还在于其对目标客户的精准定位，关于这一点，在后面的章节中会讲到。

网络批发：让20万家网店卖你的产品

2010 年可以称为网上批发业的"开创之年"，1688（阿里巴巴）网站的上线和"网上批发大市场"的定位，掀起了中国电子商务运用中的网络批发热潮。

传统的批发是指那些将产品卖给零售商和其他商人，或行业机构、商业用户，但不向最终消费者出售商品的人或企业的相关活动。而网络批发指的是"网络分销商"把自己的货品通过自己创建的网上分销平台展示，"分销会员"把相中的商品直接通过网上下单，付款拿货或压款经销。其实，网络批发与传统的货品批发形式是一样，区别只在于一个是线上，一个是线下。

单仁资讯在深圳有一名学员是专门做手机配件的。目前，他们在淘宝和天猫有超过20万家网店帮他们销售手机壳、贴膜、充电器、充电宝等产品，年销售额达20多亿元。

网络批发最大的好处，就是能借助淘宝天猫这些平台本身强大的分销系统，向所有的店铺做分销，快速让新产品上架；同时，在互联网上做分销，我们不需要给分销商发送实物，只需要产品照片及描述即可，他们反馈订单，我们配送，这种方式凸显了互联网的速度优势。

年逾60岁的柯蒂斯·考克斯（Curtis Cox）在美国阿拉巴马州的伯明翰开设了两家女性用品商店。过去，他的大部分商品都从美国西海岸采购，但最近一年，柯蒂斯把主要进货渠道转移到敦煌网上。每周，柯蒂斯都会花上500～1 000美元选购一批商品来填充店面。

敦煌网是一家连接海外中小买家和国内众多中小供应商的B2B交易平台。用它的创始人王树彤的话来说，就是"向海外在线批发Made in China（中国制造）的贸易引擎"。

目前，敦煌网上的注册买家有将近100万，分布在全球227个国家。其中活跃买家的年增长率达到983%，而交易额、订单量和服务收入的年增长率也在6到10倍之间，2008年，敦煌网的交易额突破2亿美元。

和卓越网B2C的模式不同，在设计敦煌网的时候，王树彤就把它定位在服务企业级用户的B2B领域。她说："我是基于国外的企业用户成熟度更高，更能适应电子商务这种模式的一个考量，要把敦煌网打造成一个类似eBay的平台，避免出现第一代电子商务企业在库存、物流及支付领域存在的问题。"

既然是做B2B，王树彤经常会被问到这样一个问题："你们敦煌网和阿里巴巴有什么区别？"

第一，同阿里巴巴收取会员费的盈利模式不同，在敦煌网上买卖双方都是免费注册、免费发布产品信息，敦煌网只是依靠买卖双方的交易，收取不同比例的服务费。

第二，在技术和功能方面，敦煌网更像eBay——整合买卖双方的资源，以第三方的身份确定交易规则，提供服务，但不同的是敦煌网面对的是企业市场。

第三，阿里巴巴的服务对象一般交易规模较大，而敦煌网的交易额在几百到一千美元之间。

"目前，我们敦煌网上可以提供消费电子、服装、饰品和家居用品等超过1 100万种商品，从上线至今，已经成功交易超过200万次。对于海外中小买家，敦煌网这个平台为他们打通了通向'中国制造'的渠道，非洲厄立特里亚国甚至在我们网上进行了政府采购。"王树彤说。

然而，B2B最难的就是搭建平台。为了寻找供应商，敦煌网的工作人员深入长三角、珠三角等制造业聚集地，说服那些对网络还不了解的企业把产品信息放在网上。接下来，就要想办法让海外买家找到你，并愿意下订单。

"我们分析，敦煌网的理想买家应该具备这样一些特征：首先，他们资源有限，没有能力花几千美元到中国订货；其次，他们的产品可能每个月都要换，季节性和周期性很强。这样分析下来，有25%～35%的买家应该来自eBay，因为在eBay开店的大部分也是中间商，也要进货。

所以，我们最初的推广就是在eBay等类似网站进行的。"
王树彤说。

另外，王树彤又通过中小企业协会渠道，获得了一些企业资源。

为了让更多买家通过搜索引擎找到敦煌网，王树彤还精心设计了各种关键词，并通过谷歌竞价排名来推广，这些努力都让敦煌网在海外打开了市场。开头提到的美国伯明翰商人柯蒂斯就是通过谷歌发现敦煌网的。

接下来要做的，就是让这些注册买家下订单了。

在敦煌网上，除了照片、材质等产品信息以外，还详细标明规格、尺寸、毛重和批发价，敦煌网把这些信息做成模板，由供应商填写。如果填写完整，买家可以一字不问非常方便地直接下单。敦煌网甚至还整合了翻译公司，随时为买卖双方提供在线翻译服务。

在支付领域，敦煌网与全球人气最旺的网上支付工具Paypal合作，产品在买家验货满意之后，再由敦煌网把货款转至卖家账户，这样保证了交易安全。

为了加快物流的速度，敦煌网不光整合了UPS（联合包裹）、DHL（敦豪）这些大型物流公司，甚至还把一些专做欧洲或美国区域的小型物流公司整合在敦煌网的平台上，交期被缩短到3天，大大提高了买卖双方的周转率。

敦煌网甚至还分析了用户的购买习惯，寻找用户购买规律，以留住回头客。目前，敦煌网的回头率超过了50%。

敦煌网的成功是盈利模式准确定位的成功。实际上敦煌网是用eBay的形式，做阿里巴巴中国供应商的服务，把自己定位为小

型商家之间的网络中间商。网上批发平台作为 B2B 运用模式之一，在自身运营模式上也存在着差别，1688（阿里巴巴）和敦煌网在运营模式上都是以第三方服务平台的身份运营。第三方服务平台需要在技术及资金方面拥有强大的实力支撑。更多的网上批发平台则是采用第一方的身份运营。

网络零售：摆脱赚差价的中间商

网络零售也就是我们经常说的 B2C，即通过互联网为商家和顾客提供双向互动式的信息交流，开辟新的交易平台，为消费者提供一种新的购物方式。

网络零售可使购物时间随意化，顾客可以打破地区、国界的限制，实现全球购买；使购买过程便利、快捷，大大缩短了交易时间；可以为顾客提供充分的商品信息，从而有效扩大选择余地。

我在课堂上多次讲过美国一家叫 NAU 的服装公司的案例。2007 年 1 月，这家公司被《商业周刊》称为"将在数年内引发整个零售业深刻转型"的公司。

NAU 公司的主打产品是女性时尚运动服装，包括夹克、T 恤、毛衣、裤子和裙子，售价为 45 ～ 350 美元。在 NAU 的零售店里，每件衣服的条形码旁边都有一张信息卡，信息卡上有产品的式样、名称、条形码。店里有一台网上订购终端机，还有一台可以上网的终端机。终端机上随时打开的是 NAU 的网上商店。顾客只要在公司网站做简单的注册，拿着挑好衣服的信息卡到终端机上扫描，再选择颜色、大小、数量，然后输入用户名和密码登录，终端机就会显示顾客的送货地址和过往购买记录。

顾客可以选择在店内购买。同时，到店里试穿并选好喜欢的服装后，店员还会建议顾客选择在 NAU 的网上订购。为了让顾客养成在网上订购的习惯，NAU 公司的对策是只要顾客在网上订购，就可以享受免费送货和高达 10% 的折扣。

我刚开始研究这个案例的时候，NAU 整个网站上只销售女装。两年后，当我跟踪研究这个案例，打开 NAU 的网站，发现这家网站又增加了休闲男装。

可以说，这种针对产品的扩充，应该是网上零售企业的一条从专业化到多元化的必经之路。就像目前全球最大的网络零售商亚马逊，从书籍销售开始，现在的产品除图书和音像影视产品外，也同时销售服装、礼品、儿童玩具、家用电器等 20 多个门类的商品。

再看看我们国内的当当网，简直就是亚马逊模式的翻版，再比如京东商城、新蛋网，也是从电子产品零售开始，现在销售的类别几乎无所不包。

可能很多人会问："网上零售的大多数是些价值不高的产品，那些零售单价数千元甚至几万元的产品能在网上卖吗？"

其实，网上零售在中国的发展已有超过十年的历史，如今，从图书到钻石，网购无所不包。

　　如果有人告诉你，只需简单注册就能免费领取一颗南非裸钻。你相信吗？

　　谁在搞这样的噱头？

　　欧宝丽珠宝公司是单仁资讯的一家学员企业，在参加了单仁资讯网络营销培训后，将珠宝首饰的传统销售与网络营销有机结合，构建"鼠标+水泥"的立体化销售网络。

　　"注册送裸钻"属于商业促销行为，欧宝丽在天涯等很多社区做推广，内容就是促销。

　　不用花钱就可以领到南非裸钻，对于消费者来说，这可是千载难逢的机会，于是网站上每天都有高达十几万的流量。客户在网上经过简单登记注册就能得到一个网络码，凭这个码到实体店就能领到裸钻。

为什么要这样做？

欧宝丽的聪明之处在于，并不是把裸钻邮寄给客户，而是请客户到店里去。网上100个有兴趣的人，总有一两个会来拿赠品，100个从线上来到线下的人会大大增加实体店的客流，从而提升实体店的销售比例。

另外，欧宝丽将实体店的地址选在某酒店10楼展厅，相比一般珠宝商都喜欢的临街店铺，租金便宜了很多，再加上省下的传统广告宣传费用，大大降低了成本，所以他们的珠宝价格比卖场打折后的价格还低40%~50%。

网络上珠宝的平均测算价只有2 700元，但在零售终端珠宝展示点，顾客购买的测算价会达到8 200元。有些人在网上购物时把价格作为一个重要因素，然而一旦走进实体店，尤其是和朋友一起时，往往会发现这个比那个更漂亮，还不如再加点钱买更漂亮的。珠宝商成功地借助顾客的饥渴心理实现了销售上的成功。

其实，那颗裸钻的价值最多百十来元钱，但正是这颗裸钻把顾客从线上成功带到线下。这种网络营销方式让欧宝丽的实体店人满为患，营业额更是节节攀升，这就是网络营销的魅力。

所以，网络零售并不是单纯指在网上销售，把顾客从线上吸引到线下营销，进而最终成交也属于网络营销的范畴。把顾客需要的线下体验提供给对方，通过体验赢得消费者信赖，这时再通过网络手段长期与消费者保持联络，从而产生更大价值，这才是真正的网络营销。钻石作为一种奢侈品，以价格昂贵著称，网络售钻在省去了传统的高昂店铺费用之后，比市场价便宜了30%～70%，这使得网络售钻有了绝对的价格优势。

目前，网上零售的模式一般可以分为三大类：第一类是纯网络型的零售企业，比如亚马逊、当当网、携程旅行网等；第二类是传统的零售企业开设的网上商城，如沃尔玛、国美、苏宁等；第三类是生产商兼任网络零售商，如国内的联想、TCL、海尔、好孩子等，通过网上零售直接建立起对终端用户的联系，并在一定程度上摆脱中间渠道的掣肘。

信息平台+广告：让广告成为盈利头牌

信息平台也可以理解为门户网站。根据门户网站所提供的信息服务的特点，可以分为综合性门户网站和垂直性门户网站两种。

无论是综合性门户网站还是垂直性门户网站，都拥有巨大的网络资产——资讯多、流量大、注册用户多。这三大优势足以吸引大量的广告投放商。

从门户网站代表新浪在 2013 年的收入结构来看，广告收入所占比重近 79%，而有些规模小一点的网站则几乎达到 90%，所以说，广告是这类网站的头牌盈利武器。所以，选择了信息平台，也就代表了你未来的大部分收益是靠广告来取得的。

在线广告是门户网站比较普遍的盈利方式，其形式繁多，从旗帜（Banner）、图标（Logo）广告，到 Flash 多媒体动画、在线影视等多种多样。

从收费方式看，现在比较受欢迎的是按点击次数收费，百度、360 等搜索引擎都采取此类收费方式。

想知道哪家航空公司的机票最便宜吗？想比较各家酒店的价格吗？不用在各个网站上跑来跑去，一个网站就可以搞定所有信息。

成立于2005年5月的去哪儿网（Qunar.com）是一家专门的旅游信息搜索网站。

打开去哪儿网的页面，输入出发地和目的地，选择出行日期，就可以查询全球各大城市的机票和酒店，系统搜索结果会显示哪一家网站销售的价格最低。

去哪儿网可以实时搜索超过700个机票和酒店供应商的网站，搜索范围超过10万家酒店和1.1万条国内、国际航线，以及4万条度假线路和2.5万个旅游景点。

去哪儿网根据用户的搜索要求，瞬间对各旅行网站产品信息进行实时获取，帮助用户获得即时的确切信息。

同时，在应用界面上，去哪儿网为用户标明了搜索数据的详细时间，搜索到的相关网站数量，并在用户进一步链接到在线旅游产品网站时，对用户的网络行为进行明确的提示。

去哪儿网和其他搜索网站的最大区别是，一般的搜索是信息积累，去哪儿网更注重对信息的梳理。过期的信息是没有价值的，而去哪儿网提供的是即时更新的信息；一般搜索得出的信息是无序的，但对于用户来说，整合出来的特色信息才是最有价值的。

除了简单的机票和酒店搜索，去哪儿网也为用户提供更为全面的旅行产品信息，例如接送机、免费保险等附加服务，为用户比较出高性价比的旅行产品。

2013年1月的艾瑞监测数据显示，去哪儿网以7 474万月访问人次高居旅行类网站榜首，移动客户端"去哪儿旅行"更拥有超过3 400万的激活用户量。

百度、谷歌这样的搜索引擎，提供的是粗放的搜索服务。对于打算在网上购买机票的旅客来说，百度、谷歌等搜索引擎只能告诉搜索者哪些网站在销售机票，却不能告诉旅客市面上最便宜的机票在哪家销售网站有售，也不能保证这些信息的即时性和真实性。

这就是去哪儿网的机会所在。它把商业模式简化又简化，为普通消费者提供更准确的搜索、分类和信息整合，把想买机票的人分流到各大航空公司和订票点。去哪儿网旅游搜索引擎的基本商业模式是按流量收费，即搜索者一旦通过去哪儿网搜索结果的链接到了航空公司的 B2C 直销网站，那么航空公司将需要为每个这样的访问付费。这是典型的搜索引擎盈利模式，也正因如此，这样的互联网应用才被定义为"旅游搜索引擎"。

信息平台就是通过提供各种信息服务达到盈利的目的，这里也可以细分为几类。第一种是新浪模式，也就是通过为网民提供各种信息，诸如新闻资讯等，吸引大批网民访问。这样，新浪的页面就相当于一块放在闹市区的广告牌，因此拥有较高的商业价值；第二种是信息网站模式，也就是网民发布信息，为大家建立一个沟通的信息平台，搭起一座桥梁。它的价值在于降低了传统沟通模式的成本。

通过信息平台的搭建，只要你有较多的浏览群体，最好是能聚集某一类型的专业浏览群体，你的网站就具备了广告收费的条件。

交易平台+会员费：偷师阿里巴巴

阿里巴巴可以说是目前全球最成功的 B2B 公司，到底阿里巴巴是如何成功的？它的盈利模式是怎样的？用马云自己的话说，就是"好的商业模式一定得简单，阿里巴巴现在的商业模式很简单，就是收取会员费"。凭什么别人会给你交会员费？这就涉及企业诚信和信赖感的问题。你必须保证会员的利益，如果你不能给会员想要的，你就得不到自己想要的。

阿里巴巴的会员分为两种，一种是中国供应商，一种是诚信通会员。中国供应商和诚信通会员除了容易获得买家信赖外，还拥有企业信息的优先发布权，以让客户更快找到企业。

在传统钢材交易中，钢材从钢厂到终端需要经过大代理商、中间商、采购商三个中间环节。

一般，中间商的利润点都是最高的，他们从大代理商手里拿货，然后再加价卖给采购商。

这样一来，特别是在钢铁行业供不应求的时候，小采购商就十分被动，有时候有钱也买不到钢材。为了控制需求，中间商会囤货，让钢厂和买方的利益受到很大损害。

正因看到了钢铁行业的这些问题，一家名叫"找钢网"的B2B交易平台在2012年5月诞生。它通过建立平台，帮助钢厂和大型钢铁贸易商卖货，同时帮助钢铁采购商免费发布求购信息。

一般的搜索网站只是单纯地汇集买卖信息，而找钢网在汇聚信息、提供站内搜索的同时，还深度参与买卖双方之间的交易。

在找钢网，钢铁交易环节中的线下大代理商被称为B1，作为新中间商的找钢网是Z，原来的采购商是B2。这样，原有的交易环节变成了：钢厂——B1——Z——B2——终端。

找钢网创始人王东说："原来的很多中间商就是小Z，我们就是利用互联网把很多不规范的小Z消灭，未来找钢网会是一个大Z。而对于代理商和采购商的审核，相对于服装、快消品来说要容易些。因为大型钢铁贸易商在钢厂那里基本都可以查到信息，如果出现问题，他们的代理资质很快会被钢厂取消。这很明显是得不偿失的。需要审核的反而是B2，即采购商。因为很多采购商会多方打听价格，本来说好的交易，最后时刻很有可能'飞单'。对于经常'飞单'的B2，找钢网有一套处罚机制，以保护上游的B1，让整个系统回归诚信。"

找钢网应用的是免费加收费的模式：买家可以免费在找钢网上发布求购信息，也可以委托找钢网采购；卖家可以自己发布资源单(报价单)，也可以委托找钢网销售。

对于卖家，找钢网会根据双方签订的协议，收取一定比例的交易佣金。而目前找钢网上的买家大多数以委托模式为主，因为对于买家来说，要想通过搜索，找到钢铁产品的精细化程度、价格等详细信息，是比较困难的。而通过委托模式，买家只需要将自己需要的产品信息，以及能接受的价位告诉找钢网，一旦找到符合要求的产品，找钢网就会联系买家。并且，找钢网上的委托模式又是免费的。显而易见，委托的好处远远大于自己找货。

这样，在找钢网链条中，卖方通过找钢网清理了库存，买方通过找钢网用自己能接受的价位买到了货，找钢网促成交易，同时获得卖方佣金，三方都能受益。

例如，某个买家委托找钢网购买某个型号的钢材，上游代理商给的价格是4 000元/吨，找钢网还是以4 000元/吨的价格报给买家，并不加价。找钢网把报价给买家后，由买家和卖家之间私下交易，自己按照协议收取卖家一定比例的佣金。

那么可能有人会问："既然找钢网上买卖双方的信息都是透明的，会不会有买家绕过找钢网与卖家交易？"

找钢网的创始人王东分析："对于自己寻货的买家，由于大部分采购量较小，在寻货中并无太大的议价能力，所以单个买家并不受卖家重视。另外，由于钢材行业的特殊性，都是采取先付款后发货。买家在这个环节的弱势更明显，在没看到货的情况下，先付款往往带有风险。"

目前，找钢网规避此类情况的做法是：对于委托找货的买家，达成交易后，买家需要把打款的截图发给找钢网，这是交易的重要凭证，也是找钢网收取卖家佣金的凭证。

阿里巴巴和找钢网都属于 B2B 模式，如果你的产品和服务是直接面向消费者的，也可以采取像他们一样的会员制收费模式吗？

曾经在 Sohu 和 e 龙有过创业经验的张黎刚，在2003年9月飞往成都的飞机上萌生了创办爱康网的想法。

当时，张黎刚在看一本健康杂志，其中有一篇文章建议女性写自己的健康日记。张黎刚心中一动：谁来管理我们的健康？用 IT 手段肯定比用日记管理更好。他敏锐地意识到健康管理在中国应该大有可为。

"当时就是一种直觉，后来做的大量调研验证了我的想法。"张黎刚这样介绍。

3个月后，他就在境外成立了一家健康管理公司，2003年3月，爱康网健康科技(北京)有限公司成立。

张黎刚说："对爱康来说，这是一个'鼠标+水泥'的策略，模式上则更像是健康产业里的'携程+如家'。我们把互联网和传统医疗服务这两个原本相隔较远的行业进行结合，产生了新的商业模式。"

爱康网在创立当年，营业额就突破了100万元，2005年更是突破1 000万元，2006年突破1亿元，两年收入增长了近100倍。

那么，支撑爱康网快速发展的商业模式是怎样的？

爱康网依托的是互联网虚拟平台，在医疗机构和消费者之间搭建桥梁，通过整合桥梁两端的资源，以会员制方式提供健康档案管理、体检、健康评估、专家咨询、就医绿色通道、专家约诊等服务。

和e龙、携程一样，爱康网把会员制作为个人健康管理的主要形式。

爱康网的会员有企业团体和个人两种，会员每年交纳一定费用，就可以获得爱康提供的健康管理服务。根据会员等级的不同，入会价格从几十元到上万元不等，会员也随之享受相应的服务。而爱康网的营业收入主要来自于收取中间服务费。

2014年，爱康网会员数量已经超过100万，诸如中国移动、新浪网、百度、联想、飞利浦等企业都在它的客户名单上。

而爱康网在整合医疗机构资源方面，借鉴美国的成功经验，开发出"爱康健康医疗客户关系管理系统"，在医疗机构和患者之间搭建起一个互动平台，帮助医疗机构更有效地了解患者的情况与需求，建立起良好的医患关系。

通过技术输出、分担职能，爱康网得以把自身业务与医疗机构进行无缝对接。从而获得一定的挂号、就诊优先权。

爱康网在全国400多家医疗机构建立起客户服务网络。

爱康网快速发展的一个重要推力就是会员制。为享受爱康网的服务，个人或企业通过购买爱康服务卡的方式预先支付一定费用，成为会员后，才能依据所购买服务的类型享受差异化服务。

掌握五大关键因素，准确选择盈利模式

在我前面所讲的几种盈利模式中，如果按盈利速度排名，第一个应该是展示销售，第二个是招商加盟，第三个是批发。其中，展示销售又包括定制、批量销售等，这些都是投资回报特别高的盈利模式。我接触过的很多企业，每年在网上花费不到十万元的推广费用，就能做到 5 000 万到 1 亿元的销售规模。当然，前提是你要懂得怎样精准地在网上做投放。

盈利速度最慢的是零售。因为零售收钱容易赚钱难。别看网上今天收 10 万，明天收 20 万，但是赚钱不容易。特别是目前在网络上做零售的成本越来越高。所以，我们看到很多以前做零售的企业，转型互联网之后，开始借助别人的平台，和别人合作做批发。

在北京有一家很大的卖丝绸的公司，一年的营业额有五六十亿元。有一天公司老板找到我，说他们几个股东一直在争吵要不要在互联网上做零售，意见很难统一，让我给些建议。

我说你当然要做零售，而且是做自己的零售平台，因为目前还没有一个特别大的专门销售丝绸产品的平台。而且你在行业内的资源和背景都很丰富，加上过去的经验，这些都能够支持你做零售。

当然，如果我们还只是一家小企业，要在互联网上搭建自己的零售平台，则不是一个明智的选择，我不会建议这样做。

成功的盈利模式，能突出不同于其他企业的独特性。这种独

特性具体体现在利用网络重新界定客户及其需求和偏好、界定竞争者、界定产品和服务、界定业务内容等各方面。

成功盈利模式的内部结构是丰富而细致的，各个部分之间能互相支持和促进。改变其中任何一个部分，它就会变成另一种模式。

成功的盈利模式还是其他企业难以模仿的。企业通过确立自己的竞争优势，提高行业准入门槛，从而建立利润屏障。

如何准确定位你的盈利模式呢？有五个关键的要素需要考虑。

要素1：营销资源，尤其是资金和人力。营销资源是指企业在进行网络营销之前，所拥有的资金、人力、核心技术、品牌声誉、客户关系等资源。在这些资源中，最重要的就是企业的资金和人力。

第一，资金多少。企业开展任何的营销活动，都需要一定的资源投入，没有任何资源也就谈不上营销了，足够的资金可以换来所需要的各种营销资源。从某种意义上讲，如果营销预算没有限制，也就无须挖空心思去考虑什么营销方案，但现实中更多的情况是营销预算非常有限，这时候就需要充分挖掘现有资源。

第二，人力资源。人力资源是指企业在一定时期内进行必需的营销活动而投入的各类营销人员，包括销售人员、售后服务人员及各级管理人员。可以说，人力资源是其他一切资源的载体，一切资源都必须通过人力资源的作用发挥最大效用。

第三，核心技术。核心技术是企业较长时期积累的一组先进、复杂的，具有较大用户价值的技术和能力的集合体，而不是单个分散的技术或服务。核心技术优势具有不可复制性，是企业经过长期孕育形成的，有独特的市场价值，能够解决重大市场问题。

第四，品牌声誉。品牌最重要的是什么？不用想，答案肯定是声誉。声誉是指一家企业获得公众信任和赞美的程度，以及企业在公众中影响的好坏程度。好的声誉对一家公司来说，是一笔非常可观的无形资产。

第五，客户关系。客户关系是指企业为达到其经营目标，主动与客户建立起的某种联系。这种联系可能是单纯的交易关系，也可能是通讯联系，也可能是为客户提供一种特殊的接触机会，还可能是为双方利益而形成某种买卖合同或联盟关系。比如一家服装公司，他服务过的代理商、零售商都是他的资源。

平时在与学员的交流中，我发现现在很多人不懂得分析自己的优势，甚至有些人在分析自己的优势时总认为自己有很多优点，无所不能。其实，不同的企业有不同的优势资源，在选择企业的盈利模式时，如果我们能把自己的资源分析清楚，把优势资源发挥出来，再选择合适的手段和方式，才能真正实现发展。

要素 2：过去的经验。这里说的经验，并不一定是指企业在网络营销方面的经验，因为很多企业是从头开始，以前根本就没触网。那么对于这类企业来讲，他们就更应该清楚自己在传统营销过程中的优势和劣势，根据以往的经验来权衡，再决定在互联网上选择什么样的盈利模式。

"哎呀呀"饰品为什么在网上能成功，那是因为它在线下已经沉淀了很多年，有成熟的市场运作及盈利系统，也就是所谓的经验。

再讲一个案例。有一家生产家具的企业，同样也是选择做网络加盟，在不到八个月的时间内，总共收了 2 700 万元的加盟费。结果过了一年，企业做不下去了，老板跑路了。

根本的原因就在于这家企业在做加盟之前，并没有去做测试，比如店铺要多大，在什么位置，该怎么去装修，怎么去销售，怎么保证每一个加盟商在当地开店能够在六个月之内有很好的回报，等等。这家企业一开始就没有足够的经验去帮助它确立标准，复制给加盟商。

我曾经接触过一家专门在日本做茶叶生意的企业，想打入国内市场，企业老板来征求我的意见。

我问："你打算选择什么样的盈利模式？"

他答："网络零售B2C。"

我问："你选择这个模式，准备了多少资金投入？"

他答："到今年末我只想做200万元的营业额，我准备了200万元的资金。"

我问："为什么准备200万元？200万元资金做200万元营业额非常不可取，你的茶叶大概是60元钱一盒，无论在自己平台还是淘宝店做零售，要卖多少盒才能卖到200万元？"

他答："3万多盒。"

我问："相当于要有3万单的成交，按照你过去的经验，3万单的成交需要多少的客户才能做到呢？"

他无言。

按照正常的概率，如今的网上成交比例为 3% ～ 5%，如果以中等水平的成交比例 3% 计算，3 万单的交易需要 100 万的流量才能做到。平台靠什么取胜？流量！没有足够的流量，你的平台就不会产生任何价值。所以我们在选择网络盈利模式时，一定要考虑过去的经验能不能支持自己做这件事，这点非常重要。

要素 3：市场空间。企业在选择网络盈利模式的时候，还要考虑到市场空间，分析你所选择的行业市场空间的成长性还有多大？

在我的课上，我讲过几个朋友要做搜索引擎的故事。他们高薪聘请了几名从谷歌出来的技术人员，计划做一个跟百度一样的搜索引擎。

当时百度在国内的市场占有率已经达到了 75%，而且中国网民数量的整体增速在下降，加之很多老网民已经养成了"有问题，找百度"的固定习惯，很明显，这里的市场空间只会越来越小。

当时我就告诉这几个朋友，要考虑能抢占的空间，市场空间是如何发展变化的，过去的增量市场现在变成饱和的市场，空间会越来越小。今天，很多消费者，特别是白领人士，都喜欢到网上去买衣服和包包，款式多、设计新颖，还包邮，既方便又省事。

这足以说明人们的购物习惯已经发生了改变，面对这种现象，唯有改变以往传统的经销模式，才能有所转机。但是有些企业仍要逆潮流而行，继续在线下发展经销商、开加盟店。每次面对这样的企业家，我都会让他们告诉我："这几年，在全中国范围内，包括全球品牌的中国市场里面，体育用品店是开店多，还是关店的比较多？有数据统计，李宁在近两年关闭了 2 000 多家线下店铺，李宁做不了，为什么你可以做？你凭什么做？"

当然，从互联网的发展态势来看，今天在网络上还有很多的机会，在各行各业当中的成长机会都有。从模式的选择上，我会建议大家优先考虑批量定制这种盈利模式的方向，未来互联网的业务空间会非常大。因此我们必须清楚，自己所处的行业在互联网上有多大的市场空间？我们未来所选择的模式是不是可以走得更远一些？这个市场是红海还是蓝海？面对市场竞争，我们是否做好了充分准备？

要素 4：竞争态势。要想搞清楚你的盈利模式在市场中有没有足够的发挥空间，有没有竞争性，就必须研究市场的竞争态势。

无论是加盟商、批发商，还是一般顾客，在网上寻找产品和服务供应商的时候，都会进行比较，所以你的竞争对手不再是你传统意义上的对手，而是当你的目标客户在网上寻找产品和服务时，出现的那个对手。

如果你的网络盈利模式是招商加盟，加盟的对象可能是行业内的也可能是行业外的。不管是行业内还是行业外，你只要想清楚，谁是你的加盟对象？他们会在哪里寻找这样的商业机会？所以你现在看的是谁跟你一起出现，一起展示，一起参与竞争。

对于竞争对手的情况，你应该做到了如指掌。比如，目前的竞争对手有哪些，他们在互联网上和传统渠道中的营销是什么状态，相比较而言，你有什么竞争优势。你的竞争力的大小不在于你本身，而在于和你竞争的人的层次，在网络发展的不同阶段，对手可能也是不同的。所以，在选择盈利模式时，一定要考虑在你的模式当中，增加哪些元素，可以变得更加有竞争力。

比如定制，可能很多人都会认为，定制生意在网上肯定接不到单，所以大家都不去做。我们为什么不换个角度思考？正是因为大家都不去做，反而整体竞争环境不是特别激烈，而所有人都认为网上肯定能做的，反而比较难做。

所以我要提醒大家，越是感觉自己的生意在网络做不了的，越是要做，因为别人不敢想。越是觉得网上肯定好做的，越要小心谨慎，那可能是一个大陷阱。

要素 5：忍耐时间。忍耐时间，也就是企业的成长速度。不同的模式有不同的成长速度。在选择盈利模式的同时，一定要综合考虑哪种模式适合自己快速地达成目标。通俗讲，我们在选择一种盈利模式的同时，一定要综合自身资源进行评估，在预计的时间内，公司能不能撑下去？或者说我们开展一项活动、做一个项目，在活动期内能否收回成本？如果投入巨大，而且不能收回成本，可能致使公司倒闭，那么，我们的选择就是错误的。

通过以上 5 个关键要素的分析，相信大家对如何选择自身企业的盈利模式有了一定的了解和定位。这里要提醒一点：每个盈利模式的选择最好是集中精力做成熟，可能你的产品可以做零售，可以做批发，也可以做加盟，但是一定要选择一个模式作为重点。

为什么你的公司网络营销效果不好？其中一个原因是老板想要加盟，但是在百度的关键词跟加盟没有关系，是一般顾客选择

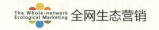

的关键词，来的顾客一百个人里面没有一两个是想做加盟的，这样你当然做不好。老板希望加盟，但是网站上讲的都是产品的好处，不是讲加盟的好处，所以来的人很快都流失了。

最后，关于盈利模式的选择，我有八个字送给大家，即"撒网捞鱼，抓大放小"，意思就是有舍必有得，选择适合自己的最重要。策略没有好坏之分，不同的资源、不同的预期可以选择不同的策略，但是你的盈利模式在某一个阶段，一定要与你的策略保持高度一致，只有这样，你的模式才能真正落地，你的效率才能真正提高。

当然，成功的盈利模式还必须建立在对客户行为的准确理解和假定上，这种理解和假定来自对客户的准确定位。也就是说，我们必须想清楚，什么样的人群能给我们带来最优的盈利效率？我们在第 8 章里阐述了这个问题的答案。

第 8 章

定位系统，锁定利润

定位被称为有史以来最具革命性的观念，实在当之无愧。

——现代营销学之父 菲利普·科特勒

为什么很多企业在网络上效率低下？为什么很多企业在网络上有流量没有销量？为什么有些企业按自己设想的方向杀进互联网，却碰得鼻青脸肿？为什么有些企业招聘了有经验的网络专员，营销上还是没有起色？

想要正确回答以上问题，就要回到一个重要核心：如此多的网络入口和流量，你的核心沟通和销售对象究竟是谁？他们在哪里？他们会在这些入口以什么方式找到你？哪些因素决定他们买或者不买？

有一天，一名做家具的学员问我：为什么他们投放在搜索引擎上的广告基本上没有什么效果。我问她知不知道网络营销效果好坏受哪些因素影响，她说不知道。我说："如果你连什么因素影响最后的效果都不知道，说明你不只是互联网的门外汉，更是营销的门外汉。"如果一家企业进入互联网前没有清晰的定位和策略，那么无

论他们投入多少，都将毫无收益。

企业需要在哪些平台和入口接触客户，和企业自身的定位与策略有关；把客户带到哪里去详细了解企业，以及它的产品和服务，和企业的定位与策略有关；产品和服务要表现什么样的内容，和定位与策略有关；企业组织什么规模和架构的团队，和定位与策略有关；企业需要准备多少启动资金，还和定位与策略有关。

单仁资讯的核心专家团队从 2006 年开始，就研发出了一套指导传统企业网络转型的模型，也叫全网生态营销四大系统，包括定位系统、营销型网站系统、推广系统和运营系统。

在全网生态营销四大系统中，定位系统独居榜首，因为它是一切的出发点。定位系统主要包括盈利模式定位、目标客户定位、核心产品定位、卖点定位及关键词精准定位五个方面。找准这五个方面的定位，企业就能够从激烈的市场竞争中脱颖而出，独占鳌头。

在定位系统中，盈利模式定位是最关键的。它是定位系统的根基。考虑到这一点，我们把盈利模式定位独立成章，前置到本书第 6 章。关键词精准定位在第 9 章免费推广策略阐述。在本章中，我们着重阐述目标客户定位、核心产品定位和产品卖点定位。

网络营销加减法

具体讲解定位系统之前，有一个非常重要的概念必须弄明白，无论是目标客户定位还是核心产品定位，抑或产品卖点定位或关键词定位，都是基于对外推广和宣传的角度，也就是基于市场的概念，而大部分企业营销人员对市场的认知是不全面的。

营销包括两个基本要素：一是市场，也就是宣传、推广，从网络营销来说就是品牌宣传和流量获取，对企业来说，市场是要花钱的，花钱就要少而精，就要做减法，流量不在多，而在精准和低成本，市场要有所为有所不为；二是销售，也就是展示和成交，这是用户通过充分了解产品然后决定购买的过程，也是企业获取收入的过程，也就是说，销售要做加法。

从网络营销的角度来说，企业的网上店铺，不管是企业官网（PC或者移动端），还是外部展示平台的店铺、行业平台商铺，都以销售为目的。凡是能够详细展示企业产品，并且讲解产品和服务的详情、功能，以及为客户提供的利益部分，都要尽量做加法。包括尽量考虑到不同类型的用户需求，尽量展示公司所有产品和服务，尽量把产品和服务的优势、特点、功能和给用户带来的利益详细罗列出来。

凡是对外推广，诸如大众搜索引擎入口、平台首页广告、社区、社群、社交广告、网络商盟推广等，都是以品牌输出、客户教育和获取流量为目的，都是需要成本的。哪怕是免费推广，都需要人工薪资和时间成本，这些推广必须做到精准和高效，都必须控制传播的精准度和传播成本。对大部分企业来说，未来从网上产生销售，不管数量多少，总会有，关键是成交过程能不能产生利润，如果没有利润，这种营销行为便是不可持续的。所以，网络营销中的推广部分，都必须做减法。客户选择符合自己定位的精准客户；产品是有竞争力，能接触到精准用户的产品；卖点是有独特性和差异化，能吸引目标用户眼球的独特卖点。

总结起来：网络营销包括销售和市场两个部分，销售做加法，市场做减法；网站做加法，推广做减法。

目标客户定位：从素描画升级为全息图

2016 年 9 月，我们公司总部大楼旁边新开了一家购物中心，名叫卓悦汇。它的确给公司员工带来了餐饮、消费、娱乐等众多便利服务，却给我带来了苦恼。在总部办公时，每到中午时分，我喜欢一个人到商场里面的一家餐馆吃上一碗麻辣烫。有几次，我在路上遇到同一个小伙子。他十分诚恳地向我派发健身宣传单。如果我不接过宣传单，他就会陪我走上几十米远的距离，直到我接过宣传单，他才停下来，笑着目送我离开。

有一次，我在楼下等司机开车过来，他又跑过来，向我派单。我忍不住问："小伙子，你觉得我是你的目标客户吗？"

他很真诚地看着我，微笑着说："我觉得您需要锻炼身体。"

我低头看看自己的身材，笑着说："你的判断是正确的，我是应该锻炼身体了。在你数次派单给我时，你有没有注意到，我走路的速度其实比你还要快一些，所以，你觉得我有时间去健身房吗？"

他正想开口说些什么，我的司机开车过来了，停在我身边。我立即打开车门。上车前，我告诉他："小伙子，我很佩服你的销售精神。不过，你应该花些时间，认真分析一下你的目标客户，然后再坚定地向他们推销服务。"

现在，我们仔细想想，为什么那么多企业的一线销售员找不到目标客户？随着思考越发深入，逐层递进，估计所有老板最后都会被这个问题惊出一身冷汗，顿觉背脊发凉。原来，很多老板都没有清楚地认识到谁才是自己公司真正的目标客户，更别指望他们教授一线销售员寻找目标客户了。

找准目标客户，销售水到渠成。 十多年前，史玉柱开始推广脑白金时，在江阴市举行了一次免费试饮活动，派发了两万瓶脑白金。在接下来的几天时间里，他们公司的市场调查人员开始走访试饮者，询问他们试用后的感受，征求他们对这款产品的评价。试饮者普遍给出睡眠质量有所提高、浑身有力、不再便秘等较高的评价。

史玉柱看到这样的评价高兴得不得了，信心满满地把脑白金的价格定为 68 元。在调查用户对价格的敏感度时，他们发现，老年人群多半已退休，收入有限。对他们而言，68 元就显得比较贵了。一名调查员的反馈引起了史玉柱的注意。

> 调查员问一位老人："脑白金好不好？"
>
> 老人回答："是好东西。"
>
> 调查员又问："想喝吗？"
>
> 老人回答："当然想了。"
>
> 调查员接着问："多少钱，你才会买呢？"
>
> 老人回答："价格低一些，最好免费送。"

正是这句"最好免费送"彻底改变了史玉柱对脑白金的目标客户定位。随后，我们就在中央电视台黄金时段看到了一对老人一边跳舞，一边唱"今年过节不收礼，收礼只收脑白金"的广告。这句广告语把脑白金与中华传统的孝道完美衔接到了一起。谁也没有想到，这一唱就是十多年，并且没有停止的意思。因此，找对人，讲对话，销售就是水到渠成的事。实体营销如此，全网生态营销也应如此。

找准目标客户，推广更高效。一名经营机械设备的学员花大价钱在某大型门户网站投放了一段时间的广告，却没有收到什么成效。他跑来找我分析原因。

> 我问他："你的目标客户是谁？"
>
> 他说："工厂主或从事加工的人。"
>
> 我又问："你投放广告的网站是什么类型的网站？"
>
> 他说："一家以娱乐资讯为主的门户网站。"

我看着他，没等我再说什么，他就找到了原因。虽然我无法肯定，浏览娱乐网站的人会不会采购机械设备，但我知道，需要采购机械设备的人首先想到的是关注行业资讯网站，当他们有需要的时候，他们优先想到的是从相关入口去搜索，而不是浏览娱乐网站。

20 世纪 90 年代，海尔开启了国际化战略，尝试打入美国市场。最初，海尔采取重兵压境策略，全线产品齐上阵，投入大笔营销费用，可惜仍无法得到市场认可，没能突破销售瓶颈。

后来，海尔的市场调查人员发现，美国人比中国人更喜欢饮用冰啤酒、冰葡萄酒等低温饮品。于是，海尔选择了一款家用小体积冰箱，针对啤酒和葡萄酒等产品的瓶装方式，重新调整内部结构，使存放空间和制冷效率都得以提高，并且存取更加便捷。

海尔最出彩的地方是，他们把这款冰箱摆放在葡萄酒货架、啤酒货架旁边，而不是通常人们认为的家电销售区域。他们知道，购买葡萄酒或啤酒的消费者正是这款冰箱的目标客户。

目标客户的四大共性。通过调研数百个细分行业的目标客户群体，我们总结出，不同企业的目标客户都拥有四大共性。这也可以作为企业描述目标客户的基本法则。

第一，目标客户能够作出或影响购买决策。大多数老板都从事过销售工作，也都明白，在销售过程中，我们需要和购买者、使用者和决策者三类人打交道。并且在多数情况下，这三者并不是同一个人。比如前面讲到的脑白金，它的购买者和决策者是上有老下有小的中青年，而使用者则是他们的长辈。因此，我们描述出来的目标客户也应该是能够作出或影响购买决策的这群人。

第二，目标客户有需求和购买能力。经常听到学员说，他们把目标客户锁定在有购买意向的人群。其实，这个人群最多只能算是潜在客户，原因是他们不一定有购买能力。人人都想买大面积的房子，但并不是每个想买大房子的人都有购买能力。没有购买能力的人，对销售大房子的房地产公司来说绝不是目标客户。

第三，目标客户有消费空间和消费时间，也就是有消费场景。想一想那个向我推销健身卡的小伙子，他之所以反复向我推销，是因为他认为我需要健身，并且有购买能力。我不否认，这两点都是正确的，但他没有仔细揣摩目标客户有没有消费时间和消费空间。如果这家健身会所的老板懂得营销，他一定会明白想要健身的人会倾向于在住所附近办理健身卡，而不是在工作场所附近。

对销售空调的公司来说，消费者即使有意向，也必须在房屋装修或改造时才真正需要空调。所以，研究目标客户，必须有需求场景。

第四，目标客户贡献了80%的利润。就像那句广告"不是所有的牛奶都叫特仑苏"一样，不是所有购买产品的顾客都是目标客户，因为不是所有客户的贡献都一样。

对可口可乐公司来说，所有买可口可乐的人都是客户，但不是目标客户。为什么？因为有些人习惯每天喝可乐，有些人几个月喝一次可乐，有些人，就像我们这个年龄的人，一年都难得喝一次可乐。不管他们多久喝一次，把一个潜在客户变成有效客户，开发成本相差并不大。

同样在客户身上花了10元的开发成本，有些客户每年消费额是1 000元，有些客户则一辈子都到不了100元。如果用有限的预算去获取客户，你更倾向于哪一种？

在互联网上也是同样的道理，一个流量就是一个潜在客户，同样的流量成本，两种不同的客户类型，一类客户产生的销售额是另一类客户的10倍甚至100倍，你会选择哪一种？

对比来看，你会发现20%的客户贡献了80%的利润。这就是我们熟知的"80/20"法则，而这20%客户就是我们寻找的目标客户。

目标客户选择模型

2010 年秋，单仁资讯还在深圳华强北的赛格科技园东区办公。有一天，一位学员来到我的办公室寻求帮助。看到他的苦瓜脸，我就知道肯定是生意不好做了。我先安慰他，不着急，天无绝人之路，一定会想到方法。我问他是做什么的，他说自己是做手机显示屏的。我说这个生意好不好做呀？他说以前好做，但是现在很难。我问他为什么，他说他以前做的是山寨机显示屏，主要是功能型手机的显示屏。现在是智能型手机，而且是品牌手机的天下，所以他的生意很难做。听完他的话，我知道他的问题并不是纯粹的互联网问题，而是企业业务的定位问题。

> 我问："你说你是做手机显示屏的，对吗？"
>
> 他答："是。"
>
> 我问："你只能做手机显示屏吗？"
>
> 他答："当然不是。"
>
> 我问："你还能做什么样的显示屏？"
>
> 他答："只要客户把需求告诉我，我可以做各种产品的显示屏。"
>
> 我问："你究竟可以为哪些产品做显示屏呢？"
>
> 他答："太多了。"
>
> 我问："具体是哪些行业，哪些产品，你可以把能做的都写下来吗？"
>
> 他答："当然可以。"

我拿出几张纸给他，让他把想到的各种可以做的显示屏写在纸张的最左边，每一行只写一个应用产品名称。于是，他像个被叫到班主任办公室的学生一样，在我的办公室一角认真地思考、记录，不知不觉写了两页纸。写着写着，他说："老师我知道我要做什么了，但这么多我都要做吗？老师您不是说要聚焦吗？"

我说："你只是知道可以做什么，但并没有找到目标客户。"

"老师，您教我怎么选呢？"

"在每一个可以配套的产品名称的右边第一行，按照这个行业或者产品的增长速度，按照高低进行打分，最高的打1分，第二的打2分相应地打下去。再思考一下，这些你能做显示屏的产品，按照市场规模大小，从高到低，高的打1分，第二的打2分，一直打下去。"

按照我的要求，他很认真地一个个打分。等他做完第二列、按照销售量高低打分之后，我继续说："继续思考一下，这些你可以配套的产品或者设备，一定有利润的高低，按照这些产品本身的利润高低，给他们打分。举例，空调和电饭煲同样都需要液晶显示屏，但对厂家来说，电饭煲的行业利润明显高于空调。对吗？"

按照我的要求，他继续打分。我接着说："按照你公司的能力和经验，哪些行业你能服务得很好？从高到低，分数从1分开始。"

在做完这四项打分后，我让他把每一行的分数相加，看看哪个产品或者行业的得分最少，是不是可以考虑从这几个行业入手？

做着，做着，他开始露出笑容。最后，他笑着说："老师，来的时候我感觉我的生意好像走到了世界尽头，但是写着写着，我发现其实世界非常大，可以做的生意非常多。"

对已经做了多年生意的企业来说，我们首先把购买过产品的用户按照相关特征进行分类，列出每一类客户的成长性，贡献的销售额、利润，相关销售机会，每一个类别按照高低打分，越高的分数成功的概率越低，越低的分数成功的概率越高。

对于刚起步的企业，按照产品的特点和自己过去的经验，列出

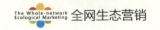

可以服务的对象和行业。按照同样的逻辑和做法，找到目标客户。

市场是选择的结果。对任何企业来说，进入互联网，只是接触用户的渠道不一样而已，但是从本身来说，究竟要找的对象是谁，这不是互联网的问题，而是企业的目标客户定位问题。

从上一个案例中可以看出，一开始，那位学员把自己定位成"我是做手机显示屏的"，通过我的提问，在不知不觉中，他转移了自己的定位，变成了"我是做显示屏的"。本质上，这是两个完全不同的定位。就像如果把自己定位成"我是做传呼机的"，那么当传呼机被手机取代后，企业几乎无路可走。这个时候，必须调整自己的定位，例如"我是做通信产品的，我解决大众交流问题"，进而转向做小灵通或者手机。如果是基于互联网环境下，那他就应该去做互联网通信产品。事实上，马化腾就是来自于一家做传呼机的企业——深圳润迅。因此，大众要的不是具体的工具形式，而是方便的交流载体。从分析逻辑来说，我所有提问的过程，就是营销分析的基础逻辑：营销从销售分析开始，销售做加法，市场做减法。我们可以按照下面五个步骤，使用目标客户选择模型，选定目标客户，见表 8.1。

表 8.1　目标客户选择模型

人群 行业分布	销售额 贡献	利润额 贡献	增长率 排名	相关销 售机会 排名	竞争力 排名	总分	排名

1. 厘清公司销售客户的结构，按照现有人群或行业分类，列示在表8.1中。

2. 在细分项中，按一到N顺序列出客户分值。如"销售额"一列，第一名得1分，第二名得2分，依此类推。

3. 加总不同客户的分值。

4. 按照总分由低到高的顺序，重新排列客户名录。

5. 按照分值由低到高的顺序，逐项试用"目标客户的四大共性"，直至找到目标客户。

核心产品定位：让你的产品"独""孤"求胜

想起当当网，你脑海中出现的第一件商品会是什么？是的，图书！在2006年之前，当人们想起淘宝的时候，又想起了什么？是的，女装！2009年前，当人们提起京东的时候，会想到什么？是的，电子产品（3C产品）。

每一个成功的平台都是从一个品类开始的。图书、女装、电子产品，让当当网、淘宝网、京东成功的品类，就是他们的核心产品。

无论是巨型平台，还是中小企业，想要在网络上立足，都必须从一个品类开始。核心产品定位是企业走向互联网的生死门。

你相信一首成名曲可以养活歌手一辈子吗？你相信一道拿手菜就能支撑起一家餐厅吗？

1997年，我是三源美乳霜化妆品厂的总经理。这个产品的广告语很多人都有所耳闻，叫"做女人挺好"，这家公司当时在海口。

有一天，我们一帮朋友到一家叫"爱碗亭"的餐厅吃饭。约定每人把自己喜欢吃的菜写张纸条给营业员，大家不许互相通气。

你知道发生了什么事情吗？当服务员端着一盘剁椒鱼头上来

的时候，每个人都伸手去接。那一天，我们六个人点了六份剁椒鱼头，这顿饭我们每个人吃了一份剁椒鱼头。

这家叫"爱碗亭"的湖南特色餐厅，每天吃饭的人都要排队。为什么？因为他们家的剁椒鱼头做得非常好吃，到店必点。当然，像我们这样点六份剁椒鱼头还不多见。我想讲的不是剁椒鱼头多么好吃，而是每桌客人不可能只点一道剁椒鱼头，必然要点其他菜。

假如你是卖水果的，你必须用心打造一个水果类别，比如苹果。一年四季大众都会购买苹果，无论在线上还是线下。如果把苹果定位为你的核心产品，那么你可以从全世界选择最好的苹果品种，你的苹果不仅好吃，而且价格公道。苹果这个品种会成为顾客记得你的特别重要的品类，大家记得买苹果就要到你的店铺。除了买苹果，很多人还要买梨子、香蕉、芒果，你的生意不可能不好。当然，你的其他水果的品质也必须很好。

如果你是做母婴产品的，你的目标用户是那些刚生产的妈妈，最好是准备生产的妈妈。准妈妈为孩子出生一定会准备什么？奶瓶。如果你能把奶瓶这个品类作为你的核心产品，无论在线上的店铺或者社区，大家只要找奶瓶就会想到你，那你就成功了。

举一个反面例子，凡客诚品曾有着辉煌的起步，但到今天有点虎头蛇尾。一开始，凡客诚品从一个细分品类——男士衬衣开始进入互联网，估值一度达到30亿美元。但可惜的是，一方面凡客诚品对衬衣质量重视不够，用户体验不好；另一方面，凡客诚品在男士衬衣这个品类还没有站住脚的情况下，急忙向其他品类延伸，而且延伸方向和速度都有问题。这个话题我会在后文展开探讨。

现在我们来看一下什么是网络营销的核心产品定位？为什么一定要有核心产品定位？

网络经济的本质是注意力经济。网络世界里，用户的注意力是稀缺资源。谁能抓住用户的眼球，谁就可能赢得机会。

对任何企业来说，推广和广告资源有限。必须把有限的资源聚焦于有优势的核心产品，才能从海量的信息中脱颖而出，成功吸引客户的眼球。借助核心产品的推广，接触到最大数量的用户。对目标客户来说，产生需求的时间很短，通过网络寻找产品的时间也有限，如果不能在有限的时间内接触到他们，市场机会就会丧失。这里所说的核心产品定位，不是一般意义上的天猫、淘宝店家打出的促销"爆品"，而是占领用户心智、网络推广渠道和展示渠道的品类概念。比如格力的"空调"、三只松鼠的"坚果"、七格格的"潮女装"、酒仙网的"白酒"、当当网的"图书"、永和的"豆浆"、京东的"电子产品"、淘宝的"女装"、永辉超市的"生鲜"、科通芯城的"电子配件"。

企业定位网络营销核心产品的作用，就像老妈妈纳鞋底的那根针，可以把手上的力量借助这根针，穿过任何阻碍，把线引进去，见图8.1。互联网需要这种明确清晰的品类定位，让目标客户从接触到记得。同时，对企业来说，明确占有这个品类目标之后，在重点产品线上销售展示、对外推广的关键词扩展，以及在传播中都有了明确的方向。

图 8.1　核心产品与延伸消费的关系

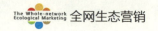

那么，企业要选择什么样的品类作为核心产品呢？

核心产品就是企业最有优势、最核心的产品或服务，也是目标用户最容易接触，一定会去找，而且是产生需求后最早要找的产品类别。对企业而言，核心产品应该是企业主推的产品或重点营销的产品，并且在一个相当长的时间段里，这个产品品类可以成为企业与客户频繁沟通的桥梁。对消费者而言，核心产品通常是容易抢占他们对某种场景需求注意力的一类产品或者服务品类。

核心产品是企业和用户之间联系的桥梁。用户和品牌之间没有关系，没有品类的帮助，品牌无法在用户心中立足。通过核心产品的帮助，品牌才能建立和用户的联系。

格力是谁，对我们来说一点都不重要，但因为格力是做空调的，我们有对空调的需求，于是我们才对格力有了兴趣，才会注意它，才会花时间去了解并费精劳神记得这个品牌。

每一个好品牌，都可以勾起消费者对某个产品类别的记忆。我们甚至可以在品牌与品类之间画上等号——格力等于空调，娃哈哈等于矿泉水，苏宁等于电器卖场等。

艾·里斯（Ai Ries）和杰克·特劳特(Jack Trout) 在《定位》一书中写道：

所谓定位，指在对本产品和竞争产品进行深入分析，在对消费者的需求进行准确判断的基础上，确定产品与众不同的优势，以及与此相联系的在消费者心中的独特地位，并将它们传达给目标消费者的动态过程。

企业在打造核心产品的过程中，都需要认真做好两件事：

第一，核心产品的"代表效应"——集中优势资源，寻求市场突破。在互联网上，如果用户产生某种需求，就能想起某一个品牌的某类产品，主动找品牌，这个品牌就算有了一定的市场根基。对一般企业来说，如果目标客户在网上找某个品类的时候，能马上找到自己，就算是网络营销的成功。单仁资讯从2006年开始研究互联网，把传统营销和网络技术结合，打开了中国网络营销培训市场。我们用11年间的精心设计、不断的课程迭代，打造策略到执行的双轮系统，帮助超过10万家企业互联网转型。在今天的中国培训市场，大家一说到或想到网络营销培训，单仁资讯是他们心中当之无愧的第一。

冰箱是海尔的核心产品，海尔为了冰箱的品质，在冰箱紧缺的20世纪80年代不惜砸掉不合格的冰箱，全力以赴把冰箱做到全球第一。即使在20世纪90年代开拓美国市场的时候，海尔还是把冰箱作为核心品类。

空调是格力的核心产品，格力用全部的研发能力把空调做到全球第一。不仅是在产品开发方面，包括在产品的推广方面，也要集中自己的资源，全力推动核心产品，成为市场最受欢迎的、目标用户耳熟能详的品类。

第二，核心产品的"泉眼"效应——建立信任，延伸消费。

核心产品定位的第二个目的，是将核心产品品类作为你和客户的接触点。借助这个触点，你可以了解客户状态，进而满足其需求。

核心产品是企业获取利润的重要"泉眼"，一定能带动其他产品销售，获取盈利。如果一家家电企业把"中央空调"定位成自己的核心产品，当一个人在网上搜索"中央空调"关键词时，这个人（或者所代表的单位）所处的状态就是家庭或公司正在装修或改建。几乎95%的中央空调需求都是在新装修或改建时产生的。

这个搜索"中央空调"的潜在客户，搜索的真实目的是什么？应该是"调节室内环境舒适度"。对一般用户来说，要调节室内环境舒适度，能想到的或者主要找的就是中央空调。就像一个准妈妈，怀上宝宝以后，能想到的就是要准备奶瓶，也许她想不到奶瓶有白天用的大号，还需要晚上用的小号，奶瓶还需要保温，需要可更换的奶嘴等。实际上，用户需要的产品远远比他们想到的要多和深。例如用户要想更好地调节室内环境舒适度，不仅需要调节温度，还要调节湿度、含氧浓度、空气洁净度等。只有这样系统地思考，才能真正帮助他们解决舒适度问题。所以，"中央空调"这个核心产品只是我们接触目标用户的触点。借助这个触点，可以深度洞察用户的状态和需求。

对用户来说，本质上都需要有人了解他们真正的需求。

为什么今天还有很多人喜欢到实体店买东西，尤其是新进入的用户？因为他们自己都不清楚真正的需求是什么。借助和线下服务人员的交流，他们才明白自己的需求所在。

对一家卖家具的企业来说，当然希望销售全屋定制家具，但对一个正在装修的家庭来说，他们不会一次就想到全屋定制家具，他们第一时间想到的也许只有衣橱、沙发、床或者书架这样的具体产品。作为家具卖家来说，在网上做营销，可以选择上面任何一种作为自己的核心产品，借助核心产品品类接触目标客户，了解用户的状况和潜在需求。通过核心产品赢得客户的认可后，让客户顺便购买相关的其他产品。

很多初为人母的妈妈知道要给小宝宝准备奶瓶，但并不知道需要什么样的奶瓶。一家做母婴用品的厂商，如果把奶瓶作为自己的核心产品，就有机会接触到这个用户群。同时，可以通过这个关键触点，为她们准备一套足够专业的哺喂器具。当妈妈们通过"奶瓶"这个自己熟悉的品类在网上找到一家母婴品牌或者平台，她就会发现需要的和自己知道的相差很大：

奶瓶不仅有日用夜用之分，还要准备奶嘴、奶瓶消毒锅/器、奶瓶奶嘴刷、奶瓶夹，冬天需要保温奶瓶、温奶器，以及吸奶器或吸喂乳两用瓶等。如果你能帮她们准备好这些,妈妈们当然喜欢。

除了奶瓶,再来看看妈妈们还需要什么。对卖家来说,还有哪些产品可以顺带出售?食物箱,用来放置所有的哺喂用品;母乳冷冻机,上班族妈妈需要白天存储母乳,晚上回家给宝宝喝。

准妈妈们还需要在宝宝出生前准备好小衣物、包裹宝宝用的方巾,还有春秋季节宝宝睡觉时用的毛巾被、婴儿毛毯、睡袋等。

妈妈们还需要什么?宝宝的棉鞋,当然还有纸尿裤/棉布尿片,还要为宝宝准备洗护用品:婴儿专用沐浴液、婴儿专用洗发精、婴儿爽身粉、皂盒、洗澡用毛巾等。

如果你是母婴产品的经营者,你还会想到妈妈们需要什么?随着孩子的降临,妈妈们还会给孩子买什么?

是的,借助奶瓶这个核心产品,只要经营好这些初为人母的妈妈们,生意自然会源源不断。互联网最大的优势在于,它有无限的扩展空间,不像线下业务,要增加更多品类,就必须增加线下店铺的面积,增加房租、装修费用,增加服务人员,以及水电等一应费用。线上增加更多品种的成本无限接近于零。只要找准核心产品,了解用户的状态和真正需求,就能大量扩展品类。

苏宁电器从 1991 年开始经营线下零售连锁店,经过 25 年苦心经营,到 2016 年中,线下店铺数量不过 1 600 家,经营的品种(SKU)不过 40 多万种;京东商城 2004 年才开始从线下转移到线上,12 年之后,京东商城只有一个平台,但是 SKU 达到 2 400万种,是苏宁电器的 60 倍。京东仅 2015 年一年网上销售额的增加量,已是苏宁经营 25 年后的销售总额。区别在哪里?就在网络的无限扩展能力。

当当网在互联网发展中是"起个大早,赶了晚集"。当年当当网在纳斯达克辉煌上市的时候,淘宝网还没有摸着互联网的门在哪里。但在今天的互联网世界里,当当已经退出了第一阵营。

当当网错在哪里？

错在错过了关键时机。当当网一直被市场推着前进，该延伸品类的时候，过于保守了。

从延伸路径上看，当当网从图书品类向其他品类的延伸是从服装和家居用品开始的，也就是和淘宝网去抢夺女性用户群。当当网的核心产品是图书，就应该从这个品类出发识别用户需求，自然延伸出更加丰富的品种。

举个例子，从女人怀孕开始，尤其是初为人母，一定会关心如何保胎，如何做胎教，孕妇如何保健。她们除了从网上搜集这些零零散散的信息以外，一定会到当当网上买专业图书，补充系统的知识。当她们在当当网上寻找相关的育儿图书时，正是当当网识别用户需求最好的时机。也是当当网做品类延伸的最好机会。我曾经问过不少人，如果去新华书店，看到新华书店卖奶瓶、纸尿裤、婴儿服装，他们感觉如何？绝大部分人告诉我，他们很难接受，因为新华书店就应该是卖书的。但当我问那些怀孕的妈妈们，如果去当当网上买育儿书籍，看到展示的育儿书籍以外，有新生儿的相关用品，她们能不能接受？几乎百分之百能接受。

为什么？区别在哪里？

不是准妈妈的普通人，自然不是这些新生儿用品的目标用户，而准妈妈对新生儿用品有需求。她们在准备育儿知识的同时，会欣然接受当当网为她们准备的新生儿用品。

同样的道理，当我们去到新华书店买书，看到新华书店卖锅、碗、瓢、盆等厨房用品时，也会感到不舒服。但当我们去到当当网买烹饪书籍的时候，在烹饪书籍周围有相关的厨房用品出售，你会不接受吗？

如果当当网懂得把图书当成自己的核心产品，借助图书产品的具体内容，洞察用户的状态，顺势延伸自己的产品，何愁不能在电子商务的转型中分得一杯营养丰富的羹呢？

如果我们懂得了核心产品只是我们接触精准用户的触点，借助这个触点了解用户的状态，洞察用户的真正需求，帮助他们节省到处寻找的时间，为他们提供更加专业、系统的解决方案，他们会反对吗？

单仁资讯的学员——大明商用厨具把"不锈钢商用灶具"作为自己的核心产品。当华为公司建造东莞松山湖基地，从网上采购商用灶具的时候，大明厨具借助一个"商用烤炉"的关键词，把华为员工餐厅的厨具到用品的全套解决方案，一次卖给了华为。

一个搜索"商用烤炉"关键词的用户，基本上是准备采购商业单位厨房设备的。他们一定不只是需要一套商用烤炉，一定还需要其他厨具产品。所以，企业应该从核心产品这个触点开始，了解用户的状态，进而发掘更多销售机会。

选择核心产品需要遵守五大要素

第一要素：刚需。选择目标用户的刚需产品做核心产品。

如果你是电器厂商，空调、冰箱、电风扇、吸尘器和榨汁机，你会选择哪些做核心产品？最佳选择是空调、冰箱、电风扇，而不是吸尘器或者榨汁机，为什么？

如果你是做厨房电器的厂商，吸油烟机、炉具、洗碗机和净水设备，你会选择哪几个做核心产品？

最佳选择当然是吸油烟机或者炉具，为什么？

因为对一个新装修家庭来说，空调、冰箱、电风扇、吸油烟机、炉具是必买品，是刚需。所以，选择核心产品，最好选择目标用户自然有需求的产品。刚需产品除了市场规模更大以外，关键是借助这个触点，更容易接触到目标用户。

第二要素：优势。选择自己有优势的品类做核心产品。

提起豆浆，你会想起哪个品牌？永和，对吗？为什么永和用豆浆做自己的核心产品？当我们想喝豆浆时，就会联想到永和大王中式快餐连锁店。其实，在永和大王还可以买到油条、面条、米饭等产品。在这些产品组合中，豆浆已经超出了一款具体产品的意义，它代表了永和这块招牌，也代表了中式快餐这个类别。

如果永和豆浆做得很差，连街边的小摊都不如，我们不会选择去永和。不仅是永和的豆浆卖不出去，其他的油条、面条、米饭这些产品当然也卖不出去。如果淘宝的女装不是够便宜，女人们不会选择去淘宝。如果不去淘宝，淘宝上其他的家居用品、电子产品、生活用品也就卖不出去。

有一次，一位做服装辅料生意的杭州学员找我聊天，他说："单老师，在网络上，我应该怎么卖我的产品？"

我反问他："你打算做哪一个品类？"

他一口气列举了很多产品：拉链、吊牌、针线等。

我耐心听他说完后，又问："哪一个产品比较有优势？原因是什么？"

他说："我就是做拉链出身的，我们家一直在做拉链。我们这里可以生产很多品种的拉链，成本低，价格便宜，所以我认为，做拉链有优势。"

几个简单的问题就让他明白过来，他可以把拉链发展成为主打产品。通过拉链这款产品，找到客户，告诉客户，我们还可以做纽扣、吊牌等周边产品，可以一次性满足他们的需求。

第三要素：前端。尽量选择一类需求的前端品类做核心产品。

如果你做母婴生意，奶瓶、婴儿床、纸尿片、玩具、早教图书、儿童服装这几个品类，你会选择哪几种做核心产品？如果你是做钢材生意的，螺纹钢、方钢、塑钢这几个品种，你会选择哪一种做核心产品？

既然核心产品是我们接触用户的触点，那么这个触点出现得越早越好，接触越早，就越能够和用户建立联系，即使核心产品不赚钱，也有机会通过后续的其他延伸消费赚钱。

对初为人母的妈妈来说，在有了身孕之后，第一时间想到的是给孩子准备奶瓶、婴儿床、纸尿片、婴童服装；宝宝出生后，才想到为孩子买玩具、买早教产品。如果能借助奶瓶、婴儿床这些核心产品建立和妈妈们之间的联系，后续玩具和儿童智力开发产品就有了销售机会。

对一个工程项目来说，需要各种钢材，但不是建筑工程一开始，就买来各种阶段需要的钢材。最开始一定是采购螺纹钢，因为螺纹钢是做地基和整个建筑的支撑部分需要的钢材品类。如果钢铁厂或者钢材贸易商能够把螺纹钢作为公司的核心产品，就能在工程项目开工之前和建筑公司建立合作关系，那么项目后续需要用的其他钢材就有了销售机会。

第四要素：增量。企业应该选择本身需求有增量的品类做核心产品。如果你做办公设备业务，传真机、打印机、复印机、投影机、碎纸机、保险柜，你会选择哪一种做核心产品？

做生意，抢市场最好抢增量市场。什么是增量市场？就是这个品类需求本身就在高速成长，就像过去十年的智能手机市场、房地产市场、汽车市场，以及未来的教育市场、环保市场、新能源汽车市场、智能机器人市场、高端服务市场、旅游市场等。大凡有增量的市场，一方面需求非常旺盛，获取用户的成本更低；二是有大量的新进入的用户，因为和新用户交易的成本更低。

同一类业务中，一定有不同特征的需求。只要有新公司注册，就一定要购买办公设备，但是不同阶段，购买办公设备的品种会变化。十年前，只要有新办公室就一定需要传真机、电话机、电脑这些基本配置，甚至还要一个大大的保险箱。但今天新成立一家公司，基本不需要传真机，甚至不需要电话机了。大部分企业已经没有大量的现金交易，因此也不需要太大的保险箱。而网络布线、电脑、复印机和投影机还有需求。也许有一天，当一个城市公共网络成为基本配置，连网络布线都不需要了。所以，很多做办公设备生意的，虽然这些基本道理都懂，但做网络营销的时候，用什么品类做核心产品，还是会"晕菜"。

第五要素：贡献。选择核心产品，除了以上的四大要素以外，我们还需要考虑什么？尽量选择销售额和利润贡献度高的品类做核心产品。

有句话叫做"适合的才是最好的"。如果你的产品线中已经有几个销售比例比较高的品种，你是选择这几个品类呢，还是选择其他品类？如果符合第四大要素的要求，从各个方面来说，都应该选择目前销售比较好的产品。世界上的任何事物，只要存在就一定有其合理性。也许这些产品本身就有竞争力，也许公司的资源，包括客户资源或者团队销售能力比较适合销售这些产品。

即使到互联网上去，这些本身销售比较好的产品，一定也是核心产品的优先选项。综合以上分析，你可以运用下列核心产品选择模型，找到核心产品定位，见表8.2。

1. 厘清公司产品状况并分类，列示在表8.2中。

2. 在各细分项中，按一到N列出各项产品或服务的分值。如销售额一列，第一名得一分，第二名得二分，依此类推。

表 8.2 核心产品选择模型

产品服务品类	用户刚需	消费前端	产品优势	市场增量	价值贡献	总分	排名

3.加总各项产品或服务的分值。

4.按照总分，重新排列产品或服务。

5.按照分值从低到高的顺序，逐项试用"核心产品的五大要素"，直到找出核心产品。

最后，我想强调的是，我们的根本目的不是找到核心产品，而是针对核心产品开展全网生态营销。一方面，我们应该在网站的主要页面或醒目位置展示核心产品；另一方面，重点优化核心产品的关键词。最好用这个选择的核心产品做关键词组合的词根，加上其他组合方式，组合出数千到数万个关键词；最好集中资源，让部分组合的精准关键词能在主流搜索引擎的首页占有四个以上位置。

产品卖点定位：像买家一样思考

在一个传统行业里，众多中小型企业通常会在产品端面临严重同质化的问题，产品的同质化到了市场端将演化为惨烈的竞争，包括价格竞争。大多数时候，同质化产品会遭遇"你死我活"的价格竞争。消费者的时间、注意力和购买力都具有稀缺性，在同一位消费者或客户面前，任何一家企业都有且只有一次机会。

对企业来说，不仅要研究让产品卖好，更要研究让产品好卖！市场的竞争归根结底是产品的竞争。企业应该花更多的时间和精力，研究产品能给用户创造的全新价值点。

对中小企业来说，从一开始就要创造产品的差异化绝非易事。如果产品趋于同质化，我们只能在市场端研究传播的差异化，传递产品卖点信息就显得非常关键。

2016年11月，唐纳德·特朗普（Donald Trump）借助网络和新媒体的力量，在选举中取得胜利，成为美国第45任总统。虽然我们都对他如何在Twitter、Facebook等新媒体平台展开的自我营销充满好奇，但其实在十多年前，许多人都已经认识特朗普了。他那句霸气十足的"You are fired！"(你被解雇了！)给我们留下了深刻记忆。

这句话源自《学徒》(The Apprentice)这档真人秀节目。这档节目完全模拟商业实况，突出强调了商场与职场的竞争。在第一季第1集中，特朗普出的题目是：每组获得250美元资本，在华尔街售卖柠檬水，销售额高的组获胜。这对应着美国的一句俚语："美国梦从卖柠檬水开始。"

比赛开始后，队员根据性别分为两个小组，并且选出各自的组长，也就是项目经理。男生组迅速采购原料，支起货摊，并且成功游说一位小店老板免费提供了一辆小推车。然后，他们就在码头卖力地展开销售活动。几个小时过去，他们的销售业绩非常不理想，于是换了一个地点。在一位队员的游说下，他们试图把一杯柠檬水的价格定为1 000美元，但浪费了大量时间。

接受任务后，女生组就开始了七嘴八舌的争吵，花费大量时间讨论和准备，并且毫无计划性。有人抱怨，有人偷懒，有人不信任经理。其他评委对她们失去了信心，特朗普反而更看好她们。特朗普认为："尽管她们看起来很混乱，但她们做了两件与商业的本质有关的事情。一是选了一个人流密集的地点；二是男队把价格定为每杯1美元，而女队却是每杯5美元。"

在售卖过程中，女生的美貌、火辣身材、热情与亲和力自然成了很好的促销手段。最具杀伤力的一招是带有奖励性质的香吻。她们以高出男生组4倍的价格，创造了可观的销售额。这样的暴利来源是"性"。有一位消费者说："我花费5美元，其中1美元是买水，另外4美元是买人。"

其实，越简单的业务，性感的力量越能够起决定作用。借此，我们就可以明白为什么力士香皂、欧莱雅护肤品等众多时尚产品会高价邀请漂亮的女明星代言。

还记得在本章的开头部分，我说明了营销有两个重要的组成部分，一个市场，一个是销售。两者扮演着不同的角色：销售的角色是展示和成交，获得销售收入，是收钱的；而市场是做推广和传播的，是花钱的。所以在营销过程中，销售做加法，越多越好，但市场要做减法，越精越好。

同样，在讨论卖点的时候，我们也要明确，卖点选择多还是少，一定要分清楚在什么场合。如果在以销售为目的转化页面上，在一个产品或服务的详情页面，你的产品和服务带给客户的每一个卖点要用文字、图片、视频各种形式，用卖点加特点的结构，详细论述你的产品和服务带给客户的好处和利益。并且，一定要用产品和服务的特点，证明你能兑现给用户的利益承诺。

但是在对外的宣传和推广过程中，因为受到太多的信息干扰，加上能让我们讲解产品服务好处的时间、空间都有限，所以，必须选择众多好处中的其中之一，重点强调。如果这一点能让你区别于竞争对手，那就要坚持不懈地讲。直到让大家一提到你，或者搜索和你的卖点有关的信息时，能在众多网页的有利位置上看到你的产品或者企业。

在销售过程中，对客户进行需求分析，找到客户的购买点，并作为自己的卖点，以此形成自己与竞争对手的差异点。

五种方法，提炼独特卖点

美国达彼思广告公司（Ted Bates）董事长罗塞·里夫斯（Rosser Reeves）提出"独特卖点理论"（Unique Selling Proposition，以下简称 USP），指任何产品在营销传播过程中，都应该有自己独特的销售主张。在实际操作中，一个好的卖点应该具备三种特性：

明确的主张。任何产品的广告都必须向消费者传播一种主张，让消费者明白，购买产品后，可以得到什么样的利益。

独一无二的内容。传递给消费者的内容应该独具特色，是竞争对手没有的，或者对手做不到的。

强力的促销性。产品的卖点主张必须是强有力的，聚焦在一个点，能打动、感动及吸引消费者购买对应的产品。

在了解 USP 理论后，我们还需要掌握一套提炼卖点的方法。按照产品的价值链顺序，我们可以通过以下五种方法提炼产品卖点：

方法一：原材料差异化。在原材料差异化这方面，到目前为止，我还没有见到比雷军做得更好的案例。2014年7月22日，小米科技在北京国家会议中心举办新品发布会，推出新款旗舰手机小米4，见图8.2。听过雷军在台上演讲的朋友都知道，那就是活脱脱一个科技界的"郭德纲"。他讲到小米4的金属边框这个环节，总共用了15张PPT来诠释一块钢板的艺术之旅，见图8.3。

方法二：制作工艺差异化。真功夫餐饮挖掘中式传统烹饪精髓，研制出电脑程控蒸汽柜。凭借"蒸"功夫，打出"坚决不做油炸食品"的口号，形成与肯德基、麦当劳等西式快餐截然不同的卖点定位。同时，这一个独特卖点也与常识"蒸的食物更有营养"相映暗合。真功夫后来的成功也与这样一个独特的卖点息息相关。

方法三：产品功能差异化。1997年底，我接手三源美乳霜化妆品厂的业务，在此之前，这款产品上市三年，每年营业额仅有50多万元。

当时，一套产品的零售价是56元，包括绿色的A瓶和红色的

图8.2　2014年小米年度发布会海报

141

图 8.3　雷军介绍手机边框材质

B瓶，两瓶交叉使用。消费者并不了解为什么要交叉使用，也无法想象这样使用的好处。

我们接手这个案子后，考虑到目标客户都是时尚、爱美一族，对产品的功能和品质更加关注，对价格并不敏感。低价反而会传递给她们一种劣质的感觉。

首先，我们组织了市场调查，了解消费者对产品功效的需求，对使用类似产品的顾虑，以及能够接受的价位等；其次，我们花重金聘请国内顶尖包装设计大师，把原来有些像伪劣药品的包装，改换成世界级的高端化妆品包装；最后，我们从市场调查报告中发现，这些爱美的女性既希望乳房丰满，又害怕下垂。于是，我把原来的A瓶改为日霜，建议早上使用，在白天能保持韧带弹性，使乳房更挺拔，防止下垂；把原来的B瓶改为晚霜，建议睡前使用，为乳房细胞在夜间补充营养。这样一来，消费者可以从外观上感知产品功能，使三源美乳霜和竞争对手的产品从功能上产生差异。在其他竞争产品宣传如何使乳房丰满时，三源美乳霜却开始推广"挺拔"的概念，广告语就是："做女人挺好。"

方法四：产品服务差异化。在《海底捞你学不会》一书中，黄铁鹰讲述了海底捞餐饮公司的创始人张勇的一个典故——客人是一桌一桌抓的。张勇开办海底捞火锅店初期的一天，当地一位相熟的干部下乡回来，到店里吃火锅。张勇发现他的鞋子很脏，便安排一位伙计给他擦了擦。这个小小的举动，让这位干部十分感动。从此，海底捞就有了给客人免费擦鞋的服务。这就是海底捞一系列在竞争对手看来近乎"变态"的服务的开端。这样的差异化服务只能通过每一位员工的大脑创造性地实现，而很难依靠详细流程规定。恰恰是这样的个性化服务，让众多竞争对手望尘莫及。

方法五：情感认知差异化。如果我们想给产品附加一份情感价值，就应该找到能触动消费者内心的点，创造出消费者能够感知的

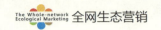

内心体验。这种体验可以传递温和、柔情，也可以传递快乐、自豪。"快乐的味道"把洽洽瓜子和快乐的感觉联系在一起；"开心时间巧克杯"把喜之郎和开心时间联系在一起。

通过梳理提炼卖点的五种方法，我们发现，产品的卖点无处不在，贯穿于产品的设计、生产、营销、销售的全价值链中。我们不仅需要重视提炼卖点，同时更需要表达卖点。因为在把卖点提炼出来以后，距离让消费者接受还有一段路要走。

我们研究与提炼产品卖点时，需要站在销售角度，遵循加法原则：介绍公司、产品或服务时，尽可能详细列出公司的优势、产品的特性和顾客关注的利益点。无论是产品的特征，还是产品带给消费者的好处，产品前后端的服务，都是卖点，我们都要列示出来，并整理成文本文件。当我们思考如何准确表达卖点时，需要站在市场角度，遵循减法原则：哪些卖点是别人有的，我们不去讲；哪些卖点是顾客关心的利益，但价值不大，我们也不去讲；哪些卖点是顾客可能不是特别看中的，我们也不用讲；哪些卖点是我们做得特别好的，跟别人完全不一样的，我们就要把它讲出来。

表达与取舍卖点

准确简短地表达卖点。在表达卖点方面，企业可能陷入两个误区：要么不知道怎么准确传达给目标客户，要么对着目标客户自卖自夸。其实，我们需要做的只是用一句简短的话语把卖点表达出来，让消费者能记住就可以了。但对卖点应该还有一层更高的要求，就是让消费者也能讲出来。因此，这句话不能文绉绉或太书面，应该尽量口语化，最好用到目标客户经常会用到的类似句式。

在国内高端床上用品市场，紫罗兰家纺的市场占有率一直排名前列。尽管他们推广"紫罗兰"这个品牌已有十多个年头，但一直苦于找不到一句理想的广告语。陈董事长带领高管团队参加我们的《实战全网营销》课程，在指导老师的辅导下，他们发现女性购买床上用品，除了看重实用功能，还希望找到浪漫的感觉，而紫罗兰这种植物本身就是浪漫的化身，因此，他们选定了一条非常好的广告语"浪漫生活——紫罗兰"。在表达卖点时，我们可以主要围绕以下五个方面，展开思考。

1. 帮助消费者省钱：一晚只用一度电。——美的空调

2. 帮助消费者省心：妈妈再也不用担心我的学习啦！——步步高点读机

3. 帮助消费者省力：刮得干净，一目了然。——BIC剃刀

4. 帮助消费者省时：7天减肥不反弹。——懒人瘦身法

5. 帮助消费者健康、美丽等：农夫山泉有点甜。——农夫山泉

当然，当企业站在消费者角度思考问题时，就会发现，其实可以从更多方面为消费者思考。甚至可以邀请消费者参与进来，听听他们的真实感受。

在销售过程中，如何做卖点的取舍？ 第一，我们应该基于目标客户关注的利益点取舍卖点。

2007年底，我看到了一款奔驰越野车的广告，特别喜欢，就给深圳的一家4S店打电话，希望样车到店后，能通知我试驾。

大概过了6个月，我接到这家4S店员工打来的电话，告诉我店里现在有样车，可以安排时间试驾。

第二天早上，我兴致勃勃地赶到这家4S店，一名女店员接待了我。

她问我："单总，请问您买这款SUV，是在市区开得较多，还是郊区开得多？"

我想了想说："当然是市区开得多，郊外比较少。"

她说："您这就选对了，这款车就是专门为经常在市区使用，又喜欢越野感觉的人设计的SUV。"

我感觉特别好，开心地回答："是吗，为什么？"

店员接着说："如果市区用得多，省油就很重要，您说对吗？"

我说："当然。但是，奔驰SUV还能省油吗？"我从来没有想过奔驰车也能省油。

店员说："这款奔驰SUV是同样排量的越野车中最省油的，不管是日本车、欧洲车，还是美国车。"

我有些好奇："真的吗？"

店员信心满满地说："当然，您可以在网上查对比数据。"

她又说："有句话叫做'开宝马，坐奔驰'，您听说过吗？"

"当然听说过。"

"您知道为什么吗？"

"开宝马，当然马是自己'骑'的；坐奔驰，一般是别人开，老板坐的。"

她笑笑说："这是其中的一种说法。其实，开宝马，是指宝马的加速体验好，更有驾驶快感；坐奔驰，是奔驰的舒适度特别好。一般SUV都注重越野效果，不注重舒适性，这款车是所有越野车中最舒适的！"

"真的吗？为什么？"

"奔驰是全世界轿车的开创者，拥有非常多的专利，其中一项专利叫水平避震技术，因为拥有这项技术，奔驰车坐起来才特别舒适。这种技术以前只用在奔驰最高配的S500、S600型轿车上，在开发这款SUV时，特别为它也配备了悬挂水平避震系统。"

接下来，这名店员又介绍了这款车的安全系数、音响效果、隔音效果等。她几乎把我关心的所有问题讲了一遍。在她讲完后，让我有一种"这款车已经好到家，不买就是大傻瓜"的感觉。

听完她的讲解，我马上有一种立即想要获得的冲动。

这是一名比较成功的销售员，她讲到的所有卖点，都是基于"我"的角度，都是"我"所关注的利益点。

第二，我们应该从产品功能、特性等优势取舍卖点。仍旧回到奔驰汽车的案例。店员在介绍舒适性时，强调了奔驰的一项专利：悬挂水平避震系统；在介绍安全性时，强调这款车的钢板比其他品牌所有越野车的钢板都厚，且是一次冲压成型，抗冲击能力特别强；谈到前端设计时，提到一项出色的设计系统。

这名店员真不愧是一位销售高手。她在介绍产品的不同方面时，分别提到了奔驰车的独特性、差异性与功能性，并通过具象化的语言，把细节放大，让消费者真正理解她要传递的意思。

在推广过程中，如何取舍卖点？ 在饭店点菜时，如果没有提前想好吃什么，我们经常会在不知不觉中，把菜单从第一页翻到最后一页，却没有点一个菜。看到吃过的菜，想换一换口味；看到新菜品，又担心不好吃。结束这种纠结的办法，通常是请服务员推荐几款菜品。点菜之所以会令人纠结，原因是我们可选择的菜品多达几十甚至上百种。我们在选择推广产品的卖点前，也要

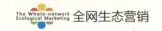

在众多卖点中仔细推敲。就像前面讲到的小米 4 手机卖的是"一块钢板的艺术之旅"。

在《参与感》一书中，小米联合创始人黎万强分享了小米耳机的卖点提炼过程。

首先，在功能方面，他们选择了"听歌"这个更有亲和力的词语，舍弃了"听音乐"这个更加专业且书面化的词语。

其次，策划团队从网络新生代的话语体系中取材了"神器"一词，瞬间拉近了与目标客户的距离。

最后，直接简明地说出了最重点的要素：使用一体成型的铝合金音腔，所以音质好；军用标准的凯夫拉线材用料好；礼品包装"高大上"，只卖 99 元，买个包装都值了。

他们用"听歌"替换"听音乐"，此举体现了对消费者行为的理解。大众消费者用耳机"听歌"的人多，而懂得"欣赏音乐"的人太少了。如果把耳机只卖给懂得"欣赏音乐"这个群体，那么产品必死无疑。"神器"是利益点。如此组合，一个精准的卖点就出来了。

如何让卖点具有差异化？我们团队经过大量研究与实战验证，总结了一套三角形研究法，见图 8.4。三角形的底边是顾客的需求，左边表示自己的优势，右边表示竞争对手的不足。三角形研究法的关键用途是，找到消费者心智的空白点。

在这个三角形中，顾客的需求是基础。每一位顾客的需求，都可以产生一个定位，提出一项功能，延伸一个细分市场，最终占领这个市场。

一家做热水工程的企业应该如何找到目标客户的需求？

第一步，在提炼卖点的过程，他们也遵循了加法原则：这家企业产品的燃烧比特别高；客户需要省电；这款产品可以快速制造热水；可以方便整体设置；容易监控；后期服务比较及时。他

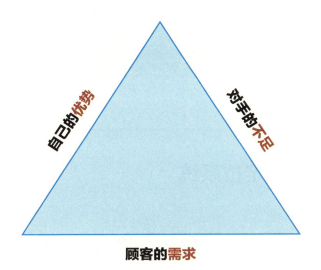

自己的优势

对手的不足

顾客的需求

图 8.4　差异化卖点三角形研究法

们把想到的卖点都罗列出来了。

第二步，他们研究自家的优势，比如材料、设计、功能、工艺等。

第三步，他们研究竞争对手的不足，调查顾客如何抱怨对手的产品。

如此一来，他们就可以把最重要的卖点提炼出来，并在推广过程或销售过程中准确传递给消费者了。

在本章中，我们讨论了定位系统中的目标客户定位、核心产品定位及产品卖点定位。通过运用这些方法，我们基本占领了销售链条的客户与产品两大桥头堡。从第 9 章开始，我们将会进入免费推广、付费推广、搭建官网等实操性内容的学习，以此修建一座营销之桥，连接客户与产品。

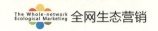

第9章
关键词精准定位系统

当互联网成为企业竞争的主战场时，搜索营销是必须被了解和运用的主要方式。

——北京大学新闻与传播学院副院长、博士生导师　陈　刚

在一次回访过程中，东莞市牧隆仓储设备有限公司总经理陈小莉告诉我们，仓储货架行业属于典型的传统制造业，全行业供大于求，业务开展十分困难，押款严重，利润很低，还需要经常陪客户吃饭、喝酒，甚至支付高额回扣。她们在客户分析会上发现，少量客户是通过网络找到她们的。于是，陈小莉支付人民币5万元，购买了两个关键词。不过，她们并没有看到期望的效果。

陈小莉经朋友引荐，参加了第72届全网营销策略班课程。在听课过程中，辅导老师带领她的团队进行了系统的定位和优势分析。她们发现，应该把仓储货架作为公司的核心产品，并重点推广。她们花费大量时间，针对这个关键词进行搜索引擎优化（SEO）。

通过两年全网营销实践，她们的付费推广成本降低到线下推广成本的33%，同时推广效果显著：2013年

销售额增长 40%；2014 年销售额猛增 333%，其中网络订单占比70%。

通过牧隆仓储设备有限公司的案例，我们可以看出，即使付费购买关键词，进行推广，缺乏系统定位和优势分析的全网生态营销也会像没头苍蝇一样，盲目乱撞。在课堂上，我都会反复强调关键词对于网络营销的重要性。只有找到正确的关键词，并正确地推广，才有可能获得事半功倍的效果。

因此，如果企业希望更多潜在客户在最短时间内，通过网络找到他们，就需要设计能够迎合客户搜索目标的关键词。

一个好关键词，就是一名优秀业务员

谷歌的一项调查显示，30% 的美国消费者在网购前会参考亚马逊的产品信息和评论，具体数字为：购买一件商品平均参考 10.4个信息来源。这 10.4 个信息来源，几乎都是依靠搜索得来：要么在搜索引擎平台，输入关键词；要么登录购物平台，搜索关键词。

在传统商业时代，业务员通常扮演着企业与客户之间沟通桥梁的角色，而在互联网时代，关键词则悄然取代业务员，成为客户与企业之间的桥梁。

在《抢道》一书中，我们依据关键词的特性和功能，把关键词划分为五种类型：泛关键词、长尾关键词、问题关键词、借力关键词和核心关键词。按照这种分类方法，"电视机"应该属于泛关键词。我们在百度搜索框中，输入"电视机"一词，可以得到如下结果见图 9.1。

从图 9.1 中我们可以看到，前三条搜索结果依次是苏宁、京东和天猫的商城链接。第四条链接是中关村在线，这个网站提供价格、性能对比及评论功能，但不提供直接购买服务。如果我们针对"电

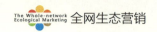

图 9.1　在百度搜索框输入"电视机"　图 9.2　"创维电视机"的搜索结果

视机"一词增加品牌属性"创维",形成长尾关键词"创维电视机",在百度搜索框中输入该词,结果见图 9.2。

在图 9.2 中我们看到,创维集团官网的链接位列榜首,苏宁、天猫及中关村在线等网站紧随其后。通过对比泛关键词"电视机"和长尾关键词"创维电视机",我们可以发现,长尾关键词更有利于企业进行营销推广。

著名统计学家奈特·西尔弗(Nate Silver)说:"人类大脑在 1 秒钟内产生的信息量相当于美国国会图书馆所有纸质藏书信息量的 3 倍,但其中大部分信息都是无关的噪音。因此,除非你有强大的技术过滤和处理这些信息,否则你就会被它们淹没。"在过去 20 多年里,信息技术和网络技术呈爆炸式发展,消费者的购买行为也在发生剧烈变化。

在一次课堂上,我做了一次现场调查:"如果你需要购买一台双开门电冰箱,你是直接到国美、苏宁、顺电等实体店对比几个品牌后作出购买决策,还是会先通过网络搜索关键词,然后到京东、苏宁、天猫等网站了解产品,最后再作决定?"我粗略统计了下,超过八成人属于后者。

在《抢道》一书中，我们总结并阐述了选择关键词的绝招——行云五步选择法：

第一步，先找到泛关键词，让客户大量找到你。

泛关键词是指服装、化妆品、鞋子、瓷砖、五金、家纺等行业名称、产品名称等词汇。它们具有广泛意义，并且经常被大量搜索。一方面，通过对泛关键词的别名、地域等方面进行扩展，可以给网站或产品带来更多流量和人气；另一方面，泛关键词不适合进行竞价排名，或投放其他网络广告。泛关键词在参与竞价排名时，虽然会收获较大点击量，但要支付高额广告费用，且无法有效提高成交转化率。虽然泛关键词不适合做付费推广，但往往可以用来做组合关键词的词根。比如，我们可以用"五金""瓷砖"这些类别关键词做词根，把它们和其他特征词进行组合，产生更加精准的关键词。

第二步，找到长尾关键词，让客户准确找到你。

站在用户搜索习惯来看，也是从泛词开始逐步添加和自己的需求相配的特征词，逐步找到符合自己需要的信息和服务。在泛关键词的基础上增加厂商、品牌、产地等特征性词汇，形成与业务相关性更高的关键词，比如"格力"+"空调"="格力空调"、"创维"+"高清"+"彩电"="创维高清彩电"等。长尾关键词不仅可以带来点击量，还可以提高广告投放效率。我们通常建议企业使用长尾关键词参与竞价排名。

第三步，设立问题关键词，让客户轻松找到你。

站在客户的角度，模拟客户的思维，写下客户可能遇

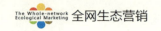

到的、和你的产品有关系的所有问题。在搜索问题关键词的客户群中，搜索量并不太多，但潜在客户占比较高，成交概率比较大。

一方面，通过设计网站的"常见问题解答"（FAQ）板块，不但可以给潜在客户提供在线帮助，还可以帮助优化网站，提升搜索引擎排名；另一方面，我们可以把与产品有关的大众化、普遍性问题的关键词和答案放在百度知道、新浪爱问、知乎等平台上，通过自问自答的方式，帮助客户轻松找到厂家。

第四步，巧妙借力关键词。

指借用热点事件、行业大事件或知名竞争对手的信息提升网站流量，设置关键词。

第五步，锁定核心关键词。

企业处于不同发展阶段，或者业务发生调整时，通常需要占据不同的关键词。2007～2008年上半年，单仁资讯选择"网络营销课程""网络营销培训""电子商务培训"作为核心关键词，进行推广和营销。

2008年下半年开始，我们选择了"网络营销""电子商务"等词语进行推广和营销。现在，我们对核心关键词的使用更加有针对性，比如"企业网络营销落地地图总裁班课程""企业网络营销总裁课程"等。

在《抢道》一书中，我还阐述了选择关键词的要点，在运用过程中需要注意的事项等内容。在本书中，我不再重复这些内容。作为全国顶尖的网络营销机构，单仁资讯一直在研发、丰富自己的培训内容，目的是为学员提供更多价值与增值服务。接下来，我们依次介绍长尾关键词多维组合系统，如何使用百度指数工具评估与选择关键词。

长尾关键词多维组合系统

刘先生居住在深圳市罗湖区。有一天，他下班回到家，发现家里的海尔电冰箱发生故障。他找出说明书和发票，发现这台冰箱已过保修期。于是，他想通过网络查询维修服务。

首先，刘先生在百度搜索框输入"电冰箱维修"一词。搜索结果中出现许多不同地区的维修店，如图9.3。为了让结果更加精准，他设定区域，输入"深圳市罗湖区电冰箱维修"，这时搜索结果中显示的都是本地的维修店，如图9.4。

这时，刘先生想到一个问题，这么大的冰箱，怎么搬到维修店呢？有没有维修店提供上门服务呢？于是，刘先生搜索"罗湖区电冰箱上门维修"，搜索结果如图9.5所示。

刘先生找到了几家提供上门服务的维修店，经过在线咨询及讨价还价，很快选定了一家维修店，并预约了上门维修时间。

在日常生活或工作中，许多用户都会遇到此类问题。为了寻找满足自己诉求的产品或服务，不断调整、更换或组合搜索关键词。

图9.3 "电冰箱维修"搜索结果

图 9.4 "深圳市罗湖区电冰箱 维修"搜索结果

图 9.5 "罗湖区电冰箱上门 维修"搜索结果

表 9.1 长尾关键词多维组合分析系统

品牌	地区	用途 / 应用	产品特性	产品 / 服务	盈利模式

表 9.2 在"产品 / 服务"列填入关键词

产品 / 服务
投影机
幻灯机
投影仪
放映机

在过去五年多时间里，在数千家企业客户实践的基础上，我们设计开发了"长尾关键词多维组合分析系统"，见表9.1。在《实战全网营销》策略班的课堂上，李骁恒老师也会详细讲述，并带领学员现场模拟。

我们以投影机为例，说明长尾关键词多维组合分析系统的具体使用方法。我们把用户可能会搜索的投影机、幻灯机、投影仪、放映机等关键词填入表9.1"产品／服务"列，见表9.2。

首先，我们把"产品／服务"列与"盈利模式"列组合起来。把企业可能会选择的盈利模式填入"盈利模式"列，如批发、招商、加盟、招商加盟、经销、总经销等，见表9.3。

其次，我们增加"产品特性"列。可以把客户在购买过程中关注的与产品特性有关的修饰词（如材料、功能、款式、大小、档次等）填入"产品特性"列，见表9.4。

一款产品可能会有很多种不同的特性，此时，我们需要站在用户需求的角度，选择一些特性。用户在选择投影机时，有人喜欢便携性，有人看中高流明特性，有人偏好高清，有人比较在意

表 9.3 组合"产品／服务"列与"盈利模式"列

产品／服务	盈利模式
投影机	批发
幻灯机	招商
投影仪	加盟
放映机	招商加盟
	经销
	总经销

157

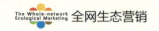

价格。然后，我们增加"用途／应用领域"列。用途／应用领域指
产品可能会被用在哪里，或如何使用。投影机可以用作教学，可
以开会，可以用来看电影，这些都是产品可能应用的地方。列出

表 9.4　增加"产品特性"组合

产品特性	产品／服务	盈利模式
高清	投影机	批发
高流明	幻灯机	招商
便携	投影仪	加盟
低价	放映机	招商加盟
二手		经销
4500 流明		总经销

表 9.5　增加"用途／应用领域"组合

用途／应用领域	产品特性	产品／服务	盈利模式
教学用	高清	投影机	批发
家用	高流明	幻灯机	招商
会议室	便携	投影仪	加盟
培训	低价	放映机	招商加盟
办公	二手		经销
	4500 流明		总经销

这些应用领域,将它们填入"用途 / 应用领域"列,见表 9.5。

接着,我们增加"地区"列。我们通常可以组合的地区类型包括:某类产品的"高品质产地",如山东烟台的苹果、新疆的葡萄;某种产品的"集中生产地",如中山的灯饰、佛山的陶瓷,等等。需求较大的地区,企业可以利用"百度指数"工具,查看某段时间内搜索产品的人群地域分布及搜索量排名。排名靠前的就是企业需要重点关注的地区,也是企业需要开发的地区市场。如果你的企业正计划开发北京市场,那么,在"地区"列中填入"北京"一词。我们把这些可以组合的地区的名字列出后,填入"地区"列,见表 9.6。

最后,增加"品牌"列。品牌名称是客户在网上搜索使用的最重要关键词。实践证明,品牌名称或商标名称是让目标客户了解你的产品,产生购买欲望,且转化率最高的关键词。在列出品牌名称时,我们不仅需要列出自家的品牌名称,还需要列出主要竞争对手的品牌名称,见表 9.7。如此一来,即使选用同行知名品牌名称进行推广,同样可以为我们带来流量和客户。

表 9.6　增加"地区"组合

地区	用途 / 应用领域	产品特性	产品 / 服务	盈利模式
日本	教学用	高清	投影机	批发
进口	家用	高流明	幻灯机	招商
国产	会议室	便携	投影仪	加盟
武汉	培训	低价	放映机	招商加盟
北京	办公	二手		经销
		4500 流明		总经销

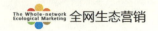

表 9.7　增加"品牌"组合

品牌	地区	用途/应用领域	产品特性	产品/服务	盈利模式
三菱	日本	教学用	高清	投影机	批发
爱普生	进口	家用	高流明	幻灯机	招商
三星	国产	会议	便携	投影仪	加盟
索尼	武汉	培训	低价	放映机	招商加盟
			4500 流明		总经销

　　我们通过排列组合产品的品牌、地区、用途、特性等项目，通常可以得到成百上千个长尾关键词。需要注意的是，并非组合出来的所有关键词都是可用的。无论使用长尾关键词进行免费推广还是付费推广，我们都需要谨慎筛选，去除毫无用处及与企业定位不相符或不符合逻辑的长尾关键词。

百度指数——老板的决策利器

　　百度百科给百度指数下了一条定义：它是以百度海量网民行为数据为基础的数据分享平台，是当前互联网乃至整个数据时代最重要的统计分析平台之一，自发布之日，便成为众多企业营销决策的重要依据。

　　在这条定义中，最关键的一句话是"自发布之日，便成为众多企业营销决策的重要依据"。这句话说明，它是为企业经营者，尤其是中小型企业主提供服务的，甚至可以认为是李彦宏送给我们的大红包。这一点与我们的策略班课程的定位高度吻合。

通过查询百度指数，我们可以得到某个关键词的搜索量，一段时间内的涨跌态势，以及相关的新闻舆论变化。我们还可以了解到哪些网民在搜索这个关键词，他们分布在哪里，以及搜索了哪些相关词。在这些数据的基础上，我们就可以优化数字营销的活动方案。

现在，我们以大家熟悉的华为手机为例，以"华为手机"为关键词，熟悉百度指数的主要功能模块：基于单个词的趋势研究（整体趋势、PC趋势和移动趋势）、需求图谱、舆情管家、人群画像；基于行业的整体趋势、地域分布、人群属性，以及搜索时间特征。

1. 打开百度，进入产品大全页面。

2. 向下拖动页面，找到"站长与开发者服务"序列。

3. 双击百度指数图标，进入百度指数页面，在搜索框中输入"华为手机"关键词。把时间设定为：2011年09月—2016年12月，见图9.6。

图 9.6　百度指数页面

从图 9.6 可看出，"华为手机"一词的搜索趋势处于上升态势。2015 年后，波动幅度扩大。我们重点观察几个比较特殊的时间点。

2015 年 1 月 27 日，华为召开年度业绩分享会。华为手机总裁余承东在接受《第一财经日报》等媒体采访时表示，华为目前没有走出风险期，虽然 Mate7 和 P7 等系列在市场上形成了一定的口碑，但目前华为在高端市场依然没有站稳。当周，媒体指数出现一个明显的波峰，但搜索指数则出现了一个波谷。2015 年 6 月 30 日，华为年度旗舰手机荣耀 7 正式发布。在此后两周里，搜索指数出现一个明显的波峰，而媒体指数表现平平，见图9.6。

2016 年 11 月 15 日，华为 Mate9 手机在国内发布。此后两周，搜索指数出现一个明显的波峰，而媒体指数表现平平。在 PC 趋势图上，这一点表现得更加明显，见图9.7。

图 9.7　华为 Mate9 手机发布引发的搜索波峰

因此，我们认为，业绩分享会属于事件营销，目的在于引起媒体围观、报道与转载；而新产品发布则是产品营销活动，目的在于提升销售量。我们使用"行云五步选择法"找到一些关键词，然后使用百度指数，研究这些关键词的搜索趋势，并选择处于上升趋势中的关键词，实现借力营销。

我们还可以通过添加对比词的功能，对比两个关键词的搜索趋势，比如，我们用"小米手机"和"华为手机"对比，见图9.8。

观察图9.8，我们可以看出，2015年以前，小米手机的搜索指数和媒体指数明显高于华为手机，但下降趋势十分明显。

使用百度指数进行需求图谱分析。需求图谱显示的是，通过用户在搜索该词的前后的搜索行为变化中表现出来的相关检索词需要。百度给出这样的算法说明：

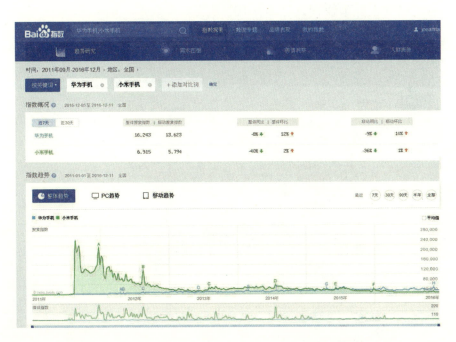

图9.8 "华为手机"和"小米手机"搜索趋势对比

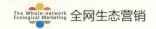

◆ 由综合计算关键词与相关词的相关程度，以及相关词自身的搜索需求大小得出。

◆ 相关词与圆心距离表示相关词与中心检索词的相关性强度。

◆ 相关词自身大小表示相关词自身搜索指数大小，红色表示搜索指数上升，绿色表示搜索指数下降。

在图9.9上，点击下方的蓝色时间条，我们可以观察过往一段时间内的相关词的变化趋势。在"华为手机"的需求图谱中，"小米""华为商城"等关键词始终与圆心保持较近的距离，并且面积波动较小。

在此项功能中，百度指数提供了相关词分类功能。通过用户搜索行为，细分搜索中心词的相关需求中的来源词、去向词、最热门词及上升最快词，见图9.10。

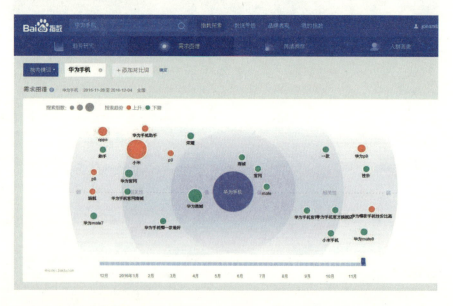

图 9.9 "华为手机"关键词的需求图谱

来源相关词：反映用户在搜索中心词之前还搜索了哪些词。

去向相关词：反映用户在搜索中心词之后还搜索了哪些词。

最热门词：反映在中心词的相关词中，搜索指数最热门的关键词。

上升最快词：反映在中心词的相关词中，搜索指数变化率上升速度最快的关键词。

在图 9.10 中我们可以发现，在"华为手机"的来源词中，人们搜索最多的词是"mate""官网""荣耀"等词。在 15 个来源词中，有"华为手机哪一款最好""性价""华为哪款手机性价比高"等购买前调查用语。我们可以判断，潜在客户在调查产品时，搜索使用了这些词语。

在"华为手机"的去向词中，人们倾向于搜索"商城""华为商城""mate"等词。在 15 个去向词中，有"商城""华为商城""官

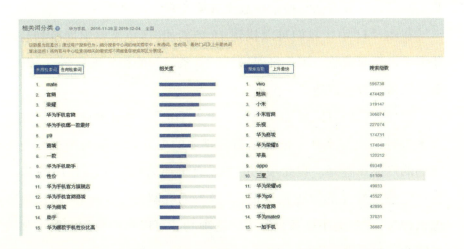

图 9.10 "华为手机"一词的相关词

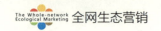

网""华为官网""华为手机官方旗舰店""华为手机官网"等指向购买行为的词语。我们可以判断，搜索了这些词的潜在客户更容易产生购买行为。

在"华为手机"的最热门词中，"vivo""魅族""小米"占据了前三甲，"苹果"处于第 8 位，"三星"处于第 10 位。这组数据应验了当前的市场格局。华为手机的主要竞争对手是 vivo、魅族、小米等国产手机厂商。

在"华为手机"的上升最快词中，"魅族""一加手机""vivo"位列前三名，"苹果"和"三星"则已经消失不见了。我们几乎可以判断，华为手机面临国产手机厂商的竞争压力越来越大了。

在使用需求图谱时，我们也可以添加对比词语。使用方法与趋势研究功能相同。在此，不再重述。

使用百度指数检视舆情洞察。在此项功能中，我们可以看到媒体在互联网上对特定关键词的关注、报道程度及持续变化情况。媒体指数是在各大互联网媒体报道的新闻中，与关键词相关的，被百度新闻频道收录的数量，采用新闻标题包含关键词的统计标准，数据来源、计算方法与搜索指数无直接关系，见图 9.11。

在图 9.11 中，我们可以找到 10 条新闻。《苹果单季度净利超华为手机全年营收，国产机遇尴尬》一条新闻的相关项目高达 130 条，媒体指数也创造了一个阶段性高点。

同样，我们可以添加对比词"小米手机"，结果如图 9.12。在大多数时间里，小米手机都是新闻媒体的宠儿，而华为手机则是低调的产品工程师。在此项功能中，百度还为用户列示了 10 个依据浏览热度排序的问题关键词："华为手机刷机""华为手机质量怎么样呀""华为手机系列"等。这项功能可以帮助我们设置更加有效的问题关键词。

使用百度指数进行人群画像。在此项功能中，我们可以分析

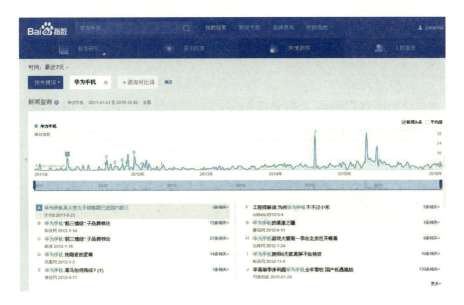

图 9.11 "华为手机"的舆情洞察

图 9.12 "华为手机"与"小米手机"的舆情对比

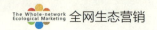

关注"华为手机"的用户来自哪些省份、区域及城市，见图 9.13。

在图 9.13 上，分别点击"省份""区域""城市"，可以查看不同分类的结果。

我们还可以分析人群属性的年龄分布和性别占比，见图 9.14。

观察图 9.14 我们可以发现，华为手机的目标客户群体以 30 ～ 39 岁男性为主。

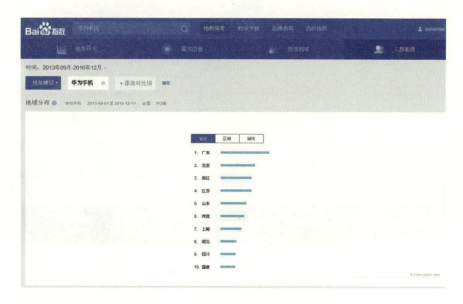

图 9.13 "华为手机"关键词的地域分布

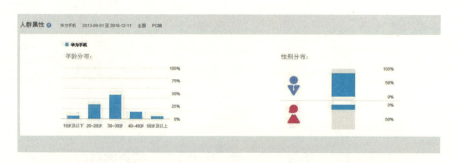

图 9.14 "华为手机"关键词的人群属性

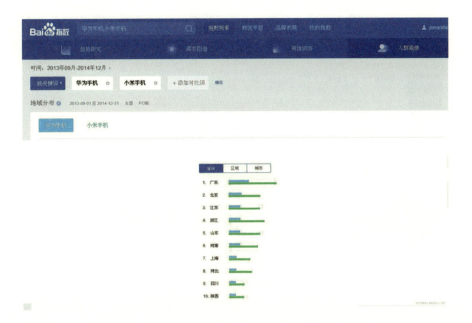

图 9.15　2014 年前，"华为手机"与"小米手机"的搜索指数按省份排名

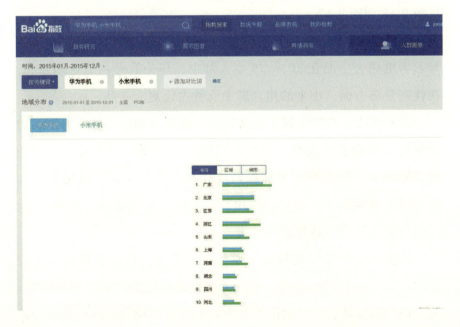

图 9.16　2015 年，"华为手机"与"小米手机"的搜索指数按省份排名

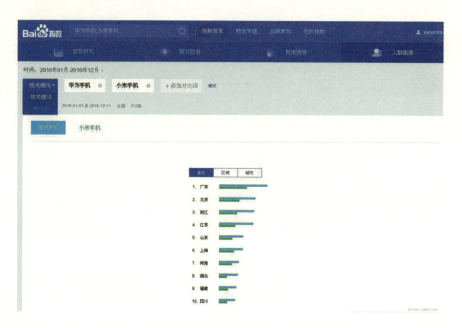

图 9.17　2016 年,"华为手机"与"小米手机"的搜索指数按省份排名

同样,我们可以对比"华为手机"与"小米手机"的人群画像,见图 9.15 到图 9.17。

在图 9.18 中,我们可以看出,在 20 ~ 29 岁人群中,小米的号召力更强大;而在 30 ~ 39 岁人群中,华为的号召力更加强大。在性别分布方面,小米的用户群中女性占比更大一些。

在本章中,我们掌握了免费版百度指数的功能与使用方法。对企业经营者而言,这些功能已经可以满足关键词定位及与之相关的营销决策。付费购买专业版百度指数工具,不仅可以更加深入地了解关键词技术,还可以使用行业分析、市场细分、品牌分析、厂商分析、系列产品分析等功能。

关键词定位系统是搜索引擎优化的首要工作。如果没有了关键词,就不会有搜索流量,也就无法构建优化的内容。通常而言,关键词的质量越高,映射出网站内容的质量就越高,同样也从一定程度上决定了网站搜索量。甚至可以说,没有关键词的标题、文本、

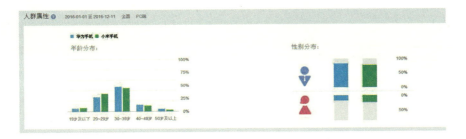

图 9.18 "华为手机"与"小米手机"人群属性对比

链接等内容，对于企业推广毫无用处。因此，研究、筛选关键词的工作，贯穿了搜索引擎优化的全部周期。在第 10 章中，我们将会详细阐述搜索引擎优化的一些策略和方法。

第二部分

触网有术

百度、360、搜狗等搜索引擎会优化识别什么样的域名？如何判断虚拟主机服务商的可靠度？什么样的内容可以让用户自动自发地成为企业的"宣传员"或"播种机"？

联想元老柳传志如何跨界爆卖猕猴桃？千呼万唤始出来的微信小程序究竟会给营销人员带来怎样的推广机会？

手机营销网站与PC营销网站的区别在哪里？如何找到满意的建站公司？

让客户快速找到你

第 10 章
搜索引擎优化策略：雪地探寻客户的脚印

在搜索引擎优化领域，耐心是一种美德。

——单 仁

有一天，某企业老板王总带着一脸怒气，跑到公司推广部，冲着SEO优化编辑安妮说："安妮，你怎么能欺骗我？"

安妮犹豫了一会儿，怯怯地说："老板，我没有骗你，孩子的确是你的。"

办公室里原本充斥着各种噼哩叭啦的键盘敲击声，此刻戛然而止，静若无人。两秒钟过后，噼哩叭啦的键盘敲击声重新爆发，并且更加响亮。王总有些慌乱，小声对安妮说："我不是说这个。"然后，王总清清嗓子，大声说："你刚才说，官网优化到了第1名，我刚才去看，怎么还在5名开外趴着呢？"

安妮意识到自己说错话了，低着头站在卡位旁边。她听到王总问官网的事情，平静了下来，带着底气说："是第1名呀，你到我电脑上看看。"

王总凑近安妮，指着屏幕说："这不是第5名吗？前面都是竞争对手的网站。"

安妮说："前面那些都是百度竞价，SEO优化干预不了，只能排在他们后面。"

王总拿出老板的架势，理直气壮地说："百度竞价是什么鬼东西？我不管，我就要第1名！"

安妮耐心解释："首页最多出现4条竞价项目，我们排在第5位，其实已经是第1名了。"

王总说："我不管那么多，我只要最前面的第1名。"

安妮无奈回答："也可以，不过，你要掏一大笔钱参与百度竞价，否则，没人能做到。"

王总带着指责的语气说："我花钱请你来干吗呀？"此话一出口，不知从哪里冒出一阵窃笑声。

安妮回答不上来，王总扫视了一圈，看到所有人都恨不得把脑袋钻进屏幕里。他自觉无趣，撂下一句话："我还有个会，回头再找你们。"王总转身走了。

笑话归笑话，但话糙理不糙。在许多传统企业老板看来，只要关键词能够获得比较靠前的排名，搜索引擎优化就会收到成效。

不过，事实并非如此。

用户的每一次搜索行为，都代表了一次潜在需求。当用户搜索某个关键词时，如果企业网站能够优先展示出来，并且标题和描述文字有足够吸引力，那么用户就很有可能点击进入。如果它的确能够满足用户需求，那么用户就会产生购买行为，生成订单。因此，关键词排名靠前只能被视为网站优化初见成效的一个方面。毕竟，所有优化行为的终极目的都是成交订单或推广品牌。

参加单仁资讯培训的大部分学员都是企业老板、高管。有些人上来就问我："什么时候教授写代码？"遇到这种情况，我通常会回敬一句："你参加我的课程，是想学习写代码吗？真对不起，我们不教怎么写代码。你不妨找一家程序员培训机构吧！"

大家不妨想一想，如果一位老板要做搜索优化，是从亲自写代码开始，这样的老板合格吗？一方面，这说明他在用高射炮打苍蝇——大材小用；另一方面，说明他的身边无人可用，或无人可信。其实，老板只需掌握代码表达的意思、功能和布局，而不是学习如何编写代码。

百度营销研究院认为，搜索推广是利用网民们使用搜索引擎的习惯，将企业营销信息通过搜索引擎收录，让企业信息被目标用户搜索到，帮助用户找到信息，同时帮助企业实现营销目标。在《抢道》一书中，我的看法是：

搜索引擎优化是一项贯穿整个网站建设、推广的长期工作，若优化手段较弱，尚可以通过逐步加强，进行调整。

尽管搜索引擎的关键词竞价费用逐年增长，但对于大多数中小企业而言，搜索引擎优化仍然是成本比较低廉，效果十分明显的网络营销手段。

做推广工作时，只需支付少量费用做搜索引擎优化，更多的资源集中在自家官网的优化与建设方面。通过优化网页内容，使网页更符合用户的浏览习惯，也符合搜索引擎的工作原理，这样，在不影响用户体验的情况下，搜索引擎页面的自然排名就得到了提升，也提高了网站访问量。在进行搜索引擎优化前，我们需要做好以下准备：注册域名、租用服务器、设计网站导航及框架、完善网页标题及标签、提供优秀内容、根据第9章提供的方法选取关键词，并配置密度和位置。

搜索引擎优先识别的域名

域名（Domain Name）是指互联网上由一串用点分隔的名字组成的某一台计算机或计算机组的名称，在数据传输时，用于标记计算机的电子方位。互联网正在全面入侵、改变我们的生活，甚至颠覆以汽车行业为代表的传统制造业和以出租车为代表的服务业。在这样的商业环境中，域名具有的商业意义已经远大于其技术意义，并成为企业参与拓展互联网市场、参与国际竞争的重要手段。它不仅标志着企业在网络上的独有位置，也可以综合体现产品、服务、形象、商誉等无形资产。为此，一些财大气粗的公司或个人不惜重金购买与公司有密切关系的域名。2015年，网易科技频道在一则新闻中提到：

◆ 2009年，全球知名企业玩具反斗城（ToysRUs）花费510万美元买下域名"toys.com"。

◆ 2014年，小米科技正处在"风口"上翩翩起舞，为了拓展国际市场，花费370万美元购买域名"mi.com"。

◆ 瑞克·施瓦茨（Rick Schwartz）被业内人士称为"域名帝"，他在1997年用4万美元买下"porno.com"域名。2015年2月，他以888.8888万美元的价格把这个域名转让给布拉格一家色情网站。

◆ 奇虎360公司与电信运营商沃达丰（Vodafone）就域名"360.com"谈判数年，前者终于如愿获得此域名，不过，他们为此支付了令人咂舌的1700万美元。

在互联网时代，域名的确是一项重要的无形资产。那么，到底什么样的域名才是好域名，并且具有投资价值呢？经过十多年的调研和实践，我们认为，好域名具备以下五条标准。

1. **利于传播和记忆**。在过去近 30 年时间里，到过深圳的人多少都知道或见过该市地标性建筑地王大厦，但几乎没有人记得它的门牌号：深圳市深南东路 5002 号。同理，人们通常把 IP 地址称为"互联网上的门牌号"，而把域名视为 IP 地址的"名字"。因此，好域名应该像"地王大厦"一样，可以让人过耳不忘，比如淘宝网的域名"taobao.com"，京东网的域名"jd.com"，当当网的域名"dangdang.com"，TCL 集团的域名"tcl.com"。

2. **享受法律保护**。域名也是一种智力成果，它不仅从文字方面，还需要从社会学、心理学、营销学等诸多方面体现创造性。从这方面来看，它与商标、企业名称、商号的作用与功能近似。除此之外，我们也需要考虑域名的潜在价值和被抢注的风险。

> 2009 年，一场"半夜起床偷菜"的活动引爆互联网，给广大网民带来无数欢声笑语。作为这场活动幕后策划者的开心网，创办于 2008 年 3 月。起初，它之所以使用域名"kaixin001.com"，是因为"kaixin.com"域名早在 2000 年就被一个美国人注册了，而开心网不愿意向美国人支付 20 万元（人民币）购买"kaixin.com"域名。
>
> 2008 年 10 月，猫扑网和人人网的母公司千橡互动集团通过受让，获得域名"kaixin.com"，并模仿开心网的业务。
>
> 2009 年 5 月，开心网起诉千橡互动集团，要求停用"kaixin.com"域名，赔偿经济损失 1 000 万人民币，公开赔礼道歉，并承担诉讼费用。北京市第二中级人民法院一审判决千橡互动集团不得在提供社会性网络服务时，使用与开心网知名服务的特有名称"开心网"相同或相似的名称，并赔偿开心网 40 万人民币。
>
> 北京市高级人民法院经过二审，仍然维持一审判决。

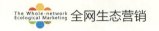

在过去数年间，开心网域名争夺案件并不是个案。美国匡威(Converse) 公司也曾起诉北京国网信息有限责任公司停止使用域名 "converse.com.cn"。著名知识产权律师孙红霞在谈及开心网域名案件时，还分析了 19 件域名纠纷案。孙红霞律师认为，"kaixin.com" 涉嫌域名侵权及不正当竞争。同时，他也认为人民法院审理域名纠纷案件，对符合以下各项条件的，应当认定被告注册、使用域名等行为构成侵权或者不正当竞争：

◆ 原告请求保护的民事权益合法有效。
◆ 被告域名或其主要部分构成对原告驰名商标的复制、模仿、翻译或音译，或者与原告的注册商标、域名等相同或近似，足以造成相关公众的误认。
◆ 被告对该域名或其主要部分不享有权益，也无注册、使用该域名的正当理由。
◆ 被告对该域名的注册、使用具有恶意。

3. 包含丰富的关键词。国内企业可使用中文名称的拼音为域名，或者以品牌名称的拼音为域名。如果无法把企业名称的拼音注册为域名，也无法把产品品牌注册为域名，那么，我们至少应该把核心关键词的拼音注册为域名。淘宝网的域名 "taobao.com" 就是一个十分讨巧的例子，既可以形象地传递服务，又包括核心关键词 "淘宝"。

4. 宁短不长。我们大都熟知 "qq.com" "163.com" 等域名。我们集团公司的名称是单仁资讯集团。为了缩短域名长度，我们把企业名称拼音的第一个字母组合在一起，作为公司的域名 "srzxjt.com"。

2013 年 3 月 30 日 19：00，京东正式启用短域名 "jd.com"。京东之所以放弃重金打造的旧域名 "360buy.com"，并花费重金购买 "jingdong.com" "3.cn" "jd.com"，是因为旧域名会让许多网民误认为它与奇虎 360 公司有一些关系。对此，京东创始人刘强东无奈地表示，用户需要搜索后才能进入京东页面，而如此"多此一举"的根源在于域名"360buy.com"不方便记忆，且会使得搜索引擎从京东分走大部分流量。

5. 优先选择后缀 com。后缀 com 主要供商业机构使用，并且是顶级域名。尽管我们现在很难注册到后缀是 com 的域名，但这类域名的投资价值仍然远高于 net 或其他类型后缀的域名。

除了上述五条标准，我们注册域名也需要规避以下七点事项。

1. 规避可能会带来法律风险的域名。这是所有注意事项中最重要的一点。一方面，不故意注册可能会与其他域名发生版权纠纷的域名；另一方面，为自己注册的域名做好防范法律风险的措施。企业注册网站域名时必须使用公司名称去注册，如果是公司员工注册，必须转移给公司，否则可能造成无法挽回的后果。

2. 避免使用拼写不完整的域名。无论选择使用英文单词，还是企业、产品或关键的中文拼音作为域名，我们都不能为了求短而使用拼写不完整的域名，但可以使用企业名称的首字母组合，如"srzxjt.com"。

3. 避免使用拼写错误的域名。这是绝对要避免的错误。一旦使用了错误域名，不仅客户找不到我们的网站，还可能给别人贡献流量。

4. 避免使用连字符。一方面，连字符给用户的第一印象不好，可能会让人联想到垃圾邮件，钓鱼网站。这种情况就像一个人的名字叫黑娃，即使你没有见过他本人或相片，也很容易认为他的肤色是黑色的。另一方面，搜索引擎对包含连字符的域名比较敏感。虽然不一定会立即做出惩罚，但可能会被列入怀疑名单。

5. 避免使用"for"和"to"。有些中国企业为了迎合国际市场的规则，选择使用一些英文词组作为域名，但他们忽视了英文里也有同音词，如"for"和"four"，"to"和"two"。

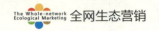

6. **避免使用俚语或方言**。俚语和方言都带有一定的区域限制，不利于在更广大的市场使用。

7. **避免使用字母"I""O"和数字"1""0"等形似字符**。我们不妨看一看路上行驶的车牌，是不是很难分辨"1"和"I"，"0"和"O"？公共安全行业标准 GA36-2007《中华人民共和国机动车号牌》规定：车牌序号的每一个位置可单独使用英文字母，26 个字母中的 O 和 I 不能使用；序号中允许出现两位英文字母，26 个字母中的 O 和 I 不能使用。因此，我们在注册域名时，也应该尽量避免使用此类易混字母。

如何选择虚拟主机服务商？

大部分中小企业会选择租用虚拟主机，建设官方网站。与购买独立服务器相比，租用虚拟主机可以降低费用，提高建站效率，并且管理比较简单。目前，提供虚拟主机服务的公司众多，且良莠不齐，因此，我们可以参考中国信息港的标准，从以下五个方面考察服务商。

1. **稳定性**。服务器的稳定性越高，虚拟主机越有能力保证开放，我们的网站也就越有可能被正常访问。中国信息港认为，稳定性的标准应该是一年的断线时间不超过 10 小时，或者说一年可以稳定运行 2 850 个小时以上。

2. **安全性**。虚拟主机服务商需要为服务器安装专用的杀毒软件和网络防火墙，并配备专职人员，24 小时监控服务器。

3. **带宽和速度**。带宽是网站速度的保证。有些服务商可能会提供模糊的广告宣传，比如宣传一个机房的接入带宽是 1Gbps，但并没有说明，这个机房配置了多少台服务器。如果这个机房存放 100 台服务器，那么，从理论上来说，每台服务器可以分得的带宽只有 10Mbps。

4. **服务器负载均衡**。通常而言，当一台服务器上架设的虚拟主机超过 200 台时，服务器的性能就会明显下降。

5. 完善的售后服务和及时强大的技术支持。服务商能否提供及时快捷的应用处理和技术解答等服务，网站上传到虚拟主机后，能否提供维护与增值、正规备案等服务。

此外，我们建议企业直接向服务商购买空间，而不是贪图便宜，向代理商购买或与人合租服务器。同时，根据国内外市场需要，考虑国内外的服务提供商。

使用div+css布局，优化导航条

目前，大部分网站采用的 div+css 布局天生非常适合进行搜索引擎优化。在这种布局中，精简的页面代码可以提高百度"蜘蛛"（百度搜索引擎的一个自动程序）的爬行效率，使其在最短时间内完成搜索。较快的访问速度、清晰的导航结构，共同构成良好的用户体验。

设置静态 URL。企业在建站初期，应该规划规范、简单的静态 URL。此举有利于用户记忆和判断页面内容，也利于搜索引擎抓取，减轻网络"蜘蛛"的爬行压力。一个页面对应一个 URL，并传递内容信息和结构信息。百度空间在 URL 中加入了用户 ID，使用户在看到 URL 时，就可以快速判断即将看的空间属于谁。百度空间还在 URL 中加入了 blog 和 album 等信息，使用户可以判断将要打开的内容是博客还是相册。我们还应该减少使用动态参数，避免使用分号、逗号等符号。

优化导航结构。我们应该设置清晰明了的目录层级，并使用文本链接，避免使用 flash 按钮、图片或 JS 调用等内容作为链接。

建立网站地图和 robots 协议。robots 协议会告知搜索引擎网站，哪些内容可以抓取，哪些内容不可以抓取。网站地图的作用在于，引导搜索引擎快速找到通道，抓取更多页面。

有针对性地完善meta标签和网页标题

网页标题 title 和 meta 标签的设计是网站优化的关键步骤。网络用户可以在浏览窗口中直接看到 title，但只有进入网页源文件，才能看到 meta 标签（keyword 标签、description 标签）。无论使用微软 IE 浏览器、360 浏览器，还是其他浏览器，按键盘上的 F12 键，我们就可以打开网页的源文件窗口，查看网页的 title 和 meta（见图 10.1）。

从图 10.1 上，我们看到，首页 title 是"单仁资讯集团官网——最实战的网络营销培训，全网营销培训课程"。Keywords 包括"单仁资讯、全网营销培训、网络营销培训、网络营销培训课程、单仁资讯集团、单仁、单仁资讯官网"。Description 包括"单仁资讯集团是中国最早推出《实战全网营销》培训课程，该网络营销培训课程举办超过 400 届，96 800 家企业实力见证，涉及 3 000 个细分行业，被誉为中国电子商务 EMBA 课程！单仁资讯集团值得信赖 400-0066-237"。

我们在图 10.1 中看到的内容只是某一天的内容。我们公司的操作人员会根据公司活动、课程等内容，有针对性地更新 title、keywords 和 description 等内容。在日常工作中，我们会遵循以下五条原则安排这些内容：

图 10.1　单仁资讯集团官网首页及源文件

1. 不同的网页结合本页内容，设置不同的标题。

2. 每个标题带一两个关键词，尤其需要优化的关键词。

3. 通常不超过30个汉字或60个英文字母。

4. 用逗号分隔多个关键词。

5. 用一句话描述内容。

正在崛起的社交媒体

市场研究机构 GlobalWebIndex 对全球 32 个国家的 17 万成年人进行抽样调查。结果显示，80% 成年人现在拥有智能手机，他们每天使用智能手机的平均时间为 1.85 小时，而 2012 年仅为 0.5 小时。谷歌近年来在 SEO PowerSuite 套装软件指南中提及的移动友好网站数据显示，移动网络贡献了 50% 的网络流量。与以往任何时候相比，移动网站都需要在内容、搜索能力等方面与桌面网站看齐。此外，拥有移动友好网站可提高你在搜索中的排名。

随着越来越多用户使用移动互联网，我们需要更加重视微博、微信等新兴社交媒体的增长趋势，这样有利于提升目标网页的排名。如果能将目标网页迅速优化到引擎首页，并借助社交媒体，持续更新内容，加强社区交流，就可以为企业带来更多的流量及订单。

搜索优化，内容为王

在《抢道》一书中，我强调了网站内容的原创性和丰富性，并且通过文本形式呈现出来。除此之外，我们还需从定期更新、用心描述锚文本、给图片添加 alt 说明文字等方面完善网站内容。

注意更新节奏。搜索引擎优化是一项持续性工作，而网站内容就需要定期或不定期更新。以搜索引擎的规则来看，更新频率适中的网

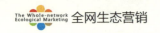

站最受欢迎。网络"蜘蛛"会经常光顾这些网站，并抓取更多内容。通常而言，一家网站每天需要更新一两篇高质量的文本文章，并且在文章标题中置入优化关键词。

用心描述锚文本。锚文本指链接时用到的描述性文字，主要作用是告诉用户链接网页的主题。因此，锚文本描述越有吸引力，用户越有可能访问该网页。搜索引擎第一次发现新网页，通常会借助锚文本识别网页内容。

给图片添加 alt 说明文字。图文并茂的文章的吸引力远大于长篇大论式的豆腐块文章。但是，如果网络速度较慢，图片内容就可能无法显示。因此，我们需要给图片添加 alt 标签，让用户明白这张图片所要传递的信息，同时，也方便搜索引擎识别图片内容。

内容为王，外链为皇

丰富高效的外部链接是判断一家网站成功与否的重要因素。业内人士常说"内容为王，外链为皇"。我们熟知的外部链接包括首页友情链接、相关行业论坛链接、行业门户网站链接、软文链接等。如何把这 4 种外部链接转化为高效外链呢？

首页友情链接。有目的地选择、交换友情链接。权重高、PR（PageRank，网页级别）高、收录多的链接不一定就是好外链。我们也要关注对方网站快照更新快、关键词排名好、收录多、外链多、流量多等内容。依据这些项目，综合判断它是否属于一个高质量外链。

相关行业论坛外链。在内容为王的网络世界，特色鲜明的原创文章拥有较高的阅读量和转载量，也可以带来外链。当然，采集一些文章，进行轻加工，也只是伪原创，更进一步深加工，才能称为原创。在文章尾部加上自己网站的版权信息和转载来源，这样一来，文章会更加容易被大家认可，外链成效更加明显。

行业门户网站外链。制造业、服务业、餐饮业等很多行业都有门户网站，并且拥有相对比较高的权重。我们可以发布一些相关的资讯文章，带上链接、网址，被采集的可能性就会比较高，也容易被百度、360 等搜索引擎收录。因此，高质量外链容易增加百度相关域。

软文外链。在新浪、网易、知乎、和讯、天涯、豆瓣、搜狐等免费渠道发布软文，并在文章底部加上自己网站的版权信息和转载来源。只要这样做一段时间，我们的网站就会增加许多外链，并且是一些权重高、质量高的外链。从企业把外链发出的那一刻开始，外链会经历初生期、收录期、生效期、死亡期等几个阶段性周期。事实上，搜索引擎对外链的统计也有一个周期。非必要的链接（也就是经常说的垃圾链接）对企业做 SEO 不但没有帮助，还会产生极大危害。因此，我们发布外链时，需要谨慎挑选平台，提升质量，增加外链存活时间。

关键词的密度和位置，其实可以更灵活

登录网址 http://tool.chinaz.com/Tools/Density.aspx，我们就可以进入站长工具网站，查询关键词密度。我们查询单仁资讯网站的"网络营销培训""单仁"这两个关键词的密度，结果见图 10.2 和图 10.3。

对比图 10.2 和图 10.3，我们发现"单仁"关键词出现的频率是"网络营销培训"的 4 倍，密度达到 2.6%，处于建议范围内。当然，"单仁"依旧是这两个字，但两个字已经被赋予了更重要的价值和意义。这两个字已成为我们公司最亮的品牌，而不只是我本人的名字。

在帮助学员搭建营销型网站时，我们通常建议关键词密度的合理区间是 2% ~ 5%。如果刻意堆积关键词，搜索引擎会认为这是恶意行为，可能会遭到惩罚。通常情况下，关键词需要出现在网页标题、meta 标签、内文标题、文本、图片注释标签及超链接注释等位置。部署关键词时，需要遵循以下五条原则：

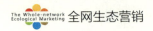

图 10.2 "网络营销培训"关键词密度

图 10.3 "单仁"关键词密度

1. 首页和主要栏目部署高搜索量、高竞争力、高识别度的关键词，搜索量小的长尾关键词依据内容部署到内容页面。

2. 每个页面部署两三个关键词为宜，不建议单个页面部署5个及以上数目关键词。

3. 不同页面用不同关键词，避免页面之间竞争流量。

4. 避免使用意思相近或形式相似的关键词。

5. 首选规范的关键词，以名词为主，适当减少定语或形容词。

部署关键词时除了遵循上述五条原则之外，我们还需要做好人员分工。技术推广人员需要对关键词进行划分、组合和分配，然后把这些词分配给编辑人员，编辑人员依据拿到的关键词创作内容。编辑人员的 KPI 应该和有效流量挂钩，确保他们会把关键词融入内容。

在本章中，我们详细阐述了搜索引擎优化的八大策略。在移动互联时代，传统企业老板越发认识到，网络推广工作刻不容缓。许多企业老板为了在最短时间里见到效果，不惜花费重金投放付费广告。殊不知，长期持续进行免费的搜索引擎优化才是推广的真谛。如果我们把搜索引擎优化看成企业联通客户的管道，那么，内容营销就是管道中的黏合剂，把企业与客户紧紧黏在一起。

第 11 章
内容是基础，口碑转介绍

不要过于自我。（除了你自己）没有人会关注你的产品和服务。人们真正关注的是他们自己，以及需要解决的问题。

——大卫·斯科特：《公关与营销新规则》

《左传》是春秋末年，鲁国国史官左丘明根据鲁国国史《春秋》编撰而成。左丘明在《襄公二十五年》一节中记录了孔子的一段话：

仲尼曰："《志》有之：'言以足志，文以足言。'不言，谁知其志？言之无文，行而不远。晋为伯，郑入陈，非文辞不为功。慎辞也！"

在管曙光主编的《白话四书五经》之《春秋左传》一卷中，这样解释：

孔子说："《志》书上写'言语用来表达思维，文采用以修饰言语。'如果不会讲话，谁能够了解他的志向呢？如果说话没有文采，他的话便不能广为流传。晋国成为霸主，郑国入侵陈国，都是讲究文辞的结果。不然就不会成功。要谨慎使用言辞啊！"

时至今日，国内广告、营销、公关等行业人士也越来越认识到内容对于营销的重要性。2016 年 6 月 27 日，中国商务广告协会内容营销委员会在北京成立，并引起业内人士的高度关注。中国商务广告协会会长李西沙先生在成立仪式上说："随着互联网的发展，大数据与海量信息的获取方式层出不穷。人们对信息的质量要求越来越高，简单的硬广告形式已经不能满足人们的需求。人们越来越需要更有品味、更有文化、更有科技内容及情感的信息导入，这样一来，内容营销就显得尤为重要了。"

什么样的内容更有价值？

索尼娅·杰斐逊（Sonja Jefferson）是英国价值内容（Valuable Content）公司创始人，被业内人士称为社会化媒体时代高质量内容营销的思维领袖。她在《内容营销》（*Valuable Content Marketing*）一书中指出，有价值的内容是指选中并组织、分享给客户的知识和信息：可以是有教育意义、有帮助或激励作用的内容，必须是客户欣赏和喜爱的内容。在此定义的基础上，索尼娅提出五条评估标准，帮助我们识别有价值的内容：

1. 能发挥作用：能够起到教育、告知或娱乐等作用。

2. 有聚集能力：对于特定的目标客户，有一定的相关性和特殊意义。

3. 内容清晰引人注目：讲述一个人们能够理解并容易产生共鸣的故事。

4. 高质量：制作精良，有一定的趣味性，言之有物。

5. 有真情实感：用心写，让人们感受到制作者心意。

撤开内容做营销，就好像是在沙漠里挖河——白费工夫。英特尔公司向来是个"聪明的河工"，他们总是在客户需要水的地方挖河，并且让河道里时刻流淌着清澈的活水。无论 Twitter、网站，还是电视广告、视频以及其他产品，都流淌着让人过目不忘的艺术气息。

结合索尼娅的评估标准，以及牛商网在过去 8 年时间搭建 6 800 多家企业官网的实践经验，我们认为，可以从以下几个方面评估内容的价值贡献。

1. 以用户为中心。在第 8 章，我们介绍了如何进行目标客户定位，并提出目标客户选择模型。运用这个模型，我们可以轻松找到目标客户。之后，我们就可以围绕这些客户的诉求提供有价值的内容。我们来对比一下网上流传的两篇 SEO 范文。第一篇采用流行的 SEO 伪原创的写作手法，第二篇采用以用户为中心的写作手法。

第一篇　崇明洗肺多少钱？——崇明洗肺价格

崇明洗肺多少钱呢？对于崇明洗肺价格的问题，都市人总是非常关注的。像"崇明洗肺多少钱"，这是每个都市人都会问到的问题，我们请专家来详细介绍"崇明洗肺多少钱"。

一、崇明岛洗肺和个人经济能力有关

崇明洗肺多少钱？这其实和个人经济能力有关。有钱人坐房车去崇明洗肺，价格比较高，穷人步行外加游泳去崇明洗肺，价格比较低，但是可能会有累死和溺水的危险因素。所以，崇明洗肺究竟多少钱，和个人收入有很大的关系。

二、崇明洗肺和经验有关

崇明洗肺的价格绝对和经验有关，都市人开车或步行到崇明，但是还需要搭黑车到东滩湿地，这段路费是不可掌控的，它可以低廉，也可以高昂。因此，决定崇明洗肺多少钱，转车的费用是关键性因素。为什么说崇明洗肺和经验有关呢？这是因为如果你有经验，那就不会被黑车手"斩一刀"；如果你没经验，那么很遗憾，人为刀俎，你为鱼肉。所以，崇明洗肺和经验有关。

三、崇明洗肺和同去人数有关

崇明洗肺多少钱？绝对和同去人数有关。其一，人多势众，拼车、拼餐都容易，价格也便宜不少；其二，人多旅途中危险比较小，不会遇到打劫，即使遇到，不至于一挑几，浑身中刀，医药费随之狂攀。如果人数少，没有帮手，除了抢救费用外，还可能不幸"被挂"，这就要再付出丧葬费。所以，崇明洗肺多少钱，和同去人数绝对有关。专家建议，为了享受价廉物美又安全的崇明洗肺旅程，拉多一些人去比较好。

"崇明洗肺多少钱"介绍完了，你对此有所了解了吧。如果你还有疑问，请拨打医院热线：021-********。

第二篇　崇明洗肺多少钱？——上海人如何廉价洗肺
【攻略】

经过柴油、机油、汽油一周的"熏陶"，如果你一息犹存，就赶紧去崇明洗一下肺吧。崇明洗肺要多少钱呢？让无际的芦苇荡和可爱的白鹭包围一天，究竟要花多少银子？小编来告诉大家"崇明洗肺多少钱"。

洗肺是什么？

崇明洗肺是现今最流行的洗肺方法，崇明当地未受工业污染，所以空气清晰无杂质，特别适合放松游玩。崇明

洗肺的优点在于无痛不留痕，有的只是美好的回忆。

去崇明洗肺并不难。如果你在上海，坐地铁2号线到科技馆站，从6号出口出来，赶上任何一班申崇二线就可以去崇明洗肺了。如果临时改变主意，不想去了，也可以坐申崇一线去长兴岛洗肺，效果差不多。恰逢秋季，长兴岛的大片橘园正是丰收时节。可以尽享橘园之迷离，柑橘之甜蜜。如果你不在上海，那就先来上海，然后按照上述路线去崇明洗肺吧。（但其实，你们有更好的洗肺去处。）

此外，洗肺之前，建议先看看天气预报。虽然商家的打折力度跟天气无关，但跟心情有关，如果因为下雨天多愁善感、郁闷不止，女性一般会在洗肺之余大肆购物或者饕餮一顿，那么，洗肺的成本就会像火箭一样飙升了。

崇明洗肺多少钱？贵不贵？

小编由于有过崇明洗肺的亲身经历，所以能提供有价值的崇明洗肺价格的信息。关于洗肺的价格，大致情况如下：

1. 车费

申崇二线多少钱？单程价格12元，一个来回也就24元。建议大家用交通卡，可以便宜1元，来回便宜2元。

去崇明洗肺，过了跨海大桥下车后，必然转车去想游玩的地方。崇明市内空调车价格为2元，普通车价格为1元。离下车点最近的镇是裕安镇，没啥好看的，还没发展好。陈家镇比较有名，但是也没啥好看的。

如果要去东滩湿地观鸟，得搭出租车或黑车。黑车不错的，价格可以便宜些，20元一人，但是可以讨价还价，35元两人。四人同去最佳，一人出10元即可。崇明洗肺如何省钱？四人同行咯。

如果想去西沙湿地观鸟，先要坐船到南门码头，而不是过跨海大桥，不然离得太远。坐船去崇明岛的价格是单程28元（快艇）。

2. 餐饮费

建议自己带干粮。崇明是个乡下地方，即使通了大桥，但还是乡下。当地农民朴实无华，做菜粗枝大叶，卫生状况不佳。崇明正规的农家菜可能好些，但是价格自然不便宜，一顿饭少说得80元。

3. 景点门票

崇明景点的门票不是一般的贵，是相当贵。崇明东坪森林公园的票价从先前的30元涨到如今的70元，估计里面依旧没啥好玩的，各位还是不去了吧。崇明前卫生态村价格是35元，还算便宜，可以住农家屋、吃农家菜（价格另算）。住一晚100元左右，如果你有足够的时间，在崇明住上一日，晚上听听犬吠，如此洗肺也是不错的。

崇明洗肺注意事项

1. 关于帐篷

相信有不少朋友带帐篷去崇明洗肺，晚上在浩瀚星空下睡一觉是浪漫的，但是要注意天气变化和安全细节。不要独自前往，不要被城管抓住罚款，不然这肺洗得就太昂贵了。

2. 不要进入湿地

去崇明洗肺，很多人都选择观鸟。观鸟可以，但是不要进入湿地，否则会深陷其中，难以自拔，以前有人在湿地"被挂"哦。

3. 湿地观鸟，走路要轻

崇明湿地是非常美的地方，但是想观到鸟并非易事。走路太铿锵有力会惊动到白鹭、野鸡。鸟儿飞了，你还看

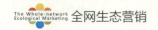

个啥？最好的观鸟方式，就是坐在木地板上，安静地等待一双双翅膀划过天际。

对比两篇文章，我们可以发现，两篇文章的关键词都是"崇明洗肺多少钱"，我们不谈文章的优劣。第一篇文章从经济实力、经验和人数三方面讨论；第二篇文章则从客户的角度出发，从定义开始，讨论了乘车路线、天气、路费、门票、用餐、住宿及注意事项。通过明细的花费，读者基本可以计算出来，到底需要多少钱。

2. 知识性。我们提供的内容需要给客户普及一些与产品相关，以促进成交为目的的知识。"钻石恒久远，一颗永流传"是戴尔比斯公司于1951年推出的一句广告语，并被注册成商标。这也成为广告界的一个经典案例。这句广告的确很美，钻石更加美，但它距离大多数消费者还是比较遥远的。一颗就可以流传下去，也就是说，我们一生中选购钻石的机会屈指可数。或者说，在钻石面前，99% 的客户知

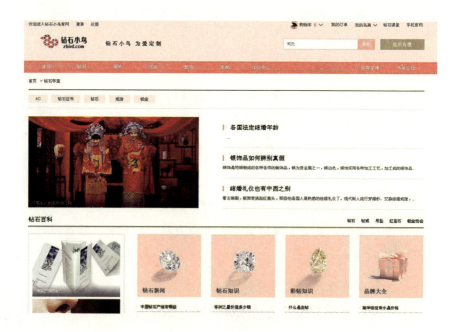

图 11.1 钻石小鸟官网的《钻石学堂》专栏

道的可能一样多。国内婚戒知名品牌钻石小鸟准确找到了这个营销点，并且在官网开辟了一个名为"钻石学堂"的专栏，见图 11.1。

这个专栏不仅提供钻石的产地、价值、品种、寓意、品牌等专业知识，还提供了首饰、宝石、银饰、结婚习俗、礼仪等相关知识信息。有趣的是，我这个以创作为目的的人，本来并非钻石小鸟的目标客户，但在创作这节内容时，我细心翻看了这个专栏，想到了爱人，并且发自内心地想：或许，是时候送爱人一个惊喜了。

3. 故事性。这里的故事性是指通过讲故事的方法传递客户体验。客户体验是客户使用产品过程中建立起来的主观感觉，良好的客户体验可以帮助企业持续完善产品，改进服务。讲到客户体验，许多人会想到星巴克与海底捞。的确，这两家企业在客户体验方面做得十分成功。

2016 年 6 月 8 日，广东省东方谈判发展研究院院长武向阳在微信朋友圈发了一条消息：又来海底捞，我不经意赞了他们的服务，说上次他们送的擦屏湿纸用了半年才用完！结果一名服务员马上拿来一

图 11.2 左图，广东省东方谈判发展研究院院长武向阳（左）
右图，海底捞赠送的擦屏湿纸

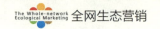
大包，说，你看这些能用多久？海底捞的服务让你绝望，见图 11.2。

武院长的这条信息引来无数点赞。一方面，这是武院长的号召力使然；另一方面，这也是大家对海底捞服务体验的感同身受。在互联网上，流传着一种"海底捞体"的营销模板：

> 某天，我在某海底捞吃火锅，席间我无意间说了一句……（包括但不限于愿望、情绪、抱怨、看法），在我结账时……（愿望成真、安抚情绪、送亲制玉米饼、送贺卡文字祝福、免单等）。

客户自发分享体验，讲述故事，大范围地传播海底捞这个品牌。海底捞的营销人员估计也没有想到，这么多客户自动自发地变成他们的义务宣传员。

4. 情感性。人天生就是情感动物。电影《这个杀手不太冷》中，冷酷的杀手里昂为了解救邻家女孩马蒂尔德，也甘愿牺牲自己性命。《心理学大辞典》认为，情感是人对客观事物是否满足自己的需要而

图 11.3 顺丰总裁王卫和快递员一起派件

产生的态度体验。普通心理学则认为，情绪和情感都是人对客观事物所持的态度体验，只是情绪是更倾向于个体基本需求欲望上的态度体验，而情感则是更倾向于社会需求欲望上的态度体验。

2016 年 7 月 28 日，圆通成功借壳大杨创世，成为中国内地第一家上市的快递企业。2016 年 11 月 11 日，天猫成交额猛增到 1 207 亿元。在大多数人看来，这两件事情都是好事，但对顺丰创始人王卫而言，这两件事情都是巨大压力。很快，一向低调的王卫用一组积极、自信、轻松的照片，通过微博作出了回应。2016 年 11 月 15 日，博主龚文祥发文称，昨日顺丰总裁王卫现身深圳华侨城和自家快递员一起派件，图片可以看出王卫心情极佳，还与快递员合影。他还表示，以前低调的两个老板任正非和王卫，现在都变高调了，喜欢拍照炒作，见图 11.3。这则微博引发了大量转载。一方面，王卫用真实行动和自信的笑容告诉大家，顺丰过得挺好；另一方面，王卫和一线员工的贴身近照也告诉 30 多万顺丰员工"我和你们在一起"。

5. **趣味性**。虽然这一点无法直接把价值赋予内容，却可以在内容的传播上提供很大帮助。2011 年 6 月 23 日 17：20，北京突降暴雨，

图 11.4　杜蕾斯营销用图

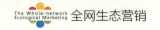

热心人在微博上播报：中关村出租车入水，二号地铁站关闭，办公楼下积水五厘米……

博圣云峰社会化营销机构创意首脑金鹏远与内容团队共同策划了一条微博。团队成员撕开两个杜蕾斯安全套，套在鞋子上，避免鞋子泡水，见图11.4。

17：58，地空捣蛋发布图片，约有6 000"粉丝"。

18：00，一些大号主动转发，迅速扩散。

18：05过后，杜蕾斯官方微博发表评论"粉丝油菜花啊！大家赶紧学起来！有杜蕾斯，回家不湿鞋！"并转发。

20分钟过后，杜蕾斯占据新浪微博一小时热搜榜榜首。

0：00前，转发近6 000条，成为当日全站转发第1名。

根据传播链条的统计，此次微博传播覆盖了至少5 000万新浪用户，同时影响腾讯微博、搜狐微博过千万用户。《中国日报》（*China Daily*）将这一事件评为最有代表性的社交网络营销案例之一。在互联网上，话题快速更迭。

许知远曾在《庸众的胜利》一文中尖刻地指出了国内互联网乃至整个社会的话语环境。大家想要的，只是轻松一些，快乐就好。互联网尤其如此。

6. 把关键词融入标题、标签或正文。关键词是我们经过复杂的关键词定位系统筛选出来的词语，它们被赋予了攻陷客户的使命。每一个关键词最少都能抵一个业务员。

我们在做内容时，负责推广优化的同事会指定一些词给我们。最优的方案是把这些词语融入标题或标签。如果无法在标题或标签上体现出来，那么，我们至少需要在正文体现出来，并且组合成长尾关键词，反复出现。

以价值为导向设计传播途径

以客户为中心，创建充满知识性、故事性、情感性、趣味性，以及融入了关键词的内容就可以称为有价值的内容吗？不一定。再香的酒，没有酒客品尝，也不会被称为好酒；再优秀的内容，没有传播给目标客户，也无法体现价值。我们来看一下常用的传播途径有哪些。

官网。在第一印象方面，在互联网上与客户打交道，其实和线下打交道是一样。我们拜访客户时，都会刻意梳妆一番，为的是给客户一个良好的第一印象。而官网就是客户在互联网上认识我们的第一印象。在过去 8 年时间里，我们的团队为 6 800 多家企业搭建了营销型网站。针对不同行业、不同盈利模式的企业，我们可以设计不同类型的营销型网站。

2016 年 6 月 30 日，中山市古镇正翔路灯厂（以下简称"正翔"）营销型网站上线。在给路灯厂收集产品图片时，为了体现他们产品的真实效果，我们的摄像师和项目经理决定采取实景拍摄。于是，他们扛着摄像器材先后奔赴黄果树瀑布、昆明滇池湿地公园、百度园区、西安浐灞国家生态湿地公园等成功项目地进行拍摄。正翔的有些产品是高达十米、几十米的大型户外产品，我们的摄像师想了很多方法拍摄，但在后期加工过程中，设计师发现照片的效果仍然不够理想，于是又通过技术手段优化背景，尽量强化图片的立体感和真实感，向正翔网站的访客传递一种可靠和更加值得信任的感觉。

官网不只是设计几个 meta 标题、标签或描述，它的内容需要精心打造，更需要从以下六个方面筛选适合官网的内容。

1. 提供正式的官方自我介绍、产品介绍，体现企业的专业性、权威性和前瞻性。

2. 展示营业执照、质量、支付宝等资质。

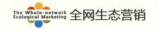

3. 展示政府组织、行业协会等颁发的证书。

4. 以官方信息为主，避免抄袭，减少转载。

5. 快捷的销售链接，行业、论坛等网站的内外链。

6. 有时效性的真实新闻，或带有情感的企业文化活动。

微博、微信与QQ。 目前，微博、微信与QQ是中国内地最流行的社交媒体沟通方式。这些媒体与博客的不同之处在于，价值创造能力较弱，但传播能力较强。因此，在针对这类媒体创作有价值的内容时，我们通常会把趣味性、故事性排在知识性的前面。

社交媒体是一个发布与推广的工具，它可以是一群志趣相投或利益相关的人相互交流与沟通的工具。社交媒体毕竟不是企业广告板，因此，我们不能通过社交媒体高密度发布企业信息或产品信息。我在本书第12章详细介绍了如何运用社交媒体进行推广。

论坛。 大多数时候，营销人员提及论坛时的第一反应是，不就是发一个外链或广告帖吗？其实，这是一种错误的认知，论坛的功能远不止于此。论坛的用户群体与诉求比较集中且清楚，更加容易自愿成为"核裂变式传播"的引爆点。专业化程度越高的论坛，越有利于精准营销。或许是本着"同病相怜"的心理出发点，论坛用户的心理距离更近，更容易增加信任度，接受度也比较好，容易激发认同，引发共鸣。

黎万强在《参与感》一书中提到，小米论坛就是老用户的家。四年时间里，小米论坛狂揽了2 000万注册用户，发帖超过两亿条。通过开创F码、智勇大闯关、发布会直播等活动牢牢俘获用户的心。

小米论坛是用户论坛的成功案例，人大经济论坛、天涯和猫扑则是比较成功的行业论坛。并且，这些论坛都积淀了相当数量的用户。

视频与音频。 视频或音频可以传递更加丰富的信息，也可以讲述更加精彩的故事。如果做得好，用户就会更加喜爱，也比较容易接受。

无论制作视频还是音频，我们都可以深入了解用户生活、工作，体会他们的诉求与预期，然后从他们的角度制作内容。

许多学员在微信上关注了单仁资讯的公众号。每天早上 6 ：00 后，我都会准时发布一条名为"单仁行"的音频信息，目前已积累了数百万用户。我们之所以没有像知名财经作家吴晓波老师那样付费订阅，是因为我们的定位不同。吴老师是专门做媒体的，而我们的音频则定位为：给学员创造附加价值，传播我们的品牌。

在传播方面，音频或视频也通常会出现在官网、博客、论坛等媒介中，与这些媒介方式结合使用。在情感带入方面，视频的作用远远超过其他媒介方式。国际知名营销培训师布莱恩·托马斯（Brian Thomas）在一次现场销售会议上听到一位新客户说："我在网上看过好多次你的视频，感觉和你认识好久了。"如果从客户接触到你的那一刻起定义销售过程，那么，在你们谈价格前，这个过程已经走完了前面的其他步骤。除此之外，视频和音频也可以通过爱奇艺、腾讯视频等专业的视频网站传播。

行业杂志、电子书与纸质书。尽管博客或官网发布的内容可以比社交媒体传播的内容更加有深度，但无法满足企业对深度内容的需求。这时，我们就需要在行业杂志发表一些内容，或者策划出版一部电子书，甚至是纸质书。冠名华为、阿里、腾讯等知名企业的书籍已经汗牛充栋，但在传统制造行业里，鲜有企业出书。数年前，《海底捞你学不会》树立了海底捞在火锅连锁行业里的江湖地位；《下一个倒下的会不会是华为》把华为的知名度推升到一个前所未有的高度。彼时，华为的业务主要集中在交换机、基站等中间产品，终端消费者几乎没有听说过这家企业。

2016 年 10 月，互联网知名坚果品牌"三只松鼠"推出了一本书《松鼠老爹与三只松鼠：互联网品牌 IP 化、人格化运营之路》。如果你是洽洽瓜子的 CEO，看到这样的书，你会感到恐惧吗？我仔细思考过

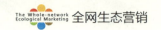

这个问题，又一次真切体会到传统行业的保守与故步自封。

销售人员的样板戏。这里的样板戏指销售人员如何向客户推荐、介绍企业或产品，而不是在渐行渐远的革命年代，一群文艺青年忆苦思甜、苦中寻乐的那种艺术形式。你或许有些疑问，这也可以算作内容营销吗？无论是从事电话销售还是现场销售的业务员，他们都需要一套可以应对绝大多数可能遇到的问题的话术。

如果你接听过保险公司业务员来电，仔细回想一下，无论你提出什么样的疑问，他们都能够对答如流。如果你没有接听过这类来电，或者没有仔细揣摩过他们的说话之道，那么，下一次遇到他们的来电，你不妨花些时间接听，并故意设置一些难题。或许，经过一番对答，你都有把他们挖到自己的公司从事销售的想法了。

其实，无论是保险公司还是房产销售公司，都会对业务员进行系统培训。在培训过程中，把可能遇到的问题及"标准答案"明确记录下来，形成清单。除了上述官网、博客、论坛、视频等传播途径之外，我在《抢道》一书中还详细介绍了病毒营销的六种传播方式，包括让客户免费为你做广告；低成本、高精度的邮件营销策略；通过媒体公关，快速树立品牌等内容。在本书中，我不多赘述。

口碑：让用户主动传播开来

每一年，我"飞奔"在全国各大中城市的时间可能会超过 265 天。我在一个城市的停留时间通常不会超过 3 天。即使是如此短暂的停留，也依然有许多热心学员特意安排我品尝当地特色美食——开封第一楼小笼包、西安老杨家泡馍、北京全聚德烤鸭等。用餐之余，我总爱琢磨一些营销模式。分布在各地的这些金字招牌为何能传承数百年之久？网络、电视、广播、报纸等传播方式都是近百年来被发明的。而在古代社会，同仁堂、东阿阿胶、瑞蚨祥、六必居等商铺店家只是开门迎客，做生意，就能让招牌闻名遐迩，传遍华夏大地。如果说他们有不传法门，那么，口碑传播必定算作其一——它不仅可以让品牌自动传播，而且是免费的。

我们在本章中将要围绕口碑分享的观点、策略、方法，以及与传统意义上的口碑的区别展开论述。著名营销专家伊曼纽·罗森认为，口碑是关于品牌的综合评述，也是人们关于产品、服务或企业交流的信息的总和。现代营销学之父菲利普·科特勒给出了清晰的定义：

> 口碑是由生产者以外的个人通过明示或暗示的方法，不经过第三方处理、加工、传递关于某一特定或某一种类的产品、品牌、厂商、销售者，以及能够使人联想到上述对象的任何组织或个人信息，从而使受众获得信息、改变态度，甚至影响购买行为的一种双向互动的传播行为。

科特勒还认为，积极的口碑优势并不需要广告推动，而是自然而然发生的，但积极的口碑也是能够被管理和失去的。对小公司而言，口碑营销的效果之所以更好，是因为小公司与客户之间的个人化关系更加紧密。分析科特勒给出的定义，我们可以发现：

1. 口碑是企业外部人士给出的评价。
2. 口碑源于作为独立个体的个人对某事物的认识和评价，不应该受其他人影响或左右。
3. 口碑是一种可以双向互动，且可以促使购买行为发生的传播行为。

同时，我们经过十多年研发，独创了"五环经营法"。在这套知

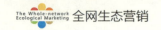

识体系中，口碑营销正是让用户从消费者升级成为传播者，并且主动传播的不二法门。

麦肯锡资深董事华强森（Jonathan Woetzel）表示，调研发现，中国消费者更加偏爱社交网络。在互联网上，人们从来不怕过度热闹，反而更加惧怕静悄悄。就像著名作家奥斯卡·王尔德所说："世界上只有一件事情比受人非议更糟糕了，那就是不被人谈论。"因此，加强网络社交连接，搭建网上社群，将会成为企业建立口碑和品牌忠诚度的最有力策略。

堆柴：如何快速积累消费人群

所谓"堆柴"，是指通过提升产品或服务品质，树立品牌形象，以此达到快速积累消费人群，赢得更多消费者认可的过程。在传统工商业时代，消费者之所以把产品或服务推荐给朋友、同事或亲人，是因为他们认为这款产品或服务有一项或多项功能，抑或体验，能够超越同类产品或服务。

在以移动互联为基础的社交媒体时代，微博、微信等即时通讯工具大幅提升了消费者之间转介绍的效率。

激活社交媒体。社交媒体是用户之间、用户与企业之间，即时分享产品、图片、视频、音频、服务等信息的媒介。

社交媒体主要分为两大类。一是中国制造网、生意地等在线社区和论坛；二是微信、微博、陌陌、领英等社交网络。第 12 章将详细讨论社交媒体营销方法、策略等内容。

比如，在淘宝网上网购的客户经常会见到"写评论，赢大奖"的活动。这只是口碑营销的一种途径。尽管客户之间十分陌生，但商家通过活动，把客户聚集在一起，形成一个稳定的群体。

以老带新。老客户是企业发展和扩张的基础，更是企业的宣传员和"播种机"。他们为企业带来了新客源，也应该得到企业的真诚回馈。

2016 年八九月份，我们借课程入选教育部案例之机，针对老客户发起了一场回馈活动。在此期间，单仁资讯学员转介绍非学员报名策略班，就可以获得以下优惠：

1. 成功转介绍1名策略班学员，即可申请赠送价值（4 800元或10 000元）的策略班或操作班延期三年复训资格。

2. 成功转介绍2名策略班学员，即可申请赠送价值12 800元的操作班名额1个。

我们的培训业务深得学员信服，有口皆碑。当然，我们也收获了许多老学员转介绍的新学员，这个比例超过 30%。

引爆：让故事自动转介绍

在《引爆点》一书中，著名商业思想家马尔科姆·格拉德威尔（Malcolm Gladwell）创造了"影响者"的概念，随后这一概念迅速走红。麦肯锡公司营销专家若妮·黛（Renee Dye）带领一个研究团队，在数年里分析了 50 多个成功的营销案例。她们发现，口碑营销之所以能够引爆消费者的需求，绝非意外或巧合，而是有章可循的。企业通过分析消费者之间如何交流、发生影响，以及发生作用，完全可以预见口碑营销的传播效果。

投其所好。由于口碑是一项非常人格化的标签，所以不同行业、不同企业，甚至不同产品进行口碑营销，取得的结果可能有天壤之别。一家权威调查公司分析发现，人们谈论不同产品的意愿度也是千差万别，见图 11.5。

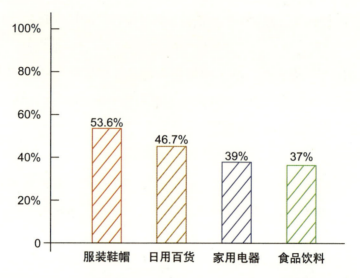

图 11.5　四大行业，消费者主动传播的意愿度

与此同时，用户的年龄、性别、圈层、生活环境等因素也会影响口碑传播。比如，女性偏爱交流化妆品，年轻人对电子产品更感兴趣等。可借用前文讲述的目标客户定位系统，找到标的产品的核心客户群体，有针对性地投其所好，推送他们关注的信息。然后，二次转介绍或三次转介绍就跟着出来了。

把"病毒"注入故事。口碑营销的优势在于用户之间自主进行口耳相传，因此，企业需要给用户一个过耳不忘的理由，让他们把听到的故事，转告给其他人。它可以是新颖有趣的、感人的、充满争议的，甚至可以是一个笑话。

2014 年 10 月 8 日是国庆节后的第一个工作日。但对于联想大佬柳传志而言，这一天绝对是不普通的一天。他在这一天广发英雄帖，向年轻人学习如何营销柳桃。他借助逻辑思维的微信平台，向雕爷、王兴、同道大叔等新生代营销策划专家请教如何卖桃，见图 11.6。10 月 16 日早晨 6：00，逻辑思维平台开始播放柳老的语音。到 11：00，订单数量超过 10 000 份。

用心包装，每箱四枚

图 11.6 柳传志售卖的柳桃

借风助势：产品疯传的秘密

企业营销的目的，是让用户了解产品、服务、品牌、企业。如果只是企业自己的人员夸自己的好，那么，难免会被消费者看成现代版的"王婆"，自然也就不会到这家企业"买瓜"了。也就是说，我们夸自己，那是在卖瓜；我们被别人夸，那才是口碑。

寻找第三方推荐。有一天，我在南昌机场值机时，看到一位老板在微信群里发了一条消息："我需要一位研究企业成长，并能够提供咨询服务的专业人士，最好有制造业从业经验。谁认识这样的人，推荐给我。"他收到三条回复：

回复A：我是一位专门研究中小型企业成长、战略管理、个人成长与管理、沟通的培训师。在过去一年里，我自己的培训公司的业绩增长了28%。对于这个主题，我可以提出许多精彩的见解。

回复B：我曾任一家工厂的生产副总，主要负责企业生产制造业务。在我的管理下，该工厂的生产效率提升了

图11.7　马尔科姆·格拉德威尔说：
"以弱胜强经常发生且完全可能！
只是在面对巨人时，
我们需要更好的指引。"

62%，交期及时率超过99%，生产成本下降了13%。我非常希望与您分享我的管理经验。

回复C：XX老师非常了解制造型企业的成长与培育，他创建的咨询公司提供专业咨询服务。他们官网是：http://www.XXXX.cn/。我们和他一直有合作。

你觉得哪个回复最值得信赖呢？A和B都是王婆卖瓜，自卖自夸式回复；C是第三方推荐，并且有针对性地满足了客户需求。因此，C的可信度要远远超过A和B。尤其是在一些利基行业里，一家企业可能仅拥有少量目标客户。此时，我们更需要借助老客户的推荐力量，开发新客户。

寻找意见领袖。我酷爱阅读。当然，我也非常喜欢购买图书。每当拿到一本新书，我首先会翻看封面、封底和腰封。通常情况下，我们能够找到一些社会名人对这本书的溢美之词。虽然这是图书营销活动的一部分，但对读者而言，阅读名人的推荐语，可以了解他们对这本书的看法，可以指导或帮助以后的阅读。

随着"互联网+"战略不断普及，我们从网络上获取的客户占据的比例越来越高。网络也使消费者拥有更多权力。在互联网上，用户既可以免费夸赞我们，也可能会吐槽不好的产品或服务，并借助网络快速传播。知名商业思想家马尔科姆·格拉德威尔认为，借助以下三个因素，可以轻松激发消费者对产品或想法的兴趣，见图11.7。

因素一，少数人法则。如果一件产品可以引起行家、热心人和推销员的兴趣，那么它就可能被传播出去。第一类人是行家，他们全面了解产品；第二类人是热心人，他们认识很多人，并且乐于与他们交流；第三类人是推销员，他们天生拥有说服力。

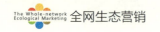

因素二，黏性法则。 用明确的表述，引起消费者购买产品的行动。

因素三，情景的力量。 它可以控制信息传播的范围和力度，并吸引外围团体和人群。

其实，出版行业里的推荐人就是应用了少数人法则的案例之一。这些社会名人会给图书销量带来积极影响。如果能得到逻辑思维、青音阅读、吴晓波频道等自媒体推荐，图书销量还是非常可观的。一方面，推荐人可以增加书籍的权威性和专业性；另一方面，有些推荐人拥有特殊的销售渠道，可以销售一定量的图书。

寻找推荐人可不仅限于图书出版行业，其他行业同样可以找业内权威人士或对客户有巨大影响力的知名人士为产品或企业品牌背书，并推荐给目标客户群众。

在服装、餐饮、日用品等行业里，企业通常热衷于邀请明星或名人代言产品或品牌。姚明为中国人寿代言、孙俪代言超能洗衣液等行为都是品牌推广的一部分，也是建立品牌美誉度的重金短途。

参加行业展会。 近年来，许多行业都形成了拥有巨大影响力与号召力的行业展会，比如深圳的高交会、广州的广交会以及北京图书订货会等。但国内仍有众多中小型企业没有充分认识到行业展会、论坛、行业会议等营销行为对企业销售的助推作用。戴维·纽曼（David Newman）在《集客行动营销》一书中写道：

针对700多家服务公司进行的独立调查表明，引发新业务的首要方式是"给老客户打电话"，排在第二位和第三位的方式是"在会议及贸易展上发表演讲"和"举办讲座和活动"。就目前来看，绝大多数企业都没有充分掌握后两种潜力巨大的吸引客户、拓展新业务的方式。

随着互联网、移动互联网的高度普及，会展营销正在整合线上线下资源。"现在通过搜索引擎、门户网站、微博、微信等众多网络渠道，主动获取自己感兴趣的会展信息的用户，已远超通过电视、广播、杂志等传统渠道获取信息的用户。"

微展会营销总监渊涛说，"未来，唯有那些将线上线下资源整合起来，懂得在会展营销策略上打组合拳的企业，方能在竞争中立于不败之地。"

操控"媒体链"。以往，企业通过在电视台、广播、报刊、互联网等媒体上投放广告，宣传自己的产品或品牌，但现在，争取媒体推荐与投放广告完全不同。前者的逻辑是，企业通过向媒体支付一笔费用，获得数秒钟视频、音频，或者版面资源。后者的行事逻辑是引诱！引诱！引诱！投其所好！知名媒体推手瑞安·霍利迪（Ryan Holiday）在《一个媒体推手的自白》一书中，讲述了一个故事：

有一位朋友负责一家名不见经传的慈善机构。为了方便叙述，我暂且给他起一个名字：杰夫。

杰夫为了给一个社区艺术项目筹款，费尽了心思，尝试了很多方法，但效果都不理想。后来，他急中生智，想出一招借鸡生蛋。他想借用知名的大众化慈善事业网站Kickstarter聚集起众多捐款人。

首先，他制作了一段视频，展示自己从事的慈善工作，并上传到Kickstarter网站主页。在这段视频中，他打破制作视频的惯常做法，既没有展示已往取得成功的案例，也没有展示正在推进的项目，而是设置了一个爆点——该机构会在一些稀奇古怪的地方发起慈善项目，通常是一些享受不到社区慈善项目的地方。

接着，杰夫写了一篇短文，发布在布鲁克林的一家地方性博客网站上，并在文后嵌套着视频。他之所以选择这家小博客网站，是因为《赫芬顿邮报》的纽约地方版经常从这里获取内容和信息。这篇短文就相当于一个钓饵，投放到了大鱼经常出没的池塘。

果不其然，这篇文章被《赫芬顿邮报》发现，并刊登在纽约和洛杉矶地方新闻版。

杰夫采纳了瑞安的建议，通过匿名邮箱将上述报道的链接发送给哥伦比亚广播公司洛杉矶电视台的记者。记者很快以此视频为基础，制作了一则电视新闻并播放。

在此期间，杰夫一直活跃在社会新闻网站红迪网（Reddit，用户可以在该网站投票选出自己喜欢的故事和话题），以累积一些基础人脉。

哥伦比亚播出视频新闻后，杰夫乘胜追击，将这段新闻上传到红迪网，很快便跻身头版头条。

在红迪网红起来后，这则消息终于进入了波音波音（Boingboing）、大笑乌贼（Laughing Squid）等大伽博客网站或知名网站的视线。

最后，这篇新闻最终引爆网络，捐款人从四面八方涌来，志愿者队伍也得到了壮大。

在这个案例中，杰夫并不是名人或知名机构，他没有专业团队，更没有营销经费。即使如此，他也引起了50多万网民浏览，并且一举解决了未来两年慈善项目的资金来源问题。

其实，在我们许多传统制造行业里，不同企业都会有一些不为外人所知，且十分惊奇、感人、爆笑的故事。万达老板王健林的"小目标"、恒大许家印的"买！买！买！"等网络典故都是企业扩大知名度的好材料。

与人利益：让产品经得起口耳相传

无论企业提供的是实物产品，还是服务产品，让其他人了解企业的口碑或产品的口碑都不是轻而易举的事情。在营销过程中，我们需要从品质、服务和体验等方面给予客户一些实在的利益。

品质迭代。在大多数人家里，剪刀都是一件必备且常用的家什。我记得，小学时，一位远房阿姨从北京带回一把剪刀送给母亲。阿姨告诉我们，这是一把王麻子剪刀，北京妇女都用它剪鞋底，做布鞋。在接下来的很长一段时间里，我都在思考王麻子脸上到底有多少麻子。

大学期间，我在一本介绍各地风俗文化的书里看到"北有王麻子，南有张小泉"这句民间传播甚广的口碑颂语。查证王麻子品牌来历，我才打消了心头疑问——王麻子品牌创始人姓王，脸上的确有麻子，但最为传奇的是，打造刀剪技术却来自她老婆。300多年来，王麻子刀剪产品以刃口锋利、经久耐用而享誉民间，见图11.8。

20世纪80年代末90年代初，"王麻子"品牌达到了历史巅峰，创造出的最高纪录是一个月卖出7万把菜刀、40万把剪刀。在那个几乎全靠口耳相传的年代，广告还是一项稀缺物品。我没有查证王麻

图 11.8　王麻子剪刀代表产品　　图 11.9　得力文具代表性剪刀产品

子当时的营销费用，我大胆推测一下，这个数字应该几乎为零。从1995年开始，王麻子连年亏损，最终在2000年后破产改制。

"王麻子"是中华老字号，在消费者人群中有着良好的口碑，为何会沦落到破产改制的地步？主要原因是，"王麻子"刀剪产品一直采用铁夹钢工艺，做出的刀剪虽然锋利耐用，但工艺复杂、产品易锈、外形古板。致命的是，当不锈钢技术日益普及时，王麻子仍然固执地坚持沿用古老的工艺技术。

王麻子刀剪厂改制过程中，从工艺、技术、市场及组织架构等方面进行了全面改造，虽然这一个百年老字号企业得以延续下来，但市场地位已今时不同往日。以得力文具、晨光文具为代表的企业则适时推出不锈钢剪刀等系列产品，迅速占领办公剪刀行业，并且尝试进入家用剪刀行业，见图11.9。

与王麻子不同，另外一个中华老字号——东阿阿胶积极顺应市场变化，持续进行技术革新。早在20多年前，东阿阿胶就已经登陆央视及其他媒体，进行广告营销。近年来，它又推出新产品"桃花姬"，并得到市场认可。

注重服务。一家专业市场调研公司发现，当用户对产品或服务不满意时，只有4%的人群会反馈给厂家，却有80%的用户会把不满意的经历传递给亲属或朋友。我们在前文分享的海底捞的服务案例，让人不多消费一些，都觉得不好意思。更多消费者把"海底捞"这三个字等同于服务，所以大家都愿意分享他们在海底捞就餐时享受到的"奇葩"服务。

把购物体验变成美好回忆。前些天，我的家人在天猫网上购买了一份化妆品。打开快递单，取出产品后，我们在盒子里发现一张信笺纸。这是一封漂亮秀气的手写体感谢信。我认真读完大约1 500字的感谢信，并把惊喜分享给家人。我的家人毫不犹豫地给出五星评价。

美好的购物体验就像我们到某地旅游时拍照留念一样。无论过去多少时间，客户都会睹物思人。当然，他们想的是店家。

持续提升产品品质、服务和体验三个方面，用户自然会记住你的企业，并愿意传播你的品牌。

如何测量口碑效果？

现在，越来越多的营销人员重视互联网上的口碑效果，也就是口碑的在线影响力。我们不妨学习全球领先的运动型饮料生产商佳得乐公司是如何测量口碑效果的。

佳得乐公司专门成立了一个"任务管理中心"，负责实时监控品牌在社交网络上的传播信息。当然，这只是测量口碑效果的方法之一。

对于大多数中小型企业而言，建立任务管理中心，全面监控网络信息的方法似乎并不实用。

对此，我们又提出了一种简单且好用的测量方法——提取及分析网站、网店、社区、博客、微信、微博的评论内容。从客户的评论内容中，寻找口碑营销的效果。对收集来的信息进行加工，并整理成可操作的改进措施，指导全网媒体营销与运营。

口碑优化方法

口碑优化通常会和搜索引擎优化组合使用，把热搜关键词和口碑联系起来，扩大平台上的口碑源。

据界面新闻记者不完全统计，自 2015 年夏天宣布竞选到大选投票日的前一天，特朗普在各种竞选集会、社交网络和大选辩论舞台上引发了至少 18 次较大的争议，涉及人身攻击、性别歧视、种族主义等。2016 年 8 月，凯莉安娜·康韦（Kellyanne Conway）临危受命，担任特朗普的竞选经理，并帮助其赢得大选。康韦最擅长的就是估算

217

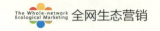

100%会丢失的选票数量，并据此制定恰当的策略争取中间选民。

借用争议，扭"负"为"正"。 在宣传产品、推广品牌的过程中，企业也难免遇到负面消息。一家数据调查公司通过统计调查发现，负面口碑的传播速度是正面口碑的10倍。如果企业遇到这类问题，营销人员不妨向康韦学习，在争议中赢得支持。几年前，卡夫食品针对卡夫奇妙酱进行了一次市场调研，发现大多数消费者非常喜欢这款产品，但也有一部分人非常讨厌它。

卡夫食品依据市场形势，决定正面回应这款产品的争议性。对此，他们邀请政治评论家詹姆斯·卡维尔（James Carville）、有争议的真人秀《泽西海岸》主演保利（Pauly D）在广告中对卡夫奇妙酱的口味畅所欲言。

在广告中，喜欢这种口味的人和讨厌这种口味的人唇枪舌剑。直到结束，双方都没有分出输赢，这也给观看这则广告的观众留下更多想象的空间和无尽的谈资。这场争论从广告走到现实中，有相当一部分对这款产品，甚至对酱料不感兴趣的人都采购了一些，进行尝试。

口碑营销专家迈克尔·卡佛基（Michael Cafferky）指出："虽然口碑营销不是十分高级的技术方法，却需要借助市场高科技技术或传播性极强的噱头实现。"同样，我们也认为，口碑营销并不能称为一种独立的、具体的营销途径。通常情况下，企业需要借助软文、新闻、官网、论坛、微博等具体途径，实现口碑营销的目的。由此可见，传统营销手段仍是企业营销的一个重要方面，口碑不是万能的，也不是一天建成的，企业需要将口碑营销与其他途径有机结合起来。

在接下来第12章里，我们将介绍微信、头条号、微博等社群营销工具的使用策略及方法。

第 12 章

移动营销：有时，它突然就火了！

人们会更倾向于分享、阅读，以及接触来自他们了解和信任的人的信息。

——著名营销专家　马罗尼·卢思琪

2016 年，知名媒体 Mobyaffiliates 发布一篇关于未来移动端广告业务收益预测的报告，并引用了市场数据调查机构 ZenithOptimedia.com 发布的相关调查数据。ZenithOptimedia 的调查数据专门提到了中国内地的移动端广告市场状况，并预测移动端广告市场可能在未来超过传统电视广告，从而占据市场份额第一位。他们认为，移动端广告成本总额将会在 2017 年达到 993 亿美元，而电脑等终端广告的成本总额是 974 亿美元。在中国、印度、南非等新兴市场，移动端营销收入增长迅猛，2016 年预计达到 46%，并在接下来的两年里保持在 29% 左右。从全球范围来看，2015 年，移动端广告成本占据所有广告成本的 10.4%，见图 12.1。这个数字在 2018 年可能会翻升一倍，达到 22.4%，见图 12.2。

从广告支出对营收的效益来看，移动网络明显占据第一

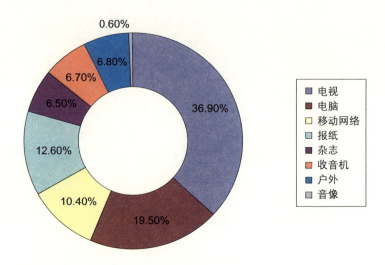

资料来源：ZenithOptimedia.com

图 12.1　2015 年全球各类媒体支出占比

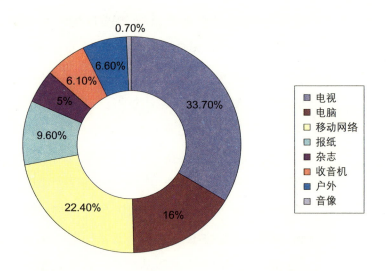

资料来源：ZenithOptimedia.com

图 12.2　2018 年预计全球各类媒体支出占比

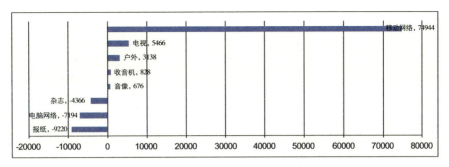

资料来源：ZenithOptimedia.com

图 12.3　各类媒体对全球经济增长的贡献

位，排在其后的电视、杂志和电脑等媒介处于下滑态势，见图 12.3。

中国内地的移动端广告在全球排名前列，有些数据已经占据优势和领先位置。2016 年，中国内地移动端广告支出占网络广告总支出的 56%。预计在 2018 年，这个数字会提升至 78%。在包括所有媒介在内的广告市场中，移动端广告成为中国内地最大的广告投放媒介，占据了 29% 份额，并且超过电视广告。

ZenithOptimedia 市场预测部门负责人乔纳森·巴纳德（Jonathan Barnard）认为，中国的广告制作发行商在把投放广告的技术配合手机设备的更新上处于领先位置。在中国，移动端广告已经成为最重要的广告媒介，品牌公关也会首先考虑到移动端，而全球其他国家或地区也将在不久后追上中国的脚步，见图 12.4。

其实，在互联网领域，中国内地与美国几乎不存在代差，甚至在移动支付、社交媒体等方面凭借更多的用户基数而居于领先位置。

因此，我们传统行业的制造型企业在往互联网转型时，更加应该关注移动互联网营销。目前，我们比较常用的移动互联网营销方式有头条号、微信公众号、微信朋友圈、微博和各大网络社区等。经过五六年的研究，我们认为头条号、微信公众号、微信朋友圈、微博和社区等营销方式的本质是以人为中心。因此，移动营销的关键是如何与人建立关系。小米依靠巨大的"粉丝"量做手机、销售手机，最终

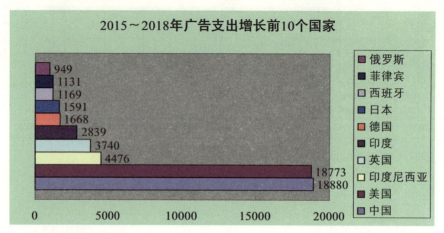

2015～2018年广告支出增长前10个国家

- 俄罗斯
- 菲律宾
- 西班牙
- 日本
- 德国
- 印度
- 英国
- 印度尼西亚
- 美国
- 中国

资料来源：ZenithOptimedia.com

图 12.4　2015－2018 年广告支出增长前 10 的国家

销售其他产品。小米开始创立时，就是人先于产品。通过 QQ 群、社区论坛，累积的大量"粉丝"也是潜在消费者。

接下来，我们分别介绍头条号、微信、微博和社区营销的策略和方法。

头条号：传播力超越微信？

有一次，一位学员兴高采烈走到我面前，说："单老师，我的企业开通了头条号，我要怎么玩？头条号发文章和官网、公众号发文章有什么区别？"

我半开玩笑半认真地说："你真的很'潮'呀！"

我之所以这样打趣他，是因为我打心底里佩服这位老板。他做原生态产品的零售生意，较多时候使用免费网络推广策略。近十年来，他一路追随我们而来，从官网 SEO 到博客，从博客到视频分享，从视频分享到微博，从微博到微信。现在，他又追到头条号。他的生意也做得一年比一年红火。

图 12.5　头条号登录界面

头条号是什么? 头条号是今日头条旗下媒体 / 自媒体平台,致力于帮助企业、机构、媒体和自媒体在移动端获得更多曝光和关注,在移动互联时代,持续扩大影响力,同时实现内容变现和品牌传播,见图 12.5。

针对个人、群媒体、新闻机构、国家机构、企业等组织机构类型,头条号分别给予了不同的内容权限,见图 12.6。企业通过申请,可以获得头条广告、自营广告、原创功能服务。

头条号的优势。今日头条副总裁赵添在接受采访时说:"头条的核心优势是精准分发,但分发的前提是要有足够好的内容。信息越具备'长发'特性,大数据的优势就越突出。"

原创内容在头条上更有生命力。头条和创作者的利益完全一致。除了"粉丝"阅读你发表的内容之外,头条还会推荐给可能对你的主题感兴趣的人,也就是把你介绍给更多同道中人,这些同道中人可能转化成你的"粉丝"。而微信和微博并不具备平台推荐这一功能。

如何让内容获得推荐。我刚开始经营头条号时,曾经把微信公众号的内容直接复制到头条号,本想一稿多用,但过了一段时间发现,当微信公众号受欢迎的文章发布在头条号上,结果通常比较惨淡。通

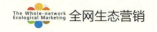

类型	个人	群媒体	新闻机构	国家机构	企业	其他组织
微信内容源同步功能	✗	✗	✓	✓	✗	✗
RSS 内容源同步功能	✗	✗	✓	✓	✗	✗
头条广告	✓ 需申请	✓ 需申请	✓ 需申请	✗	✓ 需申请	✗
自营广告	✓ 需申请	✓ 需申请	✓ 需申请	✓ 需申请	✓ 需申请	✓ 需申请
原创功能	✓ 需申请	✓ 需申请	✓ 需申请	✗	✓ 需申请	✗
千人万元	✓ 需申请	✗	✗	✗	✗	✗

图 12.6　各种类型头条号的权限

过研究头条号的内容特点和用户口味，我发现头条号内容获得推荐的关键点有三：

第一，争取全网第一时间发布。如果内容与网络已有内容雷同或高度相似，几乎无法得到推荐。因此，越早发，越占便宜。

第二，不做内容搬运工。开通原创功能，可能会获得更多推荐机会。除此之外，还有一些方面会影响文章推荐，见图 12.7。

第三，注重标题。今日头条以机器算法为基础，根据用户兴趣分发文章，通过图文信息流呈现在读者面前。用户每次刷新过后，标题都在滚动。因此，文章在第一时间引起用户关注，甚至点击阅读，几乎全凭标题的吸引力。

头条号指数优化方法。头条号指数是机器通过对内容和读者阅读行为的记录和分析，得出的账号价值评分，包括五个维度：健康度、原创度、活跃度、垂直度、互动度。头条号指数越高，说明读者的喜好度越高。企业可以观察这个指数，对比内容与指数的变化趋势，及时调整与总结，使自己的内容更加容易得到读者欢迎。

健康度和互动度是对读者的阅读行为的分析，体现读者的意志。点击、停留、点赞、评论、收藏等行为都会为账号加分。原创度、活跃度和垂直度与作者生产的内容有关，是对作者的发文质量、勤奋度、

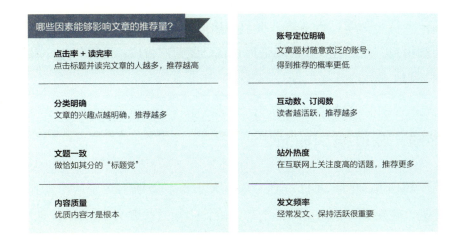

哪些因素能够影响文章的推荐量?

点击率 + 读完率
点击标题并读完文章的人越多，推荐越高

分类明确
文章的兴趣点越明确，推荐越多

文题一致
做恰如其分的"标题党"

内容质量
优质内容才是根本

账号定位明确
文章题材随意宽泛的账号，得到推荐的概率更低

互动数、订阅数
读者越活跃，推荐越多

站外热度
在互联网上关注度高的话题，推荐更多

发文频率
经常发文、保持活跃很重要

图 12.7　头条影响文章推荐量的因素

内容垂直度的客观评价。提升五个维度的具体措施如下：

健康度：搭配合理美观的图片；让内容更加易读；不发布或传播一天前的旧闻；增加内容的吸引力。

原创度：选择头条首发内容；坚持原创，减少摘抄、编辑或整理的内容；手动发布，而不使用"微信同步"功能。

活跃度：每日更新一篇非原创内容；每周更新2～3篇原创内容；每周更新一次视频内容。

垂直度：专注细分领域的内容；尝试提供专业内容。

互动度：坚持提供优质内容，激起读者转发或讨论；适量回复读者评论，友好互动；避免使用"哦""呀""好"等无意义的回复。

运用这些措施提升头条指数，也需要我们时刻关注两个指标：

第一，实际提升推荐量，是指昨天的内容推荐量中，指数贡献了多少；第二，提升百分比，指实际推荐量占昨日推荐量的比例。

头条号如何变现？当前情况下，头条号有两条途径可以获得收

益。一是头条的广告系统。用户选择匹配头条的广告系统，头条返还给用户一些广告收入。二是用户自己经营广告位，设置 App 下载、商品购买链接或承接广告。

微博：从红海到死海？

2016 年 10 月 24 日，博主章渔大小姐在微博上做了两个动作。首先，她发布一条微博"个个都入眼，不知道选哪个"；其次，逐个 @ 九阳、@ 苏泊尔、@ 海尔、@ 美的等豆浆机生产厂家的官博，见图 12.8。其实，许多消费者，尤其是自认有选择恐惧症的消费者都会遇到这样的情况。大多数时候，他们也会在微博或微信平台上完成第一个动作，发布一条消息，询问朋友的意见。不同的是，很少人会像章渔大小姐一样做第二个动作，主动"勾搭"厂家官方微博。

图 12.8　章渔大小姐的微博截图

在此后 48 小时内，这条微博不仅收到了九阳、苏泊尔、海尔、美的等企业的回复，还引来周黑鸭、滴滴出行、土巴兔等企业官微围观。

接下来，这条微博的热度不仅没下降，反而持续引发围观。海尔、美的等第一层围观者二次转发，并主动"勾搭"了杜蕾斯、凤凰新闻客户端、乐视影业等众多行业里的 500 多家企业官博。后来，这条微博转发达到 7 万条，评论超过 4 万条，点赞数超过 1.2 万。

2016 年 8 月，新浪微博官方发文表示，上线新版评论的目的是，提升微博评论的可读性和阅读效率，方便"粉丝"之间，"粉丝"和博主之间进行互动交流，使优质评论内容衍生更多精彩回复内容。新版评论主要包括了五项功能：

功能一：新增二级评论。聚合显示回复，集中讨论观点。回复通过二级形式聚合展示，点击二级评论区，可展开针对该条评论的回复。

功能二：热度排序。提升浏览评论的效率，不错过优质内容。在原有的热门评论基础上进行了扩展，既可以按时间顺序，又可以按热度顺序浏览评论。影响热度排序的指标主要有评论收到的回复次数和点赞次数，博主的回复和点赞给热度加分最多，其余是博主关注人、"粉丝"、会员和其他人。并且回复的热度加分大于点赞。经常发布垃圾信息、长期不活跃和信用积分较低的劣质账号发布的评论、回复和点赞不计入热度分数；带人身攻击、色情、政治倾向的内容不计入热度分数。

功能三：博主"翻牌"，优先展示博主互动内容。得到博主回复或点赞的评论，不仅可以让排序提前，还会在样式上突出展示。

功能四：评论大图显示，浏览图片更便捷。评论图片在列表中放大显示，不必点击即可浏览大图。

功能五：消息箱评论定位，直接返回原文，查看更多精彩评论。在消息箱中，点击评论即可跳转到正文页中该评论所在位置。

创作微博的九大原则。一条微博仅包含 140 个字，字数的限制极大挑战了人的创作能力。虽然文字创作无固定范式，但我们根据过往经验提出九大原则：

1.简练，给阅读对象具象化认知。简练带有张力的文字可以给"粉丝"留下广阔的讨论空间。

2.通俗易懂。微博的语言植根于互联网，编辑人员要对接地气的网络热词烂熟于胸，尽量避免使用传统媒体惯常的"新华体"。

3.真挚表达情感。直接表达真实的内心感受，自己被感动了，相信更多人也会被打动。

4.自嘲是一种境界。当遭遇质疑和攻击时，博主要有宽阔的胸怀和娱乐大家的心态，针锋相对的攻击或谩骂并不是有效的解决方法。潘石屹在遭遇"潘币危机"时，顺势推出"潘币"，做了一场席卷网络的营销，化危为机。

5.讲故事。抖"包袱"是相声术语，指揭露之前设置的悬念或笑料。写微博亦是如此。在140个字中，写出跌宕起伏，把悬念和笑料留在末尾，甚至留下无穷的回味。博主作业本曾经发布了一条微博："一同学倒腾电缆发了，非要请我吃日本料理，寒暄完了没啥话题，我就埋头吃北极贝，其余同学也自顾自吃。他突然撸起袖子，热情地给我夹菜，男的给男的夹菜让我觉得很不舒服。我说别夹了，他还是夹。我说别夹了！他还是夹。我说你怎么回事啊？他来了一句：你就不想知道我手上这16万元的表是啥牌子的？"

6.借热点，炒热度。需要注意的是，坚持底线原则。

7.巧用疑问句。微博的目的是发起话题，引发讨论，而不是展示文采。

8.图片更接近真相。一张恰当的图片，胜过文字无数。许多草根大号都是这方面的专家。

9.善用长微博。韩寒、作业本等大V都非常善用长微博。与在微博中加入文章链接相比，长微博的优势在于，不离开微博页面，就能够看完全文。如果结合使用长微博和链接，微博的传播效率会更高。

当然，微博营销的关键是通过与"粉丝"互动聚集人气，而不是单方面发布广告，也不是记流水账。无论运营微信还是微博，耐心和持久的执行力远远胜过新奇的技术手段。

微信：自媒体蓝海走向深蓝？

两年前，全球知名智库麦肯锡研究院进行了一次极有意义的研究。他们发现，同样是积累5 000万名用户，广播用了38年，电视机用了13年，互联网用了3年，Facebook用了1年，Twitter只用了9个月，而微信用2年就积累了3亿名用户。现在，使用智能手机的人都至少拥有一个微信账号，满足社交需求。在这里，我们主要讨论微信公众号运营的前沿技术和营销策略，而不是如何结交朋友或增加"粉丝"数量。

微信小程序，掀起新一轮营销趋势？ 2017年1月9日，微信小程序在万众期待中隆重登场。"微信之父"张小龙在发布会的主题演讲中透露，小程序和公众号没有一毛钱关系，没有入口，不能被下载，甚至难于被搜索。它还不能推送消息，不能玩游戏，不能分享到朋友圈……那么，它究竟能做些什么？

小程序的最大特点是无须安装，用完即走。举例来说，大部分便利店和街边餐馆都支持微信支付，用微信扫描二维码，输入金额和密

码，支付成功后，直接关闭页面。这项功能或许就是小程序的雏形。

小程序鼓励企业从用户场景出发，思考问题，发现和解决用户的真正需求，而不是单方面创造需求。如果你是像"三只松鼠"这样的企业，思维路径应该是："用户在什么场景下会想买坚果，他们吃坚果时，会碰到什么情况。""三只松鼠"赠送消费者开壳器、垃圾袋、一次性手套、纸巾等小东西，这些行为皆来源于场景营销思维。

当然，这正是小程序想要实现的功能——服务于特定的线下使用场景，让微信实现线上营销与线下成交无痕对接。这对于从事实体销售的传统企业而言，具备了无限的想象空间。比如，一家销售电机的企业，在自家产品上放置三个二维码，分别链接着不同的小程序，承担不同功能。

- ◆ 第一个二维码提供视频，介绍这台电机的功能与操作事项。
- ◆ 第二个二维码让用户了解企业，且可以直接下单购买机器，甚至周边耗材。
- ◆ 第三个二维码指向售后服务，介绍怎样排除机器故障、维修及保养等。

这样的用户购买体验可能会比下载 App 或订阅公众号更好，因为它减少了"关注""下载""查找菜单"等行为。我们粗略估计，一次良好的用户体验会好过 10 次甚至 100 次广告推送。

别急着掏"粉丝"腰包。许多人看到罗振宇的微信商城上无论卖什么，都能够红红火火，赚得盆溢钵满。于是，跟着开通微信商城，招聘人员，上架产品，推广引流。殊不知，罗振宇背后排队站着近 600 万名"罗利"会员。因此，对于大多数传统行业里的制造型企业，我们需要向互联网转型，但也不是做出一些盲目的举措。

2012 年 10 月，单仁资讯开通微信公众号。经过四年多的积累，现在有超过 10 万名"粉丝"。我们公众号的定位一直是以服务为主，从来没有发生过动摇。后来，我们选择了订阅号，每天推送一条信息。现在，我们每天收到 300 多条互动留言，每月收集 100 多条客户信息，每月都有客户在公众号互动后，报名参加培训课程。

即便如此，我们公众号的定位依然是服务为主，它是我们向客户传递价值的一条路径，也是我们双方建立深度互信的通道。在《实战全网营销》系列课程中，我们开辟了专门课程，讲解如何刷朋友圈、使用微信管理客户关系、更新推文等具体实操内容。

微信，其实是一名热情的客服经理。尽管通过微信销售产品，实现盈利的途径还十分曲折，但我们可以把微信开发成为服务客户的工具，解答用户在购买、使用、售后等不同阶段遇到的各种问题。

我经常"飞奔"在各大城市之间。因此，我非常关注航空公司的服务信息。2013 年 1 月，南方航空率先推出"微信值机"服务，我第一时间体验了一下。

在微信公众平台搜索"中国南方航空"，加关注后回复数字"1"，随后根据提示，回复证件号、南航明珠会员卡号或机票号，就可以在手机上办理乘机手续。乘客甚至可以可视化选择喜欢的座位，并获取电子登机牌。这项服务的确给乘客带来了非常大的便利。

其实，很多时候一个小动作就能给企业带来意想不到的收获。比如招商银行，他们做了一个"小动作"——微信客服，将查询账单、还款金额等业务移植到微信。据招商银行内部分析，如果微信客服替代率达到 100%，一年可节省 22 亿条短信的费用。招行的案例再次告诉我们一个基本道理：省钱就是赚钱。南航的微信值机服务和招行的微信客服为服务行业的高效管理提供了示范，除了航空业和金融业，餐饮、旅游、医疗等服务行业都可以广泛应用这种模式。

移动O2O：别人的蜜糖？你的砒霜？

2010 年 8 月，亚历克斯·兰佩尔（Alex Rampell）首次提出 O2O 概念，强调互联网将成为线下交易的前台，并认为这是可追踪、可衡量和可预测的。但 O2O 模式并没有在美国得到广泛认可。相反，2011 年 8 月过后，O2O 概念在中国内地获得广泛传播。起初，以苏宁为代表的传统企业宣布布局 O2O 业务。后来，团购引发了一场热潮。

我们从 2007 年开始，在辅导大量中小企业过程中发现，从单纯发展线上业务来说，生活日用类的小额交易，一方面产品比较熟悉，来自日常生活，比较容易识别、挑选，并且实现线上直接交易，但是部分单次交易额比较大的业务，比如印刷业务、配套业务（比如配件），个性色彩比较强的业务（比如婚纱影楼业务），想在网络上马上实现交易，并不现实。这类交易经过反复了解、交流和确认的过程，买方从线上只能知道卖方是谁，剩下的就要详细和卖家交流，最终才会下单。我们把这种业务结构叫做线上营销、线下成交，是一种典型的 O2O 模式。在移动互联时代，企业借助于二维码这些工具，从线上到线下的模式，有了更多的运用空间。

华东五金城是江苏泰州的一家线下五金商城，过去一直都是顾客到店挑货。接受了单仁资讯的网络营销培训后，华东五金城把原来的官网升级改版为 O2O 营销平台，并组建专业的运营团队，负责拓展线上销售。他们将线上客户引导到线下体验，再将线下成交的客户引导到线上服务，逐渐引导 100 公里范围内的生产制造型企业将采购订单通过网上采购系统，实现"一站式"采购，并将采购订单推送到商店。实体更容易上线。对实体店铺来说，互联网转型不是简单地做个入口上网，不是一定要在网上卖产品。如果借助网络手段，把到店的买家留下来做持久的服务，提高用户黏度，增加回头率，也是企业转型非常重要的路径。

宜家家居（IKEA）不仅是典型的家具零售企业，更是服务企业。过去十多年来，许多传统行业被互联网冲击得七零八落，但宜家家居的实体店却通过稳步实施重度 O2O 模式，实现了销量翻倍。

其实，我们去宜家实体门店，可以深刻感受到不可替代的服务和购物体验。他们拥有线下全产业链，从产品生产到物流服务，可以全流程控制品质。这样的全产业链恰是众多轻度 O2O 模式的软肋，也是导致博湃养车、社区 001 等众多企业被永远写进 O2O "死亡名单"的原因。

与此同时，宜家建立了强大的线上渠道，用户在官网上查看产品，依据库存生成购物清单，却不能直接下单购买。宜家把线上渠道当作搜集分析会员数据，宣传推广企业品牌的前线，并且为线下实体店引流，增加销售机会。

基于宜家的案例和轻度 O2O 模式的溃败，我们认为，重度 O2O 模式是众多传统制造型企业的触网之路。

除了头条号、微信、微博、移动 O2O 等移动营销以外，搜狐自媒体、一点资讯、百度百家、天天快报、中国站长网等也都是比较有效的移动营销工具。在运营策略与思路上，它们与头条号、微信等平台虽然大同，但又保持着小异。因此，我们不再浓墨重彩地一个一个赘述。在第 13 章，我们将会介绍如何进行付费推广与投放广告。

第 13 章

付费推广：高效精准投放广告

如今，做市场营销不仅需要掌握传统营销技能，也必须拥
有量化分析能力，即做到艺术与科学的结合。并且，营销团队
里的每一个成员都需要掌握这两项技能。

——思爱普公司 CMO　乔纳森·比彻

每当与人谈论付费推广时，我总不自觉回想起数年前
在太太药业、协和工作时投放的广告。那时，尽管我知道
大多数看到我投放的广告的人并不是潜在客户，但每年仍
会背着数百万真金白银砸电视广告、纸媒广告。现在回想
起来，感慨良多，却又无可奈何。对比现在付费推广，除
了要感谢科技进步之余，真想对营销人员说一句话："这是
一个好时代。"传统广告与互联网广告的最大区别是：前者
只要获得展示就要付费，后者则是获得点击后才付费。因此，
后者的精确度更高。

ROI，既然绕不开，那就暴力提升！

投资回报率（以下简称 ROI）原本是会计术语，近年
被借用到营销领域，并得到了广泛认可。根据这些年对投

资回报率的研究，我们总结出了提升 ROI 的四个关键点。

第一个关键点，获取全网精准流量。在全网推广过程中，流量一直都是我们希望获取的基础数据之一，它是我们得到客户的前提。我们可以从三个方面提升精准流量。

首先，提升投放关键词的精准度和匹配方式。我们在第 9 章介绍了关键词精准定位系统，以及长尾关键词多组合分析系统。无论是免费搜索引擎优化，还是竞价排名，我们都可以运用这两个系统获取更加精准的关键词。

其次，使用用户自画像功能和大数据分析，实现 DSP（Demand-Side Platform，需求方平台）精准投放。DSP 平台通常具备强大的 RTB（Real-Time Bidding，实时竞价）基础设施和能力，也拥有先进的用户定向技术（Audience Targeting）。这两者正是我们选择 DSP 平台推广时，需要考虑的核心指标。

企业进行付费推广，并不是为了购买媒体，不是仅仅用于展示，非常重要的是希望通过媒体与潜在用户（目标人群）接触，让用户了解产品或服务，进而产生购买愿望。目前，淘宝推出的 TANX 流量竞价平台可以满足用户在淘宝网、阿里巴巴等网站的推广需求。

第三，根据产品目标受众群体，组织内容，投放自媒体广告。

第二个关键点，完善广告登录页。转化成交是广告登录页的核心。

首先，要注意保持稳定快速的站点访问速度。据统计，网站页面无法打开或打开速度缓慢，会浪费掉 20% 的广告费用。一方面，我们需要向代理服务商争取到更快速的网络服务器或虚拟主机；另一方面，当需要上传大体量视频或图片时，先进行压缩。

其次，培养转化思维，优化网站布局。转化页面需要站在访问者的角度思考，如何快速、便捷获取关键内容。根据页面访问轨迹设定页面布局，让关键且重要的内容在醒目位置展示出来。同时，保证关键词、广告标题和广告登录页面意思高度一致。

在接下来的第 14 章，我们会介绍如何搭建营销型网站，更加详细地分析优化网站布局的具体内容。

第三，塑造价值，建立信任。使用最具竞争力、最有优势、最能解决客户问题的文字、图片等形式表述产品核心卖点。借此表述方式让产品卖点的价值形象化，特点图像化。并且，在网页第一屏展示核心卖点，第一时间传递给客户。在展示卖点时，我们可以通过以下几种方法塑造价值，获取访客信任。

卖点证明。用文字、图片证明自己说的都是事实。

客户见证。让使用过产品的客户为我们背书。

实力展示。展示技术、生产或市场等与众不同的实力。

媒体报道。借助权威的力量。

服务承诺。描述可预见的效果。

打消疑虑。描述可以满足的需求，预防出现异议或误解。

主动对比。提供可对比的参照物。

第三个关键点，监控数据。通过采集推广、询盘和成交数据，辅助 SEM（Search Engine Marketing，搜索引擎营销）专员优化广告投放方案，衡量广告 ROI，总结投放规律，节省广告成本。

首先，向百度、阿里巴巴、360 等推广平台采集以下数据。

广告成本。支付了多少消费总额。

展现量。反映推广对潜在客户的覆盖程度。

点击量。投放的广告获取的点击次数。

点击率。即点击量除以展现量，可以评估付费推广的效果。

平均点击价格。即消费总额除以点击量，可以得出每次点击产生的费用。

其次，关注成交信号。分别从在线沟通、网站注册、在线留言、400 电话（手机与座机）等方面，采集底盘数据。

- 客户基本信息：姓名、性别、区域、手机号码等。
- 推广渠道：百度、360、搜狗、阿里巴巴等。
- 客户搜索关键词：客户通过搜索哪个词找到的我们，此举有利于我们筛选重点关键词。
- 客户咨询的产品。
- 客户咨询的时间。
- 咨询客户的类型。

最后，我们也需要采集成交数据，包括首次成交客户类型分析、首次成交产品类型分析、二次成交客户类型分析、二次成交产品类型分析、省份成交量分析、按产品类型分析、按搜索平台分类等。

第四个关键点，优化广告。查看搜索词报告，删除无效关键词，调整投放平台，节约广告成本。

掌握并持续使用上述四个关键措施，我们可以改善推广效果，节约投放成本，从而提升 ROI。

向塔吉特那样精准推广

一天，一位美国男子非常愤怒地打电话给塔吉特百货："我的女儿正在读高中，你们居然给她邮寄孕妇品广告单，想鼓励她怀孕吗？"

一周过后，这位父亲却向塔吉特道歉了。原因是，他女儿真的怀孕了。

塔吉特百货通过大数据分析发现：女子怀孕后会购买

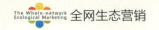

许多无香味护手霜、复合维生素和钙片，而这位男子的女儿正在购买这些东西。因此，塔吉特能够准确预测女顾客怀孕情况，并邮寄相应产品广告。

这才是最精准的广告投放！

大数据不但可以告诉企业谁是目标消费者，还会显示他们有什么行为偏好，喜欢浏览什么网页，更倾向于购买哪些品牌。企业收集、分析这些数据，可以为每一位消费者"画像"，再向其精准推送。

高效的付费推广系统包括前期准备工作、策划与撰写创意、优化推广账户、分析数据、设定推广岗位职责五个方面。

前期准备工作。包括两个方面：一方面是选择百度移动端、广点通、58同城等推广平台；另一方面是使用关键词定位系统，选择关键词。

策划与撰写创意。撰写创意时，标题和描述里要有关键词飘红，围绕用户搜索意图，突出产品卖点，使标题、描述和内容的关键词（最好是长尾关键词）保持一致。除此以外，我们还需要注意以下事项。

◆ 客观、真实，不夸张或虚假陈述。
◆ 使用有意义的符号、数字、字母、空格等，如产品型号包含的符号、数字及字母。
◆ 避免使用特殊符号，如☆★○▲※〓¤等。
◆ 避免在标题和描述中使用网址或类似网址的形式。
◆ 避免使用贬低其他客户或含有比较意义的词语。
◆ 严禁使用包括赌博、色情、违法，以及有悖公序良俗的词汇。

优化推广账户。结合推广目的，审查推广计划和推广单元，将意义相近、结构相同的关键词划分到同一个推广单元，并控制每个单元内的关键词数量为 10 ～ 15 个。针对关键词撰写创意，使关键词和创意之间具有较高的相关性。

选择合适的访问 URL 和显示 URL。访问 URL 根据创意和关键词设置，可以把访客直接引流到包含推广结果中提供的信息网页。为了增强公信力和加深访客印象，可以使用完整的域名作为显示 URL。

优化匹配方式。可以按照"由宽到窄"的策略选择匹配方式，即新提交的关键词尽量设置为广泛匹配。观察两三周后，依据效果再调整。查看搜索词报告，可以看到哪些关键词匹配了哪些搜索词。无法带来转化的关键词，可以设置否定关键词优化匹配结果。如果搜索词报告表现仍然不理想，可以使用更具体、商业意图更明显的关键词，或尝试短语匹配或精确匹配。

依据预算、目的和效果，调整最高点击价格。

修改推广设置，如地域、预算等。

需要注意的是，优化推广账户是一个持续性工作。我们根据阶段性目的设置目标，有的放矢地调整优化策略。

分析数据。针对客户询盘、账户推广数据，以及百度统计数据进行分析，完善推广系统。

设定推广岗位职责。网络推广工作需要循序渐进，而且很容易因为员工流动而被打断。因此，企业需要制作一份操作手册，让新员工对照手册，快速上手。这份手册应该包括实际工作步骤和操作方法。在本书第 18 章，我们将详细讲解运营团队规划及岗位职责。

竞价广告、网盟与网媒公关配置策略

竞价广告是按效果付费的网络推广方式。当网络用户搜索相关关键词时，如企业投放的广告出现在搜索结果中，没有被点击则不需付费,费用可控且相对较低。目前,比较常见的搜索竞价广告包括三大类:PC 端搜索引擎竞价广告、移动端搜索竞价广告和站内搜索竞价广告。

第一类,PC 端搜索引擎竞价广告。搜索引擎竞价广告即企业通过搜索引擎平台进行关键词竞价排名。目前各类搜索引擎平台都可以投放竞价广告,其中百度、360 及搜狗是国内覆盖面最广的三大搜索引擎。以百度为例,搜索结果中有"商业推广"字样的都是企业投放的关键词竞价广告。

企业尽量选择长尾关键词投放关键词广告,这样可以获得更加精准的客户。选定关键词以后,为了达到最好的投放效果,我们需要调整关键词匹配方式。以百度为例,企业投放关键词广告时,可以选择多种匹配模式,见表 13.1。

从表 13.1 可见,企业投放关键词竞价广告时,如果选择了不当的匹配模式,可能会带来很多无效流量。

在表 13.1 中,如果生产装修壁纸的工厂在百度投放"壁纸工厂"关键词广告,选择不同的关键词匹配模式,就会产生不同的广告效果。

表 13.1 百度关键词匹配模式

推广关键词	匹配模式	客户搜索展示词汇
壁纸工厂	精确匹配	壁纸工厂
壁纸工厂	短语—精确包含	深圳壁纸工厂、壁纸工厂电话、壁纸工厂地址、高端壁纸工厂
壁纸工厂	短语—同义包含	工厂壁纸、壁纸生产工厂、墙纸工厂、壁纸厂、壁纸厂家
壁纸工厂	短语—核心包含	工厂壁纸、壁纸生产工厂、墙纸工厂、壁纸厂、壁纸厂家、壁纸、电脑壁纸下载
壁纸工厂	广泛匹配	壁纸、壁纸下载、桌面壁纸、手纸、纸巾、大理石

如果企业选择精准匹配模式投放广告，意味着只有当网络用户搜索词与企业投放的关键词完全相同时，企业的广告才会展示出来。如表13.1中，企业投放"壁纸工厂"关键词，只有网络用户搜索"壁纸工厂"时，才会看到企业投放的广告。

如果选择短语—精确包含匹配模式，只要网络用户的搜索词完全包含企业投放的关键词，企业投放的广告就会展现出来。如表13.1中，只要网络用户搜索词中包含"壁纸工厂"，如"深圳壁纸工厂""壁纸工厂电话""壁纸工厂地址"等词语，该企业投放的广告都有机会得到展现。

如果选择"短语—同义包"含匹配模式，只要网络用户搜索的词语与企业投放的关键词同义，无论颠倒或中间穿插某些词语，企业投放的广告都有机会展现出来。如表13.1中，当网络用户的搜索词语为"工厂壁纸""壁纸生产工厂""墙纸工厂"等词语，企业投放的广告都有机会展现。

如果选择短语—核心包含匹配模式，网络用户搜索词除同义包含外，推广系统会自动除去不必要的词语，然后向用户推荐剩余相关信息。核心包含与广泛匹配模式相似，但精准度高一些。在表13.1中，网络用户搜索"工厂壁纸""壁纸生产工厂""墙纸工厂"等同义包含词语时，企业投放的广告就有机会展现。搜索"壁纸""电脑壁纸下载"时，企业投放的广告同样会出现。

如果选择广泛匹配模式，只要网络用户搜索的词语与企业投放的关键词高度相关，企业投放的广告都有机会展现。如表13.1中，当网络用户搜索"壁纸""壁纸下载""桌面壁纸"，甚至"手纸""纸巾""大理石"时，企业的广告都有机会展现。

第二类，移动端搜索竞价广告。 随着移动互联时代的到来，移动搜索的市场份额越来越高。企业除了在PC端投放搜索竞价广告，移动端的搜索竞价广告投放也不可忽视。

　　企业在移动端投放搜索竞价广告的好处主要有两点：广告的展现量很高和点击率很高。百度、搜狗、好搜等三大移动搜索引擎能为企业带来很多流量，但点击费用却比 PC 端低。在移动端投放搜索竞价广告时，搜索者可以直接点击电话咨询，沟通非常方便。

　　既然企业在移动端投放搜索竞价广告的好处显而易见，那么企业在移动端投放搜索竞价广告时，有哪些要点需要注意？

　　首先，必须创建手机网站。有些企业没有创建手机网站，却在百度移动端投放了竞价广告。当用户搜索并点击后，手机显示的是由百度转码后的 PC 网页，用户体验非常不好，这直接影响用户询盘与转化率。所以企业没有建好手机网站前，不建议在移动端进行付费推广。

　　其次，设置 400 电话，并配备接线客服人员。企业在移动端进行付费推广时，一定要有接线客服随时接听用户的咨询电话，否则广告费就会被浪费。

　　再次，移动端的关键词出价策略应以 PC 端为标准，但广告标题的创意与写法应考虑手机屏幕尺寸的限制与用户使用场景的特点。

　　最后，根据需求选择关键词匹配模式，并且一定要将链接网址设置为手机网站。

　　第三类，站内搜索竞价广告。除了百度、360 等公共平台可进行关键词竞价排名外，一些电商平台的站内搜索也可进行关键词竞价排名。如果有消费者计划在阿里巴巴采购男士衬衫，他通过站内搜索就可以找到很多家厂商。搜索结果排名靠前的企业，多半是通过阿里巴巴网销宝进行竞价排名后，才得以居前展现的。

　　如果在淘宝网搜索"懒人沙发"，搜索结果排名靠前的商家，也可能是通过淘宝"直通车"工具进行竞价排名后展现出来的。

　　服务型企业可以在 58 同城、大众点评等本地分类广告与交易平台上，通过站内搜索进行竞价排名。大部分游客到达某地后，如果想吃当地特色菜，通常会在大众点评网搜索相关关键词，选择结果排名靠前的商家。大多数时候，排名靠前的商家就是通过付费推广展现出来的。

企业投放竞价广告的针对性非常强，而且启动资金要求低。中小企业在网络营销的起步阶段，通过此种推广方式能快速达到预期效果。

网盟推广。网盟即网络联盟营销，包含广告主、联盟平台与加盟网站三类成员。网盟将有广告投放需求的广告客户与希望获得广告发布收入的网站连接起来，是一种按效果计费分成的广告平台。

很多人都有过这样的体验，你在京东商城上浏览过某些商品，浏览搜狐、凤凰等网站时，仍然能看到在京东上曾浏览过的商品的广告，这就是网盟广告。

企业通过网盟投放广告，可以扩大展现量。在一家联盟网站进行付费推广，相当于在数十家甚至上百家网站投放广告。当前比较常见的网盟有百度、360、搜狗等搜索引擎平台，阿里巴巴淘宝客、腾讯广点通、多盟、有米等 App 广告平台。

网盟广告基于客户人群定向投放，点击后收费，但转化率相对较低。企业投放网盟广告时，应该注意以下要点：

◆ 与网盟约定不做捆绑、不做弹出、不做"自定义广告"，避免浪费广告费用。

◆ 依据自身行业选择目标客户集中的行业网站投放，依据潜在客户分布地区重点投放。

◆ 屏蔽打开速度慢，带有非常多广告的网站。

◆ 设置到访定向，让广告一直跟着客户，形成强势视觉刺激与品牌传播，最终促成交易。

◆ 对点击率高的网站进行重点分析，严格监控投放效果并采用弹性激励政策。对有效或活跃性用户比例高的网站额外奖励，刺激"价值用户"的比例和网盟的积极性。

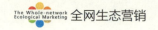

◆ 广告投放量大时不实行固定价格，而是实行"阶梯"价格。

◆ 直接对投放平台进行监控和管理。如对于流量购买，要求网盟提供投放平台列表，参照后台的IP来源，依业绩对投放平台进行取舍。

◆ 优化网盟投放平台，在广告投放过程中逐渐优化渠道，真正利用有价值的网盟。

◆ 定期对投放平台抽样调查，了解其推广方法，避免非常规的操作，从一些特殊的推广手法中得到启示。

自媒体付费推广。在移动互联时代，微信、微博等自媒体的影响力越来越大。"粉丝经济"迅速崛起，使得自媒体成为网络推广的重要渠道。一些网络名人、意见领袖的自媒体拥有众多"粉丝"量，也会产生十分惊人的影响力。

有数据表明，在微博、微信平台上，1个人平均可以影响12个人。微博大号（大V）、微信大号及微信朋友圈蕴含着巨大商机，越来越多企业开始接触自媒体付费推广。自媒体推广门槛较高，通常会依据"粉丝"数量报价。"粉丝"众多的大V推广费用昂贵，适合利润较高的奢侈品类或高端零售业进行推广。

目前比较常见的自媒体付费广告包括粉丝通、粉丝头条、粉丝红包、大V/红人转发等形式。

网络媒体公关。网络媒体公关即企业借助互联网媒介，实现公关目的。其实质是，企业通过整合各种有效的网络公关手段，在网上与用户甚至社会大众建立良好的公共社群关系，为企业营造良好的网络经营环境。

今天，人人都是传播源，网络媒体在传播过程中扮演了越来越重要的角色。用户口碑既能让一个品牌或产品瞬间红遍天下，也能让它一夜消失。因此，在移动互联时代，企业有效利用网络媒体在传播中的影响力进行品牌宣传，塑造企业形象，以及预防网络公关危机越来越重要。

2016 年 10 月，乐视生态系统传出欠债消息。烧钱扩张的方式，终使乐视陷入资金紧张、股价连跌、外界看衰的舆论漩涡中。

2016 年 11 月 6 日，贾跃亭给乐视员工发表了一封内部信。他承认乐视在节奏和组织上确实出现了问题，为了承担责任，自愿永远领取一元年薪，以此表明自己破釜沉舟的决心。贾跃亭的妻子甘薇在微博上调侃"一元年薪给咱闺女买个棒棒糖都不够"，见图 13.1。

这是一次典型的网络媒体公关事件。其实，"一元年薪"也不是什么新鲜事。李·艾柯卡（Lee Iacocca）担任美国福特汽车总裁时，遭遇世界石油危机，克莱斯勒公司负债高达 48 亿美元，陷入危机。为了渡过危机，艾柯卡主动把年薪降为一美元，并通过改革，成功逆转局面。

后来，日本"经营之神"稻盛和夫、思科 CEO 钱伯斯、京东

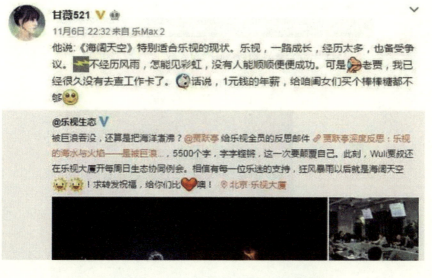

图 13.1　乐视的网络媒体公关事件

245

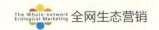
CEO 刘强东等经营天才都在非常时期使用此招数，且都收到了一定的效果。

网络新闻发布会。品牌宣传与推广是一个长期持续过程。尤其在今天，信息过载且更新速度极快，企业需要不断地在用户心中强化品牌形象。在淘宝网上，阿芙精油是一个非常有名的品牌，以"全网营销，淘宝成交"著称。阿芙精油为推广其品牌，长期与网络媒体资源丰富的专业传媒公司合作，在不同网站上发布新闻及软文等内容，见图 13.2。正是这些付费推广方式，使阿芙精油的品牌深入人心，成为淘宝精油类产品的领先品牌。

通常情况下，一次成功的网络新闻发布会至少需要经历宣传造势、发布会策划和会议互动这三个步骤。

第一步，宣传造势。会前，企业需要针对发布会目的造势，吸引用户参与。比如企业即将推出新产品、发布重大战略等；或者遇到行业重大变革、企业重要纪念活动等；又或者具有特别意义的社会新闻。

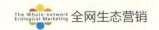

图 13.2　阿芙精油的精彩推广

企业可以采用 flash 动画、短视频和音乐等方式进行宣传造势。并且，争取在门户网站或其他专业网站传播，让更多有兴趣的用户知晓发布会。

第二步，精心策划发布会"会场"。网络新闻发布会策划需要考虑视觉展示、文字说明、互动区域等多方面内容，以便于全方位展示网络发布会，让用户拥有直观印象和良好体验。

第三步，会议互动。会中或会后，企业可以立即通过邮件、QQ、微信等工具跟进会议效果，与用户即时交流，拉近与用户的距离，增加会议可信度。

最后，除了发布会合作的网站外，需要想办法在其他网站推广。同时，纸媒、电视、广告屏等传统媒体如果进行联动传播，效果会更胜一筹。

投放效果怎么样？数据给出答案

测试指标类型。许多推广渠道都宣称，自己拥有巨额流量，能为企业网站带来更多点击量。在实际付费推广时，企业不能偏信他们的宣传语，而是需要测试一定时期内的推广效果。通过具体的量化指标确定哪些渠道值得投放广告，以便总结一个投资回报率更高的网络广告投放组合。企业付费推广前需要进行的指标测试包括流量成本、有效客户成本、成交的订单数量、成交成本和客户回头率。

流量成本。在推广费用相同的情况下，投放广告后，要分别测试不同推广渠道的流量成本（推广费用/广告点击量）。在进行分析比较后，选择性价比高的渠道增加投放金额。

有效客户成本。点击不同推广渠道的广告进入企业网页的客户，有的会发出询盘和留下联系方式，这些客户为有效客户。不同渠道带来的有效客户成本（推广费用/有效客户数）是一个重要测试指标，为企业精准投放广告提供依据。

成交的订单数量。通过点击不同推广渠道的广告而来的有效客户，成交的订单数量各不相同。这也是企业进行付费推广时需要测试的重要指标。

成交成本。不同渠道带来的客户成交后，成交成本（推广费用/成交客户数）也是一个需要测试的重要指标。

客户回头率。如果企业网站80%以上的来访者，访问一次后不再来，说明企业的网站没有营销力。

推广效果测试方法包括人工测试法和软件测试法。人工测试付费推广效果时，主要有以下几种方法。

1. 不同的广告使用不同的联系电话、QQ或联系人，只要统计联系方式或联系人即可知道不同广告的效果。如企业分别在土豆和优酷网投放广告时，可以在优酷网的广告留固定电话，土豆网的广告留400电话。只要客户来电，即可了解哪个网站带来的访客多，询盘率与转化率高。

2. 在企业的网址上做标记。凡客诚品在百度上既有付费推广也有免费推广，当有人搜索凡客诚品时，百度会推荐多个凡客诚品官网。分别点击付费与免费的广告进入凡客诚品的网站，可以发现网址都很长。这是因为他们的推广人员在网址后面分别添加了标记，以便从网站后台了解付费推广与免费推广带来的流量数。因此，进行付费推广效果测试时，老板要懂得要求推广人员对不同的推广链接做标记，以便分析哪些渠道投放广告性价比最高。

3. 询问客户。一个简单有效的方法即由客服人员询问已成交客户或意向客户，了解他们是从哪些平台找到自己，或者是通过搜索哪些关键词找到自己的。

4. 为代理商或业务员配置分站系统。通过分站系统，可以清楚了解订单或来访者是谁带来的，从哪个网站分流过来的。

软件测试。 利用软件进行统计。企业搭建营销型网站，可以要求建站公司安装 CNZZ、百度统计、Talk99 等专业软件。这些软件有利于精确分析广告投放的效果。

付费推广和企业官网的联系十分紧密，而我们将会在接下来的第 14 章分享如何搭建营销型网站和手机官网。

扫我学习
《移动大数据时代的品牌营销机会》

第 14 章
搭建营销型网站及流量转化节点

互联网经济使给予成为一件轻而易举之事，我们可在网上赠送别人许多"内容"，并且几乎不用花钱。

——杰夫·沃克：《浪潮式发售》

2015年夏天，上海某五星级酒店。我讲完一节课，从教室走出来。推开教室的门，看到常熟华瑞针纺织的薛书兵总经理站在走廊里。脸上残留的汗水显示着他内心的激动，他头发有些湿，看起来却显得更加精神了。他看到我出来，急忙笑着走过来。寒暄过后，我们走到酒店大堂旁边的茶座。薛总应该知道，我的课间时间只有10分钟。他直入主题："单老师，我此次专程过来，向您汇报网站运营成果。"

我笑着鼓励他继续说下去。

薛总说："感谢单老师的团队把我公司的官网搭建成为营销型网站，网站开通运营3个多月了，我们每个月都能接到网络订单，少则几万元，多则几十万元，最高纪录是80多万元。我以前只知道做阿里巴巴，还以为是做好网络营销了，原来我错过了这么多商机，真应该早些找到牛商网。"

我说："薛总，很高兴听到你取得了良好的成绩！"

薛总继续说："可惜的是，我们没有赶上今天的课程。不过，我们刚才在工作人员那里报名参加长沙的运营班。我们想得到您更多指教。"

我说："薛总，欢迎。长沙见。"

在长沙开设运营班时，薛总带着核心团队从江苏赶来上课。几个晚上，他以美食为"诱饵"，拉着我们团队成员为其出谋划策，直到凌晨一两点钟。时至今日，我在创作本章开篇案例时，仍旧想到了薛总。一方面，我忘不了他令人难忘的笑容和难以掩盖的喜悦；另一方面，我真心为他在课后躬身践行，取得丰硕成果高兴。

在本章中，我们将会介绍营销型网站的要素、优势及搭建方法，希望更多企业家学员能够像薛总一样，取得满意效果。

营销型网站的七种力量

越来越多传统企业"触网"，并开始寻求"破网"之道，但这些企业并非都是一帆风顺的。网络营销这条路并不容易走，有些企业经历了一段时间的跌跌撞撞，最终放弃了。但也有许多企业，像山东金马首装饰材料公司一样，通过系统学习与实践网络营销，最终探寻出来一条适合自身发展的网络营销之路。

2013年圣诞节，我收到山东金马首装饰材料公司郭欣总经理发来的信息："单老师，谢谢你，让我们昏睡十多年的网站，大梦方醒。"他告诉我，网站改版上线后，当月就成交了好几笔订单。这也正是衡量网络营销成败的关键指标。对于大多数网络营销模式而言，成交的

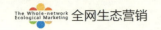

关键指标是网站的转化率，这个指标主要取决于网站的客户体验和流量的质量度两大因素。

前者主要体现在网站框架、整体视觉、商品销售力和公信力等方面；后者主要体现在网络推广是否精准，是否能够吸引目标受众群体，传播信息设计途径是否符合这些人的心理预期等。概括起来讲，营销型网站需要具备七种力量：

第一种力量，清晰结构流程的吸引力。框架之于网站，就像梁檩之于房屋，也像地图之于旅客。它们既是高度抽象的脉络，又是实际存在的条框。营销型网站规划始终围绕用户的思维习惯，引导他们购买，触发他们联系客服，撩动他们拨打电话的意识。同时，规划时也会考虑搜索引擎的偏好，通过合理的层级和内链，方便网络"蜘蛛"搜索到标的内容。

通常情况下，F形布局是比较常见且稳妥的视觉结构。

第二种力量，视觉传达的传播力。视觉是网站用户接触企业的"第一印象"，所以它比广告语、关键词等文字内容更加直观地传递信息。网站的视觉传达需要从用户的审美习惯出发，投其所好。切忌单凭个人喜好，或为体现企业个性，而故意把网站装饰得太过花哨。

规划鑫晟太机械网站时，我们之所以用鲜明的蓝色为基色，是因为他们专注研发与畅销了13年的主打型产品喷浆机是以蓝色为主的，见图14.1。同时，我们选择了灰色（也是一种浆的颜色）作为辅助色，简单，主次分明。目标客户打开网站，第一眼就可以发现重点，并且找到一种熟悉的感觉，从视觉上更容易被打动。

第三种力量，展示体现的营销力。企业搭建网站，目的就是为了全方面展示自己，推广自己，并实现销售。因此，商品展示是网站规划的核心要素之一，能否打动用户，主要看商品展示页面是否具备很强的成交力。而商品展示的关键是借助图片、文字、视频等技术，强化核心卖点（USP）。FABE法则是一套系统的、行之有效的说服法则。

图 14.1　鑫晟太机械营销型网站

◆ F（Features）表示产品的基本特征。

◆ A（Advantages）表示产品特征具备的优点。

◆ B（Benefits）表示这些优点能够给客户带来哪些利益。

◆ E（Evidence）表示寻找证据支撑上述描述。

　　第四种力量，高价值内容和极高的公信力。FABE 法则的 E 可以增加网站的公信力和信任感。另外，网站通过展示公司、品牌、企业文化、新闻报道等内容，也可以增加公信力，但不能过分夸张。企业通过展示技术实力、认证、专利、成功案例、行业经验等内容则可以满足客户对高价值内容的需求和期望。例如，兴弘卫浴在其营销型网站上，通过展示技术资质证书和成功的案例，提高网站公信力。

　　第五种力量，对搜索引擎的适应力。其实，在这一点上我们不必长篇大论。搜索引擎是目前主要的网络入口，也是营销盈利模式绕不开的一道坎。我想强调，务必严格网络盈利系统之关键词定位系统，筛选关键词进行推广，并长期进行内外部优化。

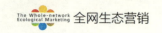

第六种力量，客服及销售系统的成交力。提到客服，许多人或许会首先联想到 10086、400 等热线电话另一端的甜美声音。在高效运营系统里，客服是最为关键的一环。虽然客服也通过 400 电话、客服系统、QQ、MSN、微信等在线方式与目标客户联系，但还应该出现在页面的合适位置，以备不时之需。客服人员不仅要对产品或服务细节表现出专业性，更要具备超强的销售能力和娴熟的销售技巧。

第七种力量，安全后台的便捷力。虚拟服务器或租用的空间是否安全，访问速度是否够快速，程序是否稳定等因素都是满足目标客户成交的必备后台。后面不仅需要支撑简洁方便的访问页面，也要支撑网站数据监测分析。

营销型网站不仅要有上述七种力量，还应该有六个营销特质。

1. 5秒钟告诉访客，我们是干什么的。

2. 30秒让访客找到要找的东西。

3. 设计简约大气，应时应景，让人眼前一亮。

4. 新闻资讯实时更新，案例真实生动。

5. 文案能传递情感，给访客更多贴心关怀。

6. 产品描述应该突出核心卖点和客户利益，而非产品信息。

仅需五步，搭建营销型网站

罗马不是一天建成的，北京的雾霾也不是一天造成的，营销型网站也不会是一天变出来的。不过，通过实施下面五大步骤，我们可以快速搭建一个营销型网站。

步骤一，从老板转变观念到全员参与。搭建营销型网站是全网生态营销落地的一个关键环节。这毕竟是一项投资，需要拿出真金白银搏击市场，老板应该与团队成员一起学习和实践，可不能当甩手掌柜。如果老板只是把网络营销作为一种营销渠道，开设一个网络营销部门，这样转型成功的概率是非常低的。在这方面，我非常佩服深圳荔花村茶叶有限公司的李佳霖女士。

2002年，李佳霖女士创立了深圳荔花村茶叶有限公司。一直到2012年，她的生意都做得顺风顺水。2013年，她感受到政策变化和经济不振造成的影响。

当一位朋友带着她来找我咨询时，我明显感觉到她的冷漠。从后来的交谈中得知，李总在2003年就建立了网站，但在之后的十多年里，从来没有接到过询盘。她说，建网站的目的是"可以在名片上印上网址，感觉好看又时髦"。这导致她对网络营销充满了抵制和排斥。

后来，她不好向朋友交代，抱着试试看的心态参加了我们的培训。我们的专家老师利用业余时间，投入大量精力，与李总一起研究行业现状和荔花村情况；又用一整天的时间，把四大定位系统演练了一遍。最终，李总决定选择批发作为盈利模式，并且开始进行全网营销。她不仅自己全程参与课程，还把核心团队成员请到了课堂。经过一段时间的努力，荔花村营销型网站终于上线了，并在第2天就接到了订单，20天成交380万元的订单。

步骤二，从网络营销盈利模式定位开始，做好结构规划。我们在第8章里讨论了网络营销盈利模式定位系统。我们提炼了三大盈利模式，分别是零售模式、形象展示＋销售模式、平台模式。并且，我们把形象展示＋销售模式细分为直供、招商加盟、分销和定制四个细分模式。我们根据不同盈利模式，规划不同的网站结构框架。稍后，我

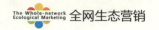

们将在后文详细讨论此类内容。

步骤三，设计清晰的产品分类结构。对产品进行分类，并依此制作导航条。我们通常会采用下述五种类型的分类方法。

1. 按照客户的习惯叫法分类。

2. 按照客户应用场景分类。

3. 按照行业分类。

4. 按产品材质分类。

5. 按产品功能、特性分类。

步骤四，用心准备文案图片资料。文案是网页传递信息的首要因素。我们需要考虑文字的字体、字号与颜色等因素。这些因素需要结合目标客户自画像设定。

网页的色彩是企业对用户心理的解读。图14.2是一家针对母婴用品的网站，底色采用温暖的色彩，导航栏设计成粗体的阿拉伯数字，并且组合在一起，还有故意留白处。这种字体和组合设计方式正是小朋友和年轻妈妈频繁接触到的形式。年轻人群喜欢色彩亮丽的事物，

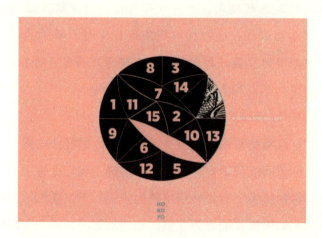

图14.2　www.nadezhda.bg 网站首页（2015 年）

而年纪较大的人群则喜欢稳定高贵的色彩。同时，我们在规划网站时，一般不会超过 3 种颜色。颜色除了可以拉近企业与用户的距离，也可以设计成从心理层面促使成交的暗号，或者叫做"锚"。

图片既是装饰，也是用户了解企业、产品或服务的直观途径。有时，一幅恰当的图片的确可以起到无声胜有声的效果。

步骤五，博览群站，找对感觉，建立网感。我们通常所谓的"网感"，是指对网络的认知和感觉。许多企业在描述新媒体运营类职位时，经常会提到网感。虽然老板不需要亲手设计网页，但如果他的认知、语言和思维还停留在传统媒体时代，那么，他很难和"互联网一代"的年轻成员沟通或讨论问题。

毕加索说："好的艺术家复制作品，伟大的艺术家窃取灵感。"乔布斯非常认同这句话，并把这句话融入苹果系列产品设计中。他说："我们从不为自己偷学伟大的创意而惭愧。Mac 系列电脑之所以伟大，其中一个原因是创造它的是一群音乐家、诗人、艺术家、动物学家和历史学家，而他们恰恰还是世界上最好的计算机科学家。"网站设计也是一门艺术，我们也需要博览群站，窃取灵感，建立网感。

营销型网站页面规划要点

技术正在深刻地改造着我们的生活。当然，技术也在改造着我们对网站规划和设计的认知，一个最重要的表现就是，用户越来越注重线上体验。知名页面设计师托马斯·佩勒姆（Thomas Peham）在《2017年十大网页设计趋势》一文中认为，传统意义上的网页设计正在消亡。网页设计师的职责不再只是让网站"看起来漂亮"，而是需要研究用户体验，以及通过网页连接两端人群之间的故事。也就是说，网页或许正在变成企业向用户讲故事的途径。另外一位知名网页设计师埃瑞克·梅耶（Eric Meyer）在杂志《幕后》（*Offscreen*）中声称，他停止

称自己为网页设计师，而是称自己是"体验设计师"。

那么，我们规划的营销型网站也会遵循以用户为中心的理念，更加关注企业使用体验、目标人群体验，以及他们之间的故事。

导航分类要点。导航分类需要依据产品分类进行设计。比如，宜家网站的产品分类依据客厅、餐厅、卧室等用户使用场景，见图14.3。

杜康酒官网依据用户对产品的习惯叫法设计导航条，如商务用酒、婚庆用酒、定制酒、礼品用酒等，见图14.4。

图 14.3　宜家官网导航条依据用户使用场景分类

图 14.4　杜康酒官网导航依据用户习惯叫法分类

除此之外，设计导航条时，我们还可以依据行业、产品材质或功能等进行分类。

栏目页规划要点。栏目页是网站首页与内容页之间的过渡页面，根据网站的整体结构和信息类别，制订具体分类。栏目页规划是指网站各个栏目页面设置哪些板块，以及如何安排内容。通常，栏目页规划需要遵守六个要点。根据访客进入网站后的浏览轨迹规划板块展现的先后顺序。

美国长期研究网站可用性的著名网站设计师杰柯柏·尼尔森（Jakob Nielsen）在《眼球轨迹的研究》一文中指出：大多数情况下，上网浏览者都不由自主地以F形模式阅读网页，这种基本恒定的阅读习惯决定了大多数网页都倾向于呈现F形，见图14.5。

尼尔森使用眼动仪测试不同页面，得到三张热度图。他用颜色表示浏览者眼光聚集的热度：红色表示最高热度，黄色表示较高热度，蓝色表示一般热度，灰色表示没有被关注，如图14.6。

根据这一理论，我们在规划网站栏目页时，应该满足用户习惯性的F形视线运动轨迹。在F型区域范围内，采用合理方式，引导用户行为，满足用户需求，从而促进产品销售。依据此理论规划栏目页的导航系统，可以极大提高网站的易用性，让用户更快捷找到自己想要看到的内容。我们搭建营销型网站时更应如此。

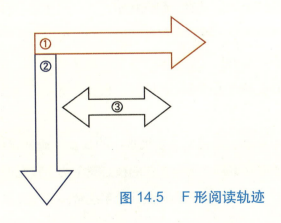

图 14.5 F 形阅读轨迹

259

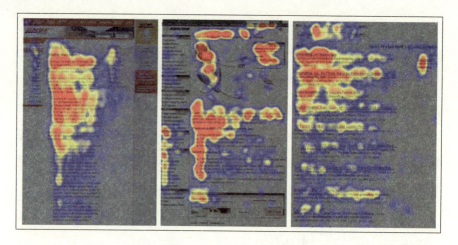

图 14.6　用眼动仪测试不同网页的关注轨迹

思考和研究访客停留在各个板块时，会生产什么样的联想。设计某个板块时，企业希望访客联想到什么？通过组织样本客户调查，他们联想到的内容是什么？是否一致？

设置清晰的导航指引和方便醒目的按钮。清晰的导航和醒目的按钮在转化过程中起到促进作用。设置按钮时，如果空间允许，可以使用大按钮，突出它的重要性。按钮的位置也需要遵守人们的视觉习惯，页面中心位置、黄金分割点、对折处等位置都属于视觉重点区。大胆使用颜色，使它从底色中跳脱出来。网页留白处也是设置按钮的一个奇特点，可以立即获得用户的注意力。如果使用"立即购买""加入购物车"等简练清晰的文案，配合按钮，可以给用户一种莫名的点击驱动力。也可以把点击按钮的好处通过文案展现出来。

突出核心产品的展现位置和展现量。通常情况下，主广告位会放置企业的核心产品，见图 14.7。同时，也要在更多页面上增加核心产品的展现量。

突出重点新闻、重点案例在展现中的权重。通过展示重点新闻、资质、专利或成功案例，突出企业的核心竞争力。广州西森自动化控制设备有限公司是国内领先的蒸汽计量系统解决方案提供商。我们给他们策划的营销型网站，重点体现了公司的稀缺资质、技术实力和公信力，见图 14.8。

选配应时应景的图片和有吸引力的文案。我们在前文讲述了如何选配图片和文案，这里就不作展开了。

页面规划要点。网站内页规划是指在搭建网站过程中，规划到某个具体页面。通常，我们需要从内容和策划入手，这些内页是转化的重要环节，文案和美工在这个页面上拥有更多的发挥空间。

图 14.7　欧镭手表官网在主广告位展示核心产品

图 14.8　西森自动化官网凸显公司取得的稀缺资质

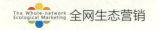

1. 每个页面都应该有明确的主题，围绕主题规划板块及内容。

2. 策划和文案编辑是内容页面规划的灵魂工程师，应该重点突出营销信息，而非产品信息，注重文案交互性设计。

3. 图文并茂，强调美感，采用能够吸引眼球的文案及版式，方便访客扫读。

4. 设置清晰的产品导航链接、产品推荐等信息，引导访客到达相应的详细页面，并争取访客延伸消费。

5. 恰当设置有点击欲望的探头，引导访客在线咨询，如400电话、QQ、微信、在线留言等。

四类内容页的视觉表现形式。内容页面的视觉表现形式需要依据传递的内容进行设计。内容页通常包括功能介绍类、使用说明类、推广类、解决问题类。

功能介绍类：展示产品功能、特点及促成转化，可采用文案配合界面、插图的形式。

使用说明类：这类页面用来解释用户在使用过程中可能遇到的困难、操作详细步骤等信息。通常以文字为主，可配合适当操作图示。虽然这类页面的展现量相对较低，但转化率比较高。对一项产品的了解，已经到了研究操作细节的程度，距离成交也就只有一步之遥了。因此，在这类页面上，一定要体现转化机会。

推广类：这类页面除了产品介绍，更多是传递产品之外的一些信息，比如用户体验、场景、态度或情怀。这类页面可以作为独立的页面，进行站外推广，发挥登录页的功能。因此，其设计风格应该与产品、企业的风格保持一致，也需要能够吸引眼球的元素，以及SEO或投放竞价广告的关键词。

解决问题类：通过描述使用过程中遇到的问题，直击痛点，并提供解决方案，从心理层面向用户传递一种值得信任、负责任的好感，提高用户黏度。

营销型网站必备五大基础功能

营销型网站应该包括五大基础功能：静态网页发布功能、独立SEO优化功能、站内图片标签优化功能、网站地图功能、关键词内链自定义功能。

静态网页发布功能。静态网页是指实际存在的、不需要服务器编译的、直接加载到客户浏览器显示出来的页面。它会占用少量服务器空间，并且以 html 结尾。静态网页发布功能有三大优势：

优势1：静态页面占用较少的服务器资源，访客的访问速度更快。

优势2：优化系统性能，节省服务器费用。

优势3：提升系统的稳定性和安全性。

独立 SEO 优化功能。独立 SEO 搜索优化包括两层意思。第一层意思是指使用独立 IP 主机空间。首先，独立空间可以有效规避共享空间的连带风险。如果实体商业街上的店主想知道隔壁店面是餐饮店还是理发店，或者其他什么业务，其实很简单，他走过去，一眼就可以看出来，但在租用服务器的虚拟空间里，我们很难知道隔壁空间的存放内容。如果他们存放大量色情、违规内容，一旦受到政策性处罚，我们的空间也会遭受连带影响。

其次，独立空间可以免受攻击。再者，独立空间可以提升用户网站被搜索引擎收录的级别，这是稳定排名的一个重要因素。最后，可以用 IP 直接访问网站，避免共享空间报错的风险。独立 SEO 搜索优化还有利于新站进行全网营销推广，快速提升排名。

第二层意思是指可以对独立页面 URL 地址进行搜索引擎优化。每一个页面都应该能够自定义地址。并且，每个页面都可以独立设置标题 (Title)、关键词 (Keywords)、描述（Description）。

站内图片 ALT 优化功能。ALT 标签是指当鼠标移动到某幅图片上时，出现的提示性文字，也就是对这幅图片的解释说明、传递的意思或者来源链接。ALT 标签是搜索引擎允许在网页上使用的唯一合法性隐藏文字。百度研究院在《百度搜索引擎优化指南 2.0》一书中认为，给图片加 ALT 说明的优点在于，当网速较慢，无法正常显示图片时，能让用户明白图片传递的信息，也让搜索引擎了解图片内容。

许多人会把这项功能当作标记关键词的好地方，一股脑儿罗列很多关键词。其实，堆积关键词，不但不能给搜索引擎优化带来益处，甚至可能由于关键词繁琐降低了搜索优化功能。因此，我们在搭建营销型网站时，可以向新浪、网易等门户网站看齐，规范使用 ALT 标签功能。

网站地图功能。网站地图是一个网站所有链接的容器，见图 14.9。

一方面，网站地图可以提高用户体验度，方便用户找到想要的内容。另一方面，当网站的链接层级比较深，网络"蜘蛛"很难抓取到关键词时，网站地图可以方便"蜘蛛"爬行，抓取网站页面，了解网站结构。一般情况下，网站地图存入在根目录下，命名为 sitemap，这也是为"蜘蛛"指路，增加网站重要内容页面的收录机会。它对于搜索引擎的好处主要体现在以下 4 个方面：

1. 把网站结构展示给"蜘蛛"看，便于抓取。

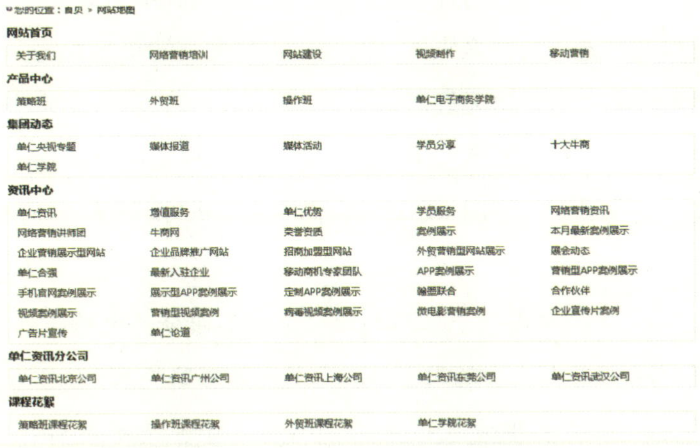

您的位置：首页 > 网站地图

网站首页

| 关于我们 | 网络营销培训 | 网站建设 | 视频制作 | 移动营销 |

产品中心

| 策略班 | 外贸班 | 操作班 | 单仁电子商务学院 |

集团动态

| 单仁央视专题 | 媒体报道 | 媒体活动 | 学员分享 | 十大牛商 |
| 单仁学院 | | | | |

资讯中心

单仁资讯	增值服务	单仁优势	学员服务	网络营销资讯
网络营销讲师团	牛商网	荣誉资质	案例展示	本月最新案例展示
企业营销展示型网站	企业品牌推广网站	招商加盟型网站	外贸营销型网站展示	聚翁动态
单仁合璧	最新入驻企业	移动商城专家团队	APP案例展示	营销型APP案例展示
手机网站案例展示	展示型APP案例展示	定制APP案例展示	融图联合	合作伙伴
视频案例展示	营销型视频案例	病毒视频案例展示	微电影营销案例	企业宣传片案例
广告片宣传	单仁论道			

单仁资讯分公司

| 单仁资讯北京公司 | 单仁资讯广州公司 | 单仁资讯上海公司 | 单仁资讯东莞公司 | 单仁资讯武汉公司 |

课程花絮

| 策略班课程花絮 | 操作班课程花絮 | 外贸班课程花絮 | 单仁学院花絮 |

图 14.9　单仁资讯官网的网站地图

2.为"蜘蛛"提供链接，指引它们抓取动态页面或难以到达的页面。

3.可以替代登录页，进行搜索流量优化。

4.当用户找不到访问的URL页面时，通常会出现"无法找到文件"错误页面，而网站地图可以替代这个错误页面。

关键词内链自定义功能。网站内链的关键词通常需要出现在内文标题、导语、开头和结尾的地方。除了这些关键地方，正文中也可以自然流露一些，但密度以2%～8%为宜。常用的关键词内链设置有DedeCms、ECSHOP、WordPress等插件工具，并且多是免费插件。

除了上述五项基础功能，营销型网站还可以采用流行的国际W3C标准进行裁切，更加方便主流搜索引擎收录。

手机网站必备四种功能

2014年10月29日，万维网联盟宣布，经过近8年艰辛努力，

html5标准终于完成，并公开发布。该版本与之前版本的最大区别在于，可以在移动设备上支持多媒体，改变用户与文档的交互方式。它可以为桌面和移动平台提供无缝对接的丰富内容，并且迅速成为移动互联网的主宰者。手机网站基于 html5 标准，可以自适应不同分辨率的手机屏幕，完成展现，见图 14.10。手机网站与 PC 网站的区别在于：

1. 显示方式：手机网站可以适应不同分辨率的手机屏幕；PC网站则主要适用于台式或笔记本电脑屏幕。

2. 图文表现方式：手机网站图片小、文字精简、凝练；PC网站图片大、内容丰富且密集。

3. 探头设计方式：手机网站以电话为主，400电话、即时聊天工具为辅助，可配合社交应用使用；PC网站是即时聊天工具为主，400电话为辅助。

4. 浏览方式：通过手指滑动和触动浏览手机网站；通过鼠标点击、滚动、下拉浏览PC网站。

图 14.10 天地伟业商贸有限责任公司的手机网站

手机网站通常需要具备以下四种功能。

自动识别功能。分别在手机和 PC 上输入 www.srzxjt.com，搜索结果是不一样的。这是因为，使用 html5 技术搭建的手机网站具备自动识别功能，可以跨平台使用，也可以区别访客的终端设备，并以不同的打开方式推送内容。

自适应功能。早在 2010 年，伊森·马考特（Ethan Marcotte）提出"自适应网页设计"这个名词，意思是可以自动识别屏幕宽度，并调整网页设计。也就是所谓的"一次设计，普遍适用"。html5 标准终于具备了这项功能，并普遍应用在手机网站上。

可优化功能。手机搜索可以带来大量的免费流量，而对于手机搜索来说，同样需要识别网页内容。因此，我们也需要设置关键词，进行移动搜索引擎优化。

统一后台管理功能。一方面，近两年兴起的云适配技术不仅能够妥善解决 PC 网站在移动客户端浏览的字体、排版、显示等问题，还能够适应不同大小的屏幕和各种浏览器。另一方面，通过云适配技术，手机网站可以与 PC 网站共用一个后台，使用相同域名。

无论是更新维护，还是推广优化，都更加方便。企业也不需要雇用专门的高级美工、程序师、网站编辑开发维护手机网站。如果把微信后台和网站后台实行统一管理，三合一同步更新，就可以更进一步提高工作效率。

手机网站在全网生态营销中的应用

随着移动互联网越来越普适化，手机网站作为全网生态营销的一个节点，作用越来越大。传统行业的中小企业也应该与时代同行，考虑如何运用最新的平台，开发更多客户，在更大范围里宣传推广企业品牌或产品服务。

267

移动搜索应用。手机网站可以让用户通过移动搜索引擎找到企业。在这个过程中，企业也应该提供优质的用户体验。

社交平台应用。在 QQ、微信、微博等社交媒体平台推广手机网站，方便手机用户直接访问。

传统营销应用。给手机网站制作一款二维码，印制在展会物料、名片、外包装等地面营销载体上，进行传播。企业也可以把二维码印制在报纸、杂志或广告牌等线下媒体上，当用户在传统渠道触点发现企业二维码，扫描后，即可进入手机网站。

如何选择建站公司？

10 多年前，互联网刚兴起时，山东金马首装饰材料有限公司总经理郭欣也热血沸腾，投入重金，搭建起企业官网。然后，他就开始守在办公室，天天盯着电脑，等客户询盘。

一天过去了、两天过去了、一周过去了、一个月过去了、一年过去了，他的热情随着时间的增长而不断消退。用他的话说，投的钱反正也拿不回来了，网站也不占地方，就放着，不再管了。没有想到，这一荒置就是 10 多年。

像金马首这样的企业还有很多。我们依据近 10 年的网络营销与搭建网站的经验判断，网站的成功不仅体现在搜索排名和视觉呈现方面，更会贡献真实的业务收入和利润。或者说，好网站应该是企业的利润中心，而不是费用中心。对于大多数中小企业而言，建站公司的报价可以作为一个选择依据，但名气可不能作为选择依据。除了价格，我们还应该从以下几个方面选择建站公司。

首先，仔细研究建站公司的案例。一是有没有同行业、同类型或相似的网站建设经验。如果有过类似经验，那么，我们要评估这些网站的结构、导航、分类、板块、美工、后台操作等内容。

其次，**建站公司应具备什么样的营销策划能力**。这个行业一直是鱼龙混杂的。有些个人公司，或者叫皮包公司，装一台笔记本电脑，就开始四处揽生意了。这样的个人几乎不可能具备营销策划能力。

再次，**拥有怎样的自主研发能力**。这是唯一的技术指标。比如对比他们某家客户的网站与同类型网站的排名。网站有没有挂木马？收录情况怎么样？代码结构是 DIV+CSS 还是 table 布局？网站打开速度怎么样？是否符合搜索引擎抓取习惯？这一点是最重要的，因为企业在后期需要推广。此外，还要对比建站公司在不同时间段做的网站，有没有明显的进步或创新，有没有一些独特的行业实践与积累。

最后，**后期维护与售后服务能力**。无论后台程序还是前台美工，企业都会定期或不定期调整与更新，他们有没有人力与意愿度保证做好这一点。一般来说，大公司的信誉好一些，小公司与工作室能力有限。例如，单仁资讯与牛商网双剑合璧，两个主体既有合作，又有相对独立性。前者负责营销培训，后者负责落地实施。像这样的组合，国内几乎不可能找出第二家。

营销型网站=流量×转化率

流量碎片化程度越来越明显，尽管免费流量在总体搜索流量中的占比越来越低，但大家丝毫没有放弃这类流量的意思，相反，大家更加珍视这些旨之即涸的"护城河水"。原因是，当城门失火时，护城河往往是最近的水源。在前文中，我们分享了关键词定位、搜索引擎优化、内容营销、口碑转介绍、移动营销、付费推广、搭建营销型网站等内容。在全网生态营销系统中，这些工作都是为了提升流量，而流量是体现网站成功与否的指标之一。但如果运营人员只是流量的守护者，而无法变身成为转化的急先锋，那么网站就会出现高流量、低转化率的问题。如果以零售或招商加盟为盈利模式的网站遭遇这样的困局，成交和变现能力自然会大打折扣。

试想一下，流量和转化率这两个指标，如果有一个指标接近零，无论另外一个指标有多大，结果都会趋于零。因此，片面追求其中任何一个指标，都是不明智的行为。流量是指网站的访问量，具体为访问一个网站的用户数量以及用户浏览的网页数量。常用的统计指标包括独立访问数量、总用户数量、重复访问者、网页浏览数量、个人页面浏览数量、用户在网站平均停留时间等。

转化率指希望用户按照某路径，到达某个最终页面的比率，等于到达最终页面次数除以总访问次数。最终页面包括注册页面、在线咨询、下单、留言等。

识别访客身份，分析访客行为

首先，我们可以借助站长网（CNZZ）服务统计、51.la 统计服务、商务通、站长工具等相关监控软件，简单了解到访的用户究竟是"过客""常客"，还是"回头客"。

其次，使用统计工具记录页面点击、打开、停留等行为，以及访问页面的先后顺序、相应的消费等行为，并进行分析。我们可以得出访客对哪些页面或哪些内容感兴趣，并依据这些信息，完善页面内容，提高用户黏度和自身说服力。

再者，记录访客在不同页面的停留时间，回过头来判断哪些内容是访客希望看到的，哪些内容是他们根本不会关注的。然后，有针对性地调整内容，修正页面。这样的行为可以提升网站权重。

总之，识别访客的过程，也是我们对自己网站内容的一次认识。就好比现实生活中，人与人之间的交往。当我们自认为对另外某人有了更深刻的了解时，其实，我们已经被对方获取了更深刻的了解。企业网站与访客之间的每一次互动，每一个触点都是企业提升流量和转化率的机会。通常，我们分析流量的目的在于，为下一步调整推广策略、资源配置提供数据支持。此举让我们的推广更加有针对性，少做一些"擒龙功"。流量分析主要包括以下几个维度：

来源分析。通过分析来源，我们可以找出哪里的推广有了效果。如果我们同时进行多渠道推广，还可以对比不同渠道推广的优劣。我们应该投入更多资源在效果好的来源，减少对效果较差的来源的投入。同时，我们还可以获得不同推广渠道的转化率，见图 14.11。我们发现，直接输入网址访问网站的用户拥有最强烈的成交愿望，而通过论坛、社区等途径找到企业的消费者，拥有较低的成交意愿。

时间段分析。大多数网站的访问频率都有一定的规律。粗略地看，白天会比晚上产生更多流量。但也有一些特殊的产品或服务，比如电影类网站的流量与此相反。据统计，女装网店的流量高峰会出现在 11：30 ~ 14：00 和 18：00 ~ 22：00。这两个时间段是大多数女性的休息时间，利用这样的时间逛网店、网购或许是许多女性的一种消遣方式。因此，在这类时间段，进行有针对性的推广活动，会获得事半功倍的效果。

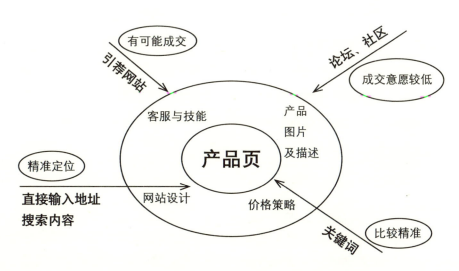

图 14.11　不同渠道推广的效果

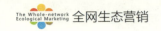

按地区分析。中国地域辽阔，各地区都有独特的生活方式或喜好。此外，餐饮、家电维修、设备安装等服务会受到业务半径限制。比如，深圳某家电维修公司分析自家网站流量，他们发现，来自北京的搜索流量占了很大比例。即使如此，北京一个家庭的电冰箱出故障了，搬到深圳修理，或请深圳的维修工人上门服务的概率有多少？再进一步讲，如果这家维修公司发现大部分流量来自北京，而深圳本地流量少得可怜。这说明他们的推广策略出现了严重问题，需要及时调整了。

除此之外，流量分析还可以从产品类别、驻留网页时间等方面分析网站流量。

如何进行流量质量分析？

通过对网站流量进行质量分析，我们可以区分真实流量和虚假无效流量。我们用横轴表示获得的访问量，纵轴用商品浏览、注册、购买等事件次数表示质量。圆圈表示流量，而圆圈大小表示获取此流量的成本，见图14.12。

第一类，质高量高的流量是网站的核心流量，建议保持稳定性的前提下，降低获取流量的成本。第二类，质高量低的流量是网站的忠诚客户，建议提高这部分流量。第三类，量高质低的流量，建议使用细分方法，提升此类流量的质量。第四类，量低质低的流量，建议使用细分方法，提高流量的质量。通过区分这几大类流量，企业更加可以有针对性地设计转化节点，实现成交。

PC端和移动端节点设置原则

用户接触企业的渠道越来越多，企业需要依此情况设置转化节点。一方面，可以搭建营销型网站及开发手机网站；另一方面，也可

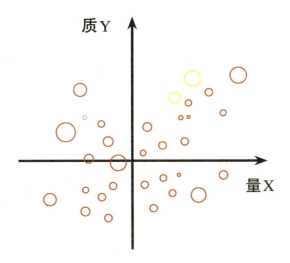

图 14.12　网站流量的质量分析

以在阿里巴巴、淘宝网、京东、当当、亚马逊等第三方交易平台开发客户或开设直营店铺，以此布局转化节点，见表 14.1。虽然移动端微商城也可以作为一个转化节点，但并不建议企业急着开发这个节点。

PC 端转化节点设置原则。首先，装饰店铺。无论是在阿里巴巴、淘宝网，还是京东、当当等平台开设的直营店，我们都需要认真"装修"店铺。这属于美工的工作内容。其次，突出自家的核心卖点或独特优势，寻求与竞争对手的差异化。最后，采取有竞争力的定价策略。有竞争力的定价策略是指提供超越竞品的品质或服务，采取高定价，获取更多利润空间。

O2O 平台节点设置原则。现在，越来越多人在衣食住行等方面线下消费前，会通过大众点评网、58 同城等 O2O 平台查找商家信息、对比产品类型及服务种类。这些平台的用户量大，适合餐饮、休闲娱乐、美容美发、教育培训等生活服务类企业布局流量转化节点。

首先，企业可依据产品与服务特点选择主流平台。多数行业型平台的知名度不高，自身客户量不大，如果选择在这些平台推广，企业无法获得良好的引流效果，更难谈转化效果了。

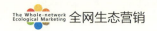

表 14.1　PC 端与移动端常见的展示与转化平台

转化节点	PC 端	移动端
第三方交易平台	阿里巴巴、淘宝网、京东等	微商城
O2O 平台	大众点评、美团网、百度糯米	
登录页	产品或服务的介绍登录页	H5 页面
企业官网	PC 网站（营销型网站）	手机网站

　　其次，了解不同平台的推广方式和促销活动，争取参与其中。这样可以吸引到更多目标客户围观，促进成交与传播。在这类平台上，消费者的评价尤其重要，好评可以贡献更多消费者。消费者通常会查看过往消费者的评价，决定是否到线下消费。因此，企业可以通过打折、赠送礼品等方式，引导消费者给予好评。

　　最后，企业的线下服务与线上活动需要形成良好、完整的互动闭环。

　　现在，很多企业的线上宣传推广活动做得很好，卖点展示也不错，但消费者在线下享受到的服务体验比较差。线上推广做得再好，线下服务无法给顾客带来满意的体验，依然会影响企业线上的转化与成交。

　　登录页节点设置原则。登录页又叫推广页，在 PC 端即产品或服务登录页，在移动端比较常见的是 H5 页面。登录页可以是网站内页的一个页面，也可以是一个独立页面。企业只有比较单一的产品和服务时，没必要做一个网站。这时，可以制作一个登录页，作为产品推广及成交转化的节点。比如，企业近期准备上市一款新产品，需要重点推广或举办活动，就可以用登录页作为转化节点。

　　在前期策划登录页时，我们需要让内容具有一定的说服逻辑。通常情况下，普通客户购买产品时，会经历三个环节：

第一，理解环节，即客户理解企业提供的产品与服务。策划登录页，需要在这个环节模拟客户行为，明确相关需求，以及是否真的需要企业提供的产品或服务。客户理解环节也是方案收集环节。在这个环节，企业收集很多解决方案，确保满足客户需求，并且客户能理解企业提供的解决方案。

第二，信任环节，即客户评估方案，并产生信任的环节。在成交之前，客户通常会评估企业提供的解决方案的可行性。在评估过程中，客户会产生很多疑虑和困惑，登录页的内容需要能够打消客户的抗拒与顾虑。这也是企业与客户建立信任的过程。

第三，行动环节，即让客户执行方案的环节。当客户从登录页获得信任后，就需要促使他们马上询盘或订购。这时，登录页需要引导客户的成交行为，让他们立即执行。

策划登录页的过程中，最重要的是先确定企业的目标客户和他们的需求，将相关内容确定后再做登录页，使登录页成为转化率较高的转化平台。另外，登录页非常适合企业进行产品展示，或者进行阶段性促销推广。但是，企业制作登录页之前，需要提炼卖点，准备图片素材。图片是非常重要的，一张好图片甚至胜过千言万语。

企业可以选择与外部公司合作，制作 PC 端登录页，让外部公司策划及设计登录页。企业也可以使用易企秀、兔展、初页等工具，制作登录页。但是，无论企业自己做还是外包，必须清楚制作登录页的目的是转化成交。

营销型网站节点设置原则。企业官网是全网生态营销转化平台的核心途径。在移动互联时代，企业的客户来自不同渠道，所以不仅要在阿里巴巴、京东等第三方交易平台开店，还要同时搭建营销型官网。

企业实施全网生态营销，需要在 PC 端搭建营销型网站，在移动端打造手机网站。关于网站搭建，我们在前文中已经进行了详细阐述。

微商城节点设置原则。我们虽然不建议企业盲目开设微商城，但也会支持需要开办微商城的企业伙伴。其实，微商城只是企业在移动端展示和销售产品的手机网站，因为它可以与微信深度对接，所以通常称为微商城。

首先，微商城需要有简单明了的产品导航，方便客户快速找到需要的产品。

其次，微商城网站需要有清晰的结构和路径，方便客户快速浏览。客户在浏览微商城时，通常会不断切换页面。比如，从首页进入产品列表页，然后进入产品内页。当客户浏览过一个页面，返回上一个页面时，要有非常清晰的路径。

最后，客户搜索更加便捷，查找更加迅速。在微商城上，如果客户不能快速找到所需商品，就需要提供产品关键词搜索功能，让他们通过搜索迅速找到对应产品。

除了上述要点，微商城的产品详情页布局也非常重要。因为客户决定购买时，是在这个页面转化成交的。因此，我们需要精心设计此页面的视觉感、内容布局，通过图片、卖点打动客户。

第 15 章
全网生态营销实战案例解析

你更新状态后，却无人跟帖；发布了一条睿智的微博，却
无人转发。这相当于你讲完了一个笑话，却遭遇了冷场。你应
该反思或重写你的故事。因此，我们在网上展示的并非真实的
自我，而是戴着面具，迎合我们周围人的看法。

——《华尔街日报》记者　尼尔·施特劳斯

在第 7 章，我们分析了传统企业向互联网转型时，如
何重构盈利模式。我们总结了三大网络盈利模式：零售模
式、形象展示＋销售（包括非标＋大宗交易模式、批发、
招商、定制）以及平台模式。在本章中，我们借助几个案例，
分别了解不同盈利模式企业如何开展全网生态营销以及他
们取得了哪些成果。

全网推广五大步骤

经验丰富的渔夫在出海捕鱼前一定会事先准备好渔网、
渔叉等工具，了解鱼群经常出没的水域。然后，他们才会
驾船出海，期待获得丰收。全网推广工作与捕鱼类似，我
们在前面章节里介绍了各种工具及经验。现在，我们具体
了解全网推广的五大步骤：

第一步，招聘与培训专职推广人员。万事人为先。人自然是落地执行全网生态营销的前提。我们可以从外部招聘拥有丰富经验的人员，也可以从内部其他岗位选调人员，进行培养。但无论人员来自内部或外部，都应该是专职从事推广工作的。对此，我们需要给出明确的岗位职能、职责，还有绩效考核标准。我们会在第18章展开讲述这些内容。

第二步，搭建具有传播力、营销力和成交力的营销型网站。详细内容参考第14章。

第三步，批量占领免费推广平台，包括综合性平台和行业性平台。

第四步，开通百度或其他付费推广账号。

第五步，监测流量、转化率等数据，持续优化效果。推广是一场"持久战"，我们从一开始就要"广积粮，高筑墙"。

当然，这五个步骤没有严格的先后顺序。但就像木桶理论的寓意那样，这五个步骤中的短板决定了全网推广的效果。因此，我们需要持续关注这些内容，并补强短板。

砸烂镣铐舞尽欢：大宗交易、批发、招商类企业推广策略

如今，荣高门业的销售服务网点覆盖了全世界30多个国家和地区。在两年前，这是董事长黄荣高想都不敢想的事情。2014年，他在策略班课堂上与学员分享：

我们公司和大部分企业一样，做了一个网站，但这个网站仅起到品牌展示的作用，并没有给企业带来直接经济效益。而我们仍然依据传统的4P组合策略开展业务，公司始终处于被动境地。

在如今的"互联网+"时代，如果传统企业还依据这样的模式，那简直就是戴着镣铐跳舞，只会越来越累。面对传统企业跑业务艰难的境况，我觉得改变传统思维才有出路，而越来越多商家从线下向线上发展，并重新焕发生机，高速发展起来。因此，我决定学习实战全网营销。

实战全网营销策略班课程结束后，在不到一个月的时间里，黄荣高董事长就组建了网络营销团队，优化官网页面，进行搜索引擎优化，投放关键词广告，参与B2B电商平台推广，开展微信、微博、QQ等媒体营销。

2015年5月，课程顾问对黄荣高进行了回访。他这样告诉课程顾问：

现在，我们的网站每天有300多个访客。从2014年10月到现在，成功签约30多家加盟商，国外网站每天的询盘数量达35个，完成销售额近1 000万美元。搜索行业关键词或产品关键词，我们的网页几乎都会出现在前两页，频率非常高。公司的电商团队从最初的3人扩充到了12人。

现在，我们通过搜索及浏览相关平台，检查一下荣高门窗在网络上的部分营销动作和结果。

搜索引擎营销。搜索引擎营销的基本思路是让用户发现信息，并点击进入网站或登录页，将营销信息传递给目标客户。搜索引擎营销

的优点在于，客户基于需要主动搜索。这也说明客户对这项产品或服务的需求是有时效性的。客户通过主动搜索，也可以增进了解和加速决策。

目前，我们通常使用搜索引擎优化和关键词竞价广告这两种方式，占领百度、360 和搜狗等搜索平台。搜索引擎优化的重点是让营销型官网符合搜索引擎习惯，并且围绕关键词投放竞价广告。关键词可以使用关键词定位系统筛选出来，详细内容见本书第 9 章。

2017 年 1 月，在百度搜索"铝合金门窗加盟"关键词，我们看到，荣高门窗排在第三名，见图 15.1；搜索"不锈钢门窗加盟"关键词，荣高门窗排在第五名，见图 15.2。值得注意的是，这是搜索引擎优化后的自然排名，而且前三名都投放了"不锈钢门窗加盟"关键词的付费广告，第四名是一家 B2B 平台——3158 招商加盟网。

在搜索引擎营销方面，一家传统制造企业能够保持这样的成果，实属不易。据此我们甚至可以推断，荣高的官网访客数量和底盘量会

图 15.1　荣高门窗投放关键词广告　图 15.2　荣高门窗搜索引擎优化
　　　　 "铝合金门窗加盟"　　　　　　 关键词"不锈钢门窗加盟"

远远超出 2015 年 10 月的数据。与此同时，成交额也会大大超过以往。

B2B 平台推广。各类 B2B 平台汇集着众多采购商、寻找加盟商机的客户以及部分终端客户。这类平台的客流密度高，门槛较低，并且可以获得站内成交和搜索曝光双重效果。B2B 平台划分为以下几种类型。

1. 综合B2B。如阿里巴巴、慧聪网等。

2. 垂直行业B2B。此类平台可通过百度搜索"品类词＋网"进行查找，如中国化工网。

3. 招商加盟平台。此类平台可通过百度搜索"商机网""招商网""项目网"等关键词查找。

4. 本地分类广告平台。如58同城、赶集网等。

那么，企业如何选择 B2B 平台，并如何推广呢？

首先，了解平台特点，依据实际情况选择广告投放平台。如建材、医药行业等专业性较强的企业，应该选择与所处行业相符或相近的垂直型 B2B 平台。其次，了解 B2B 平台的规模。这点很关键，因为规模大的平台服务往往更好。再次，对 B2B 平台的用户构成与流量来源进行分析。通过分析，了解平台卖家多还是买家多，流量来源主要是国内还是国外。卖家多的平台往往竞争更激烈，弄清流量来源能使广告投放更精准。

最后，了解不同 B2B 平台的配套服务。当前 B2B 平台最重要的配套服务是认证服务，如阿里巴巴、慧聪网等有严格的身份认证，世界工厂网有营业执照、企业标志、税务登记和企业荣誉认证等。这是增加 B2B 平台交易双方信任感的重要保证，也为交易双方提供众多支持和保障。

除了上述事项，企业还应该了解 B2B 平台的流量、优化与知名度，

见图 15.3。平台流量说明内容是否丰富。如果平台拥有良好的优化效果，即使企业不在主流搜索引擎投放广告，产品信息关键词也可获得比较好的排名。平台知名度对广告效果也非常重要。

　　荣高门窗分别在垂直行业平台中华门窗网、综合性 B2B 平台买

图 15.3　艾瑞网排名前 20 的 B2B 平台

图 15.4　荣高门窗在中华门窗网上推广

图 15.5　在买购网投放"铝合金门窗"关键词广告

图 15.6　在买购网投放"不锈钢门窗"关键词广告

图 15.7　在慧聪网进行推广

购网和在互联网数据资讯聚合平台艾瑞网排第四名的慧聪网等网站进行推广营销。荣高门窗在中华门窗网上投放页面，宣传展示，以吸引加盟商为目的，见图 15.4。

他们在买购网投放"铝合金门窗""不锈钢门窗"关键词广告，见图 15.5 和图 15.6。他们也在慧聪网进行了推广，见图 15.7。

微信、微博等平台移动营销。微信可以实现服务、传播和成交等用途。服务是指通过微信进行产品发售前的推广与促销，销售过程中的咨询、沟通，以及售后的留客与复购。传播是指通过有价值的内容，持续进行软文营销，不断增加"粉丝"数量。成交是指在公众号植入手机网站/微商城/微网页等，利于客户下单或直接购买。荣高门窗也在开展微博、微信等新媒体移动营销，见图 15.8 和 15.9。并且，荣高门窗在微信端进行了二次开发，包括经销商、营销活动、我的会员、在线官网等板块。

除了搜索引擎营销和 B2B 平台，微信、微博等移动营销之外，大宗交易、批发、招商类企业还可以进行下述推广方式。

图 15.8　微博营销

图 15.9　微信营销

首先，选择全国性招商加盟平台，如 23.cn、3158.cn 等网站，这些网站拥有极大的访问量，并且投放了各种招商加盟项目或投资信息，如 3158 招商加盟网有餐饮、礼品、服装等各行业的招商广告。企业通过招商加盟平台进行推广，不仅可以成功招商，还可以宣传企业品牌。招商加盟平台有以下推广重点。

◆ 广告标题策划：直接说明产品的差异性与利益点，让人一看即明白产品的用途；同时还要说明经营此产品能为他们带来的利益。

◆ 广告诉求与创意精巧：创意精巧的招商广告能让投资者第一眼发现并有继续了解的兴趣；精巧的创意也展示了企业市场推广的综合水平和创新能力。

其次，58 同城、赶集网等本地分类信息平台。这些分类信息平台为大众生活带来很多便利，且由于日常流量较大，越来越受服务类企业关注。企业在本地分类广告平台有以下几方面的推广重点。

◆ 广告标题要精心策划：包含主要信息，如"免中介，南山科技园 2～10 人办公室招租，可注册"。"免中介"告诉承租者不用付中介费，"2～10 人"让承租者更直观地了解办公室面积。内容不要用过多文字描述，适当放上几张图片可以让客户更直接全面地了解产品或服务。

◆ 竞价出价要适当：调整出价，不争第一，尽量让广告排在第四位或第五位；理性出价，同行出价太高时建议放弃，以置顶或其他方式替代竞价。

◆ 信息及时更新：特别是标题或内容上有具体日期的一定要及时更新。

再次，有实力的企业在品牌推广、打造爆品时，还可以选择在新浪、搜狐、腾讯等大型门户网站投放广告。

如果中小型企业觉得大型网站推广费用非常高，也可以针对某一地区进行推广，与地方性门户网站进行合作。举个例子，在腾讯网旗下的大粤网投放广告，既可以吸引当地主流人群，而且只收取较低的广告费用。

在门户网站投放广告有一定技巧。搜狐、新浪等网站有很多频道，选择得当就能为企业节省大量广告费。如企业的目标客户为女性时，可选择女性比较关注的服装、美容、育儿、减肥及一些八卦论坛进行推广。如目标客户为男性，则可选择他们比较关注的军事、体育、财经等频道进行推广。

得"粉丝"者得天下：零售型盈利模式的全网推广策略

在第7章的盈利模式定位过程中，我们知道，大多数快消品都属于零售型盈利模式。它们拥有标准化产品，没有复杂的生产过程，也不需要太多售后服务。并且，它们拥有较高的市场空间和高频率的重复购买机会。通常，这类企业比较容易掌控货源。

在这里，我们结合湖北希之源生物工程有限公司的案例，拆解零售型盈利模式进行全网营销的策略。

2017年1月7日，第二届中国经济新模式创新与发展峰会暨2016中国行业领先品牌电视盛典在北京举行。希之源的"一榨鲜"系列粗粮饮品荣获"中国消费者最喜爱绿色健康产品""中国粗粮饮品领导品牌"称号，而希之源董事长向昱萱女士被授予"推动中国粗粮饮品行业健康发展领军人物"称号。

我依稀记得，向女士在第82届实战全网营销课堂上的几次发言。她开课前说："我们的产品有业内专家指点，得到行业认可，但是这么好的产品为何没能红遍大江南北呢？"

课程结束后，她说："现在，我对网站建设有了新理解，网站就是公司对外宣传的平台，可以通过此平台让经销商、消费者了解企业信息。"

首先，把企业官网改造成营销型网站。在希之源官方网站上，我们既可以找到针对消费者的销售节点，又可以找到针对加盟商的招商节点，见图 15.10。

由于受到篇幅限制，我们不再逐一分析官网页面。

其次，搜索引擎优化包括站内优化和搜索引擎推广两个方面。在官网首页上，按"F12"键，我们可以打开源代码文本框，见图 15.11。我们在图 15.11 上可以看到，"title"一项的关键词包括"一榨鲜玉米汁""健康杂粮饮料""粗粮饮料代理""湖北希之源生物工程有限公司"。

"description"一项，也就是描述项，包括"代理饮料选择一榨鲜健康粗粮饮料玉米汁，健康杂粮代理的首选品牌，最火爆，最有前景，最赚钱的饮料，原材料源自世界硒都 1 800 米高山，营养美味，大众喜爱，一榨鲜代理热线：400-027-****"。

图 15.10 希之源搭建的营销型官网

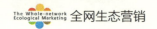

　　"keywords"项包括"一榨鲜，一榨鲜玉米汁，希之源一榨鲜，玉米汁，粗粮饮料，玉米汁代理，玉米饮料代理，绿豆饮料代理，玉米汁招商，玉米汁加盟，一榨鲜代理，健康饮料代理，粗粮饮料代理，杂粮饮料代理"。

　　我们仔细阅读这些关键词就会发现，这些词很有可能是通过关键词定位系统筛选出来的。

　　在搜索引擎优化过程中，希之源并没有投放关键词竞价广告，但我们可以找到自然排名结果，见图 15.12。

图 15.11　希之源官网的关键词

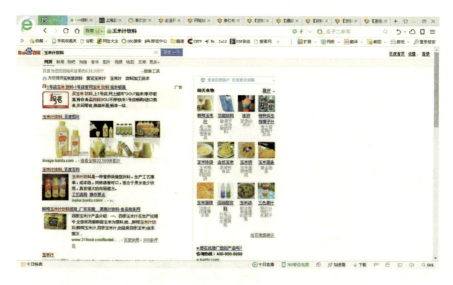

图 15.12　关键词搜索引擎优化效果

在图 15.12 上，我们看到 1 号店、京东等排在希之源之前的网站。这些网站都是希之源一榨鲜饮料的销售点，与官网并不构成正面矛盾冲突。

再者，希之源在天猫、京东等 B2C 网站推广。在艾瑞网上，我们可以查询到 B2C 类购物网站排名，见图 15.13。覆盖数 UV 是指独立网络地址客户访问公司的次数，见图 15.14。

浏览量 PV 是指日均页面浏览量或点击量，用户每次刷新或点击页面，都可以重新被计算一次。淘宝 CEO、直通车、淘宝客等工具都可以统计这些数据。希之源在天猫网站上开设直营店，见图 15.15。并且对关键词"玉米汁饮料"进行优化。

在京东上，希之源的产品借助第三方店铺，实现销售，见图 15.16。与竞争对手相比，我们可以看出，希之源产品在京东上并不具备明显优势。值得称赞的是，希之源选择在天猫开设直营店，而主

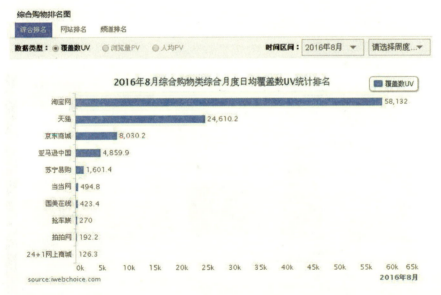

资料来源：艾瑞网

图 15.13　B2C 类购物网站排名

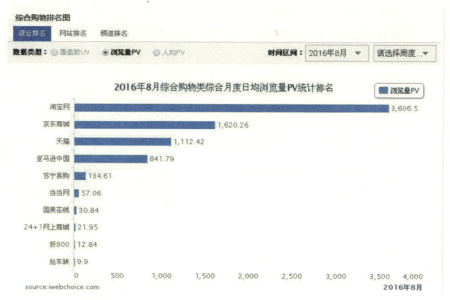

资料来源：艾瑞网

图 15.14　B2C 类购物网站覆盖数

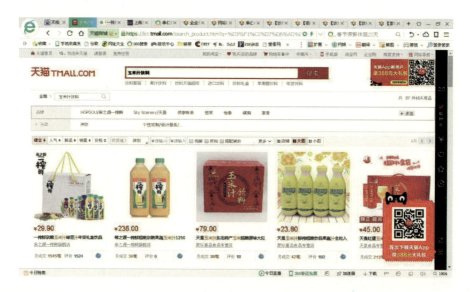

图 15.15　希之源在天猫平台开设的直营店

图 15.16　希之源在京东平台上借助第三方店铺销售

动放弃京东及其他平台。这是一种聚焦战略，有利于把公司人力、资金集中于一个流量节点，提升转化率。

社交媒体推广。社交媒体是零售型企业抓寻网络热点，免费形成围观，传播品牌的良机。同时，社交媒体也是沉淀用户，通过口碑宣传，获得流量，并引流到销售节点，实现转化的高效工具。希之源公司策划的"玉米女神发微吧"活动，通过微博、微信、选秀及线下活动汇聚大量"粉丝"。活动覆盖 9 个省市 3 000 多个销售节点，在两个月内影响了几十万人次。

希之源的微博内容带有强烈"网感"，见图 15.17。

希之源对官方微信进行了二次开发，开通了微信商城，并带有招商加盟功能，见图 15.18。

如何进行危机事件营销？在进行推广营销的过程中，企业难免会遇到一些特殊事件，甚至会遭遇一些无根无源的负面指控。比如百度的"魏则西事件"，乐视的"债务门事件"，三星的"电池爆炸"等。希之源也一度身陷"电钻吃玉米"危机，但他们及时通过官网发布声

图 15.17　希之源微博营销

图 15.18　官方微信进行了二次开发

明。一方面使企业与该事件划清界限，消除负面影响；另一方面，也借助一组带有网络语言和图片的信息，发起二次传播。

2016 年 5 月 17 日，希之源官网发布"电钻吃玉米事件回顾，一榨鲜官方郑重声明"，见图 15.19。

连日来，"电钻啃玉米"和女子模仿"电钻啃玉米"的不雅视频在网站上"曝晒"后，从网友评论到发帖，再到跟评和跟帖，网络持续发酵，引发了网友对此事件的尝试"围攻""围堵""围殴"。然而，一榨鲜却"躺枪"了！目前，多家媒体陆续报道此事件为一榨鲜所为！对此，一榨鲜郑重申明——作为杂粮饮品龙头企业，绝对没有做这样的事情，真的是"躺着中枪"。

微信是一个相对封闭的圈子，微博是一个开放的广场，QQ空间和博客是社交阵地，而社群则是兴趣小组。企业进行推广时，应该依据不同的社交网络特点，制订有针对性的推广重点与策略。以微博为例，有以下三方面的推广重点。

1. 建立账号矩阵，形成企业官微＋老板微信＋员工微信的架构，实行多账号联动。

2. 发布的内容要有用、有趣、有情怀，通过优质内容、与"粉丝"互动等方式增强影响力。

3. 必要时进行付费推广，如粉丝通、粉丝头条、粉丝红包、大V、红人转发。

社交网络推广遇到的问题是：内容需要长期维护，时间成本比较高；中小企业很难快速增加"粉丝"数量；公信力不足。对此，我们可以采取的对策包括：招聘了解新媒体运营的人员专门做内容及"粉丝"经营；付费推广可以快速达到营销目的；与官网及搜索引擎营销等渠道结合起来，进行推广。

网站联盟推广。网站联盟即连接上游广告客户与下游媒体渠道，按点击效果计费分成的广告技术平台。目前，企业在PC端与移动端都可以通过网盟进行推广。现在比较常见的网站联盟主要包括以下四种类别：

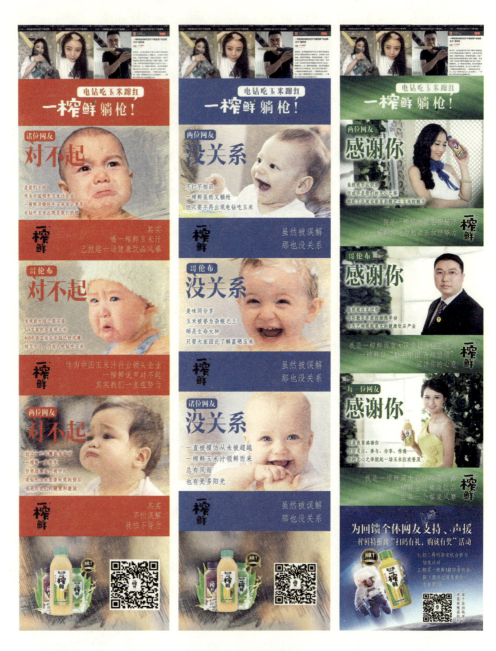

图 15.19　希之源官网危机攻关文案

1. 搜索引擎：百度、360、搜狗等。

2. 网站联盟中介：亿起发、领克特。

3. 阿里巴巴的淘宝客、腾讯的广点通。

4. App广告平台：多盟、有米。

企业通过网站联盟进行推广时，需要注意以下事项：

◆ 广告按效果付费：付费方式包括按点击量付费与成交量付费。

◆ 基于客户人群定向投放：包括按地区/按行业/按网站（投放广告主指定的公信力高的网站）定向；按到访定向，这是百度网盟推广的一种定向方式，只要访客浏览过企业的网站，在其访问百度联盟网站时，网盟广告就一直跟着访客，形成反复唤起与品牌传播的效果，最终促成转化。

网盟推广可能会遇到用户处于看重内容状态，很少会点击网盟广告，广告转化率偏低等问题。对此，我们可以密切监测企业投放广告的统计数据，依广告效果实时调整优化。

零售型企业的推广方式不限制于本节提到的搜索引擎优化、搭建营销型网站、B2C电商平台、微信与微博社交媒体推广。

花开蝶自来：服务型企业推广策略

2013年第三季度，我们公司没有成交一笔生意，全靠几家老客户维护生存。一个阴沉的下午，一位入职六年的骨干员工走到我办公室，告诉我："杜总，我想带几个同事创立一间工作室，独立承接业务，为你减轻一些负担。"这位员工看似好心的一番话，却像钢针一样直插我的心头。

我站在窗前，望着外面渐黑的天空，还夹杂着零星小雨。我没有转身，只是向那位员工摆了摆手，示意他走吧。我真的不想让员工看到我流眼泪的样子，即使他即将离去。

这段话是未来窗影视公司杜美慧总经理在实战全网营销课程的课堂上与学员分享的。尽管已经过去很长时间，她回忆起这段经历，仍旧流下了眼泪。

未来窗影视公司立足于武汉及周边地区，以拍摄企业宣传片、城市形象片、微电影、纪录片为主营业务。在企业面临生存危机时刻，杜美慧总经理在合作伙伴柯玛影视灯光有限公司杜书涛的引荐下，参加了我们公司的网络营销课程。课后，杜总采取了以下四个步骤，推行全网营销：

第一，重整营销团队，明确岗位职责。与此同时，他们还梳理了全公司所有岗位的工作职责和职能，建立全公司的执行系统和标准，执行力由此大幅提升。

第二，把原有网站升级成为营销型网站，结合客户搜索习惯，同步推广三个针对不同客户群体的网站，见图15.20。同时，使用关键词定位系统筛选关键词，进行免费推广和付费投放，占据百度搜索首页。

第三，视频行业平台推广。把公司代表性作品发布到优酷、SIN视频、爱奇艺等视频网站。这项工作还没有完成，就接到黄石、十堰、咸宁和广水等城市拍摄业务，见

图15.21。其中，广水宣传片一经发布，10天内就有20多万次点击，影响力非常大。

第四，开展移动营销。他们开通了微信服务号和订阅号，并把老客户联系方式输入手机，加上微信。公司要求每位员工，每天都要发布公司动态，比如新项目拍摄现场、优秀作品、公司活动等。

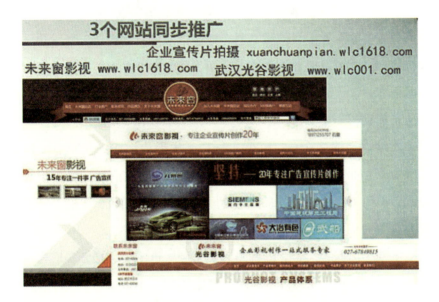

图 15.20　未来窗影视同步推广的网站

图 15.21　通过网站接到政府订单

　　他们通过这些看似平淡无奇的动作，赢得了中建三局、武船、华胜科技等重大项目，还接到了英国 Cheerfulscout 影视公司的合作邀请，为世界 500 强企业阿尔斯通公司（Alstom）创作中文版纪录片。2014 年，未来窗影视公司通过网络获取的业务超过 2013 年的 5 倍，创作的公益微电影《天使的爱》在亚洲微电影大赛上获得了优秀作品奖。

　　通常而言，服务型企业可以分为两种类型：一类是提供衣、食、住、行、玩等本地生活服务企业（O2O），如提供餐饮、健身、美容美发、摄影等服务的企业；另一类是给企业提供服务，如提供工程承包、咨询、培训、物流等服务的企业。这两类服务型企业有不同的服务对象和网络客户。因此，他们需要依据自身业务特征，适当调整网络推广方法及策略。

　　本地生活服务企业（O2O）推广。本地生活服务类企业一般通过线上营销带动线下消费。O2O 通过打折、提供信息、服务预订等方式，将线下实体店的信息推送给网络用户，从而吸引他们到店消费或为其提供服务。

　　本地生活服务类企业的网络客户来源渠道主要包括分类广告、微信、团购／点评，以及百度地图、搜索引擎、本地论坛／社群等。针对不同的客户来源渠道，企业的推广重点与方法也不同：一方面，它们主要布局百度、阿里、腾讯、京东等互联网巨头旗下的 O2O 渠道，如 58 同城、赶集网、百姓网等平台的分类广告，或者美团、大众点评、糯米等团购／点评网站；另一方面，它们通过本地 BBS，以及本地搜索、建社群、地图 LBS 标注位置等方法进行推广。

　　B2B 型服务企业推广。B2B 服务企业的网络客户来源渠道主要包括搜索引擎、微信及相关行业平台，推广策略与大宗交易、批发、招商类企业类似，可参见本章前面关于大宗交易、批发、招商类企业推广策略的有关内容，此处不再重复。

　　O2O 会消亡吗? 近期，网络上流传着一份"O2O 死亡名单"。

表 15.1　O2O 死亡名单（部分）

品牌名称	成立时间	所在地	创始人	经营范围
叫个外卖	2014 年 11 月	湖南	宋明佳	O2O 外卖
烧饭饭	2014 年 12 月	上海	张志坚	上门厨师服务
呆鹅早餐	2014 年 4 月	浙江	蓝耀栋	早餐预订平台
e 食 e 客	2013 年 9 月	上海	陈潇枫	美食餐饮分享和预订
社区 001	2012 年 3 月	北京	邵元元	在线购物及配送
泡宠网	2013 年 8 月	北京	黄　泱	宠物在线就诊
一拍一修	2013 年 10 月	北京	伍　励	家电维修移动应用
呵护网	2010 年 12 月	上海	王华旺	年轻父母网络互动社区

在这份死亡名单上，横躺着"e 食 e 客""社区 001"等一些曾经小有名气的企业，见表 15.1。在课堂上，越来越多学员问我，O2O 模式会不会消亡。如果这种模式注定是失败的，那么，我们传统线下企业为何还要苦苦寻求线上业务呢？

　　考虑到带有这样疑问的学员不是少数，所以，我觉得有必要在本书中对此疑问进行一些说明。我认为，那些横尸在死亡名单上的 O2O 企业，大部分是轻度 O2O 企业，甚至可以说是伪 O2O 企业。比如，社区 001 这个平台既不做供应链、不建立自己的店面，也不做电商平台，他们只是从附近商超大卖场拿货，然后配送给附近居民，并承诺一小时送达。

　　虽然这种模式简单省力，但有易复制、烧钱补贴、流量易流失等软肋。更加要命的是，如果线上平台订单剧增，薄弱的线下配送就会超负荷。

　　当这些轻度 O2O 企业无法避免地踏上死亡之路时，重度 O2O 企业则获取了重生的机会。所以，传统的线下企业要有足够信心，我们从线下延伸到线上，相对简单许多。原因是，我们有现成的门店、销售渠道、供应链、物流及团队。在这种模式中，线下重资产构成一条"天然护城河"，将其他对手拒之门外。

其实，O2O 模式演化到今天，我们不管它有多少种变形，都应该以能否盘活企业的线下资源，提升企业竞争力，拓展企业生存空间，以及创新能力为出发点。因此，传统线下企业应该重视线下产品的生产与服务，并在此基础上完成线上业务。

高效整合价值链：平台型企业推广策略

平台型企业是连接上下游交易群体的网络中介服务平台，主要通过提供满足各方需求的服务而盈利。目前，企业可以建立的平台类型包括 B2B/B2C 电商平台，如唯品会；服务型交易平台，如新居网；以及微商城分销平台等。但如果没有充分准备与实力，企业就不要轻易搭建平台。那么，企业具备什么样的条件才能建平台呢？

从大的机会和方向来说，1995—2004 年之前，中国的互联网属于信息互联网阶段，所以，信息撮合类平台有机会，就像阿里巴巴、慧聪网、中国化工网等；2005—2014 年是消费互联网阶段，这个阶段零售交易平台有比较好的机会，淘宝、京东、唯品会、聚美优品是非常成功的零售平台；2015 年以后，互联网发展到产业互联网阶段，这个阶段，产业细分市场有着巨大的机会，平台必须从细分产业进入，而且必须介入买卖双方交易，也就是能把握双方交易，比如找钢网、我的钢铁网、科通芯城等平台。

根据研究分析，我们得出建立平台需要满足以下三方面基本条件：

1. 有互联网背景的团队，包括技术、产品与运营。

2.需要投入较多资源及资金。

3.打持久战，能忍受较长时间亏损。

平台型企业因运营的特殊性，推广策略与其他类别的企业有所区别。通常而言，平台型企业的推广重点包括但不限于以下三个方面：

1.低成本流量推广，如SEO、社群营销、内容营销等。低成本流量推广对团队要求很高，需要由专门人员执行。

2.通过网络媒体公关进行知名度推广。

3.持续投付费广告，快速在业内产生影响力。

通过本章几类盈利模式的推广策略分析，我们知道，不同类别的企业触网时，虽然推广策略不同，但要实现全网推广高效化，必须做好以下三个组合：

1.PC＋移动：推广要跨型整合，全网布局。

2.免费＋付费：长期免费＋短期付费才能使推广效果持久。

3.老板＋团队：全网推广虽然不需要老板亲自做，但只有老板亲自抓，才能使团队工作更高效。

行文至此，第二部分触网有术内容告一段落。在这部分里，我们系统学习了传统企业向互联网转型，进行全网生态营销的技术和方法，比如搜索引擎优化和付费投放广告，内容营销，口碑转介绍，微信和微博等移动营销，搭建营销型网站以及如何设置转化节点。并且，我们还针对不同类型盈利模式，进行了案例分析。

第三部分

破网亮剑

　　越来越多的传统企业接触网络，却只有少数企业能够突破网络，这里面的道道究竟在哪里？跨境电商如风临口，火遍神州，你心动之余，如何采取行动？

　　运营团队包括哪些岗位？怎样的设置既能带来高效成果又节省成本？老板如何考核运营总监、营销总监以及团队的业绩？如何全网预售、发售，打造全网爆品？营销预算应该包括哪些核心指标？如何考核？如何跟进？

格局有多大，事业就有多大

第 16 章
跨境电商崛起

> 未来的全球电子商务是社会化的。没有任何一家快递公司可以包揽全球快递业务，没有一个支付标准可以满足所有人交易，没有一家公司能采购到全世界的商品，再卖给全世界的消费者，这就是社会化。
>
> ——阿里巴巴集团董事局主席 马 云

近年来，我们收到越来越多学员关于跨境电商方面的请教。目前，我们也正在组织精兵强将集中精力，研发这方面的课程。在这里，我简单介绍一些入门内容。尽管这章内容对于急需掌握跨境电商知识的学员而言可谓杯水车薪，但这些内容至少会启发你一些思路。比如，如果现在开展跨境电商业务，为什么应该以新兴国家为主攻之地？我们为什么不建议学员一谈到跨境电商业务就是到电商平台开直营店，或建立垂直电商平台？

2016 年 9 月，阿里研究院在一份研究报告中指出，2015 年中国跨境电商（含批发和零售）交易规模达 4.8 万亿人民币，同比增长 28%，跨境电商交易额占中国进出口总额的 19.5%。预计到 2020 年，中国跨境电商交易规模将达到 12 万亿人民币，约占中国进出口总额的 37.6%。其中，

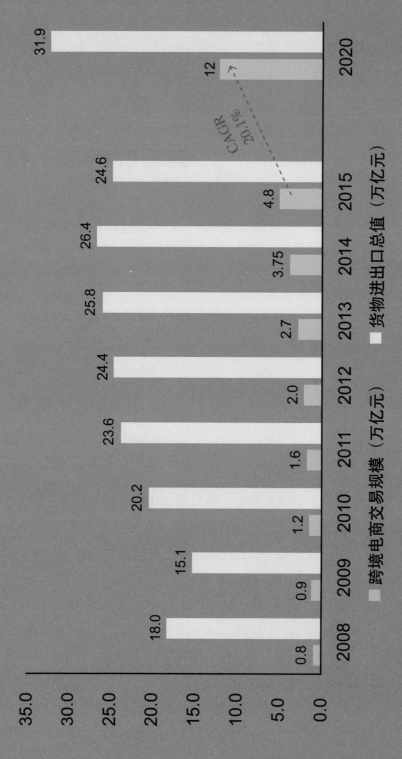

图 16.1 中国跨境电商交易额、进出口总额

资料来源：商务部、海关总署、艾瑞、易观、阿里研究院。阿里研究院分析得出。

中国跨境电商零售交易额将超过 3.6 万亿人民币，年均增幅约 37%。预计 2020 年跨境电商零售占比将超过 30%，见图 16.1。

现在，一块巨大的蛋糕摆在你面前，并且它正在以年均约 37% 的速度变大。你要吃吗？还是眼巴巴地看着其他人大快朵颐？其实，这个问题的答案就是"秃子头上的虱子"。在我们的培训课上，我们时常会遇到老板大倒苦水。虽然传统行业的企业老板对这块蛋糕早就垂涎三尺，可问题是应该怎么下口呢？这种情况有些像饿狼遇到蜷缩成团的肥刺猬一样，只有打转的份儿，却无从下口。这正是本章要解决的问题。

把炮口对准新兴国家大市场

移动互联网、在线支付、物流等技术革新速度越来越快，正在模糊、撕裂、重新划定传统行业的界限。中国国际电子商务研究院常务副院长李鸣涛认为，在技术支撑下，互联网天然带有全球基因，使得中小微企业，甚至个人都可以参与到国际贸易中去。对于传统行业中小企业而言，这种趋势带来了两种优势。

第一，无论企业地处湖南某县城，还是浙江某城镇，地域对企业发展的约束力正在变弱。借助互联网，谁都可以在全球范围内开发客户。在传统工商时代，企业看不见的客户，如今正变得触手可及。

第二，重新定义竞争优势。这些技术变革也打破了大型知名企业和中小企业之间的力量平衡点，价值正在行业内部转移，并重新分配。那么，谁才是我们的新竞争对手？过去纠缠多年的老对手，或许会在一夜之间变成同甘共苦的老朋友，而远在地球另一端的某家企业突然之间，成为新对手。传统行业的中小企业与阿里巴巴、亚马逊、京东全球购等平台近水楼台，势必可以打造出难以复制的竞争优势。

阿里巴巴根据 B2B 出口、B2C 出口和 B2C 进口三方面的跨境

电子商务大数据，编制了 ECI 指数（E-Commerce Connectivity Index between China and Major Economies，指中国与主要经济体跨境电商连接指数，见图 16.2。2015 年，中国与二十国集团（G20）其他国家的连接指数排名中，美国、英国、澳大利亚、法国、意大利占据了前五名，南非、墨西哥、印度尼西亚、阿根廷、沙特阿拉伯排在后五名。值得注意的是，俄罗斯、印度、巴西、南非等新兴市场国家的总体排名普遍靠后，但出口指数与进口指数的比例严重不对称。

在过去二三十年里，新兴国家或新兴经济体经历了一轮带有加速性质的工业化、技术化及城市化，成功使得十多亿人口摆脱贫困，也

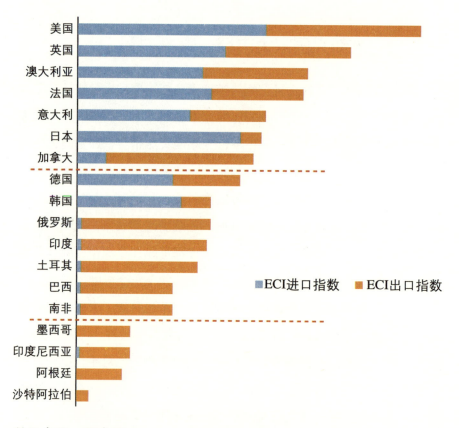

数据来源：环球网

图 16.2　中国与 G20 国家的电商连接指数

使得更多人口跻身消费阶层。从市场的角度来看，这意味着这些地区的消费能力越来越强。麦肯锡研究院在一份报告中指出，到 2025 年，预计还会有 18 亿人口进入消费阶层，总消费人口数将会达到 42 亿。而德意志银行全球策略分析师桑杰夫·森亚尔（Sanjeev Sanyal）更进一步指出，真实的情况是，下一个 20 年，新兴经济体的人们将迈进中产阶级。虽然其他新兴地区也在经历类似转变，但亚洲将主导这一转变过程。

华为、小米、格力等大型知名企业在全球市场上取得的耀眼业绩是有目共睹的，但我们学员的企业在近年来取得的超凡业绩却鲜有人知。

◆ 巨龙箱包起初通过一两家电商平台开展网络业务，如今在阿里巴巴、环球资源、7国语言商贸平台等众多专业电商平台开展跨境业务，把 4 000 多款产品销往全世界。他们70%的产品畅销欧美、东南亚、日韩等国家和地区，这一比例甚至超过了华为。

◆ 富轩门窗通过电商平台，成功签下来自美国和非洲客户的订单。

◆ 康高特塑料科技有限公司通过营销型网站，接到美国和日本等成熟市场的高价值订单，将全年业务翻升一倍。

其实，我们时常会接到学员的喜报，并在单仁资讯官网发布。一方面，大家可以相互学习，交流成功经验；另一方面，也可以唤醒每一个企业家学员从触网到破网的信心。虽然这个超过 30 万亿美元的新兴市场大蛋糕会给我们提供难以估算的机会，但这里也存在许多不确定性和风险。

无论是市场规模、发展阶段，还是消费者的偏好、种族观念、文化背景，不同的新兴市场都会存在一些差异。这些市场不再简单地接受从发达市场移植过来的产品或服务，消费者也不会对打折款、廉价款或低配版产品趋之若鹜。与之相反，这些市场的消费者会追求适合当地独特风俗、文化或法律要求的产品。因此，传统行业中小型企业在开展跨境电商业务时，企业领导者需要具备五项竞争思维：

第一，从新兴国家层面，细分到新兴国家的城市或城市群层面，二次细分当地市场，谋划新机会。尤其应该以新兴国家二线城市或中等城市市场为突破口。这里的市场暂时未被大型知名企业瓜分，或者那些傲慢的"巨无霸"根本看不上这些市场。这里恰巧是中小型企业的机会。

第二，针对当地消费者偏好，量身设计或更新产品，制订价格体系，打造更快速、更低廉的供应链体系。

第三，重视品牌，控制营销系统和销售渠道。

第四，积累全球化人才，重新调配资源，规划运营流程，甚至调整组织架构，满足全球化业务需求。

第五，适时本地化，就像必胜客销售北京烤鸭比萨，麦当劳开发米饭套餐一样。

艾瑞咨询的一项市场统计显示，2015 年，北美、澳大利亚和欧洲等传统主流市场的增长率已经降到 15% 以下，而南美、亚太、东南亚等地区的市场增长率则超过 40%。这也说明了跨境电商的蓝海市场在新兴国家，也就是我们要跨出去的地方。对此，中国电子商务研究中心跨境电商部主任张周平表示，近年来，海外新兴市场的网购习惯正在养成，随着这些市场的局限性逐渐被打破，如互联网技术普及和基础设施完善，以及跨境支付、物流、海外仓储等方面逐步优化和完善，来自这些市场的购物需求将进一步打开我国出口电商的增长空间。

"走出去"只是跨境电子商务的一半业务,另外一半业务则是"引进来"。后者不是本书讨论重点,因应篇幅限制,我们不作讨论。

跨境电商的"三生三世"

跨境电商并不能完全被当成一个全新的业务或经营模式。早在20世纪80年代初期,中国开放了深圳、珠海等几个沿海经济特区,许多企业通过来料加工、来样加工、来件装配和补偿贸易等模式,就开始了跨境业务,参与到全球产业链条。那时,贸易型公司被叫作外贸公司,而生产型企业则被称为代工厂。

21世纪初期,阿里巴巴把传统的线下外贸移植到线上。起初,阿里巴巴仅能起到信息交换的功能,无法完成在线交易。

第一个阶段,传统的外贸模式 B2B2B2C。

直到21世纪初期,原来的外贸型企业,才从产业链底端艰难爬升到中端,并且具备了一定的研发能力和生产流程再造能力,开始进入贴牌生产阶段。此时,众多企业开始创立自己的品牌。深圳的手机产业链是一个典型。2005年前后,"山寨"一词悄然扩散,几乎成为深圳的民间代名词。这个现象其实标志着国内制造型企业品牌意识的觉醒。在众多"山寨"品牌中,酷派、OPPO等品牌脱颖而出,并且走向全球市场。在近30年时间里,中国的传统企业采用的业务模式可以概述为B2B2B2C,见图16.3。即使目前,众多中小型制造工厂仍然在采用这种模式。

传统制造企业　国内外贸企业或批发商　国外批发商或零售商　国外消费者

图 16.3　传统外贸模式

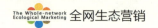

传统制造企业　　　　电商平台　　　　国外消费者

图 16.4　平台模式

第二阶段，电商平台崛起，模式演变成为 B2B2C。2004 年，卓越网创始人王树彤女士创立敦煌网，帮助中国中小企业通过跨境电子商务模式，拓展全球市场。敦煌网为众多中小型制造企业提供了一个通道，可以与全球批发商或零售商直接开展业务，减少了传统外贸链条上的一个环节，见图 16.4。2009 年，敦煌网的小额在线跨境交易额高达 25 亿美元。2010 年，财大气粗的阿里巴巴斥资 1 亿美元，推出"速卖通"业务。这也开启了跨境电商平台跃进式发展。

时至今日，敦煌网、速卖通等国内跨境电商平台和 eBay、亚马逊等外资电商平台，都能够为众多传统的制造型企业提供参与全球业务的接口服务。除了这些拥有较高知名度的平台之外，DX、兰亭集势、环球易购、米兰网、大龙网等众多跨境电商平台也在细分行业占据一定的份额。

2016 年 5 月 17 日，中国电子商务研究中心发布了《2015 年度中国电子商务市场数据监测报告》。这份报告提供的数据显示，出口电商占比 83.2%，进口电商占比 16.8%；跨境 B2B 模式的交易占比高达 88.5%，跨境 B2C 交易占比 11.5%。这组数据为众多中小企业开展跨境业务提供了决策依据。就目前大多数中小企业而言，虽然 B2C 模式是美好的，但我们更应该从 B2B 模式切入。

第三阶段，直接面对全球消费者，B2C 模式。2015 年，中国传统型制造业遭遇了内外交困的局面。一方面，国内市场饱和度越来越高，越来越多的产品出现供过于求的情况。2016 年 1 月，国务院常务会议指出，在东中西部选择一些基础条件较好、进出口和电子商务规模较大的城市，新设跨境电子商务综合试验区。在众多业内人士看来，这成为中国政府从最高层面释放出利用新模式加快外贸增长的明确信号。另一方面，全球化贸易格局发生逆转。以美国为代表的发达国家越来越频繁地干预国际贸易。

这两种情况逼迫传统制造型企业与跨境电商平台结合成为联盟，一同出海打鱼。跨境电商平台为制造企业向价值链前端延伸提供了窗口，同时为他们创立品牌，发展物流仓储，针对境外消费者开展营销提供了便利。借此，中小企业真正实现跨境 B2C 模式。

传统企业三步转型跨境电商

现在，我们掌握了跨境电商发展的三个阶段及其不同模式。我们建议传统行业的制造型企业分三步实现跨境业务。

第一步，搭"船"出海。企业在速卖通、亚马逊、eBay、敦煌网、京东全球购等平台开发大批分销商，借助他们的渠道，开发境外市场。杭州同富日用品有限公司主要从事运动水壶、保温杯等器皿产品的设计、生产和销售。2015 年 4 月，他们开始从传统外贸业务转型到跨境电商业务，主攻跨境 B2B 业务。在不到两年时间里，他们收获了300 多位境外客户，美国、加拿大、欧洲各国，以及东南亚地区的订单蜂拥而至。此时，他们才开始筹划迈出第二步，进军跨境电商 B2C 领域，在亚马逊美国站和日本站开设直营店。

第二步，借"船"出海。企业在触网初期，应该实行借鸡生蛋，实现网络销售，在第一步骤，积累到足够多终端消费人群，且品牌在市场上有了一定的知名度以后，可以考虑成立专门的电商团队，在众多跨境电商平台搭建自营店，成为平台卖家。

第三步，造"船"出海。如果两步发展顺利，企业的跨境电商业务积累了一定的量，可以考虑搭建独立商城。自建独立商城的营销成本和运营成本比前两个步骤高出一大截，但优势也是十分明显的，如可以按照自己的计划，建立与推广自有品牌，直接积累终端用户。通过掌握终端用户的一手信息，反馈到研发与生产环节，推出新产品或新业务，追求更高的附加价值。

尽管这三个步骤各有利弊，但在团队人员完备的前提下，我们建议在不同阶段，开发更多的平台。即使发展到独立商城阶段，企业也应该在其他平台上保留一些分销商或直营店。如此组合，有利于让产品渗透到更加细分的市场角落，填补一些空白。

跨境电商营销策略

第一，重视搜索引擎营销。在国内，企业通过百度、360、搜狗等搜索引擎投放关键词广告，进行营销推广。在国外，谷歌是当之无愧的搜索"老大哥"。出口跨境电商经常使用谷歌提供的搜索引擎优化、关键词竞价排名和网盟广告三项业务。

这三项业务涉及关键词筛选和定位、付费投放、站内外优化等具体操作行为，与前文针对国内搜索平台讲述的内容几乎没有差别。不同的是，谷歌需要使用其自己的软件应用程序完成这三项业务。

◆ Google AdWords软件管理关键词广告投放，每一个账户可以制作25个广告系列，每个广告系列包括若干广告组。

◆ Google Analytics软件跟踪代码，衡量广告的投资回报率（ROI），免费获取分析报告，并提出优化建议。

◆ Google AdSense软件覆盖了全球大多数互联网网站，并对其投放广告，可以按点击收费，也可以按展现量收费。

虽然谷歌是全球第一大搜索引擎，但它并不是所有国家的主流搜索平台。比如，Yandex 是俄罗斯人首选的搜索平台，Naver 是韩国搜索领域的老大。因此，跨境电商需要针对目的国市场，选取搜索引擎营销平台。

第二，优化平台站内推广服务。无论是速卖通、敦煌网等本土电商平台，还是 eBay、亚马逊等国外电商平台，都会提供各有特色的推广服务。与站外推广相比，站内推广的成本更加低廉，引流效果也更加明显。

第三，开发社交媒体。社交媒体以关系导向与消费者互动。Facebook 是全球最大的社交媒体平台，但它依然无法撼动某些区域市场。比如，VK 是俄罗斯乃至东欧地区最受欢迎的社交网站；Twitter 是全球最大的微博网站，拥有 5 亿多名注册用户，并且开发了购物功能；Tumblr 是全球最大的轻博客网站，它比微博更注重内容表述，也比博客拥有更强大的社交功能，因此，它比较适合企业讲述品牌故事和传播。跨境电商营销团队还应该关注视频分享网站 Vine 和图片分享网站 Pinterest。在 Pinterest 网站，用户可以直接点击图片，完成购买。除此之外，营销团队还应该根据目标客户画像，决定是否关注 LinkedIn、DX 等网站或社区。

第四，不容小觑的电子邮件营销。在国外，许多消费者都有每天查收邮件的习惯。这种方式使得企业可以直接将信息点对点传递给消费者。国外的消费者通常会把电子邮件视为自己隐私的一部分。因此，在通过电子邮件向消费者发送广告邮件之前，需要先得到其认可。另外，折扣信息、新品推广、服务更新或产品知识等内容是消费者乐于接收的邮件内容。

最后，内容营销是基础。全网生态营销可以估量自身的营销预算，选择推广范围；而内容营销更趋向于精准营销，向消费者提供准确的价值和内容。总之，如果把上述几种营销方式归纳起来，我们可以用图 16.5 进行阐述。

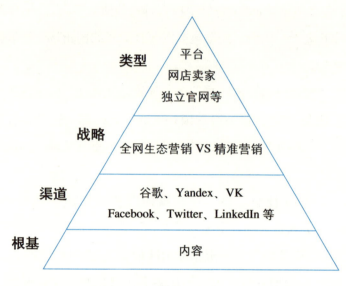

图 16.5　跨境电商营销需求塔

跨境电商平台之初印象

阿里巴巴旗下速卖通。2016 年开始，速卖通全面转型为跨境 B2C 平台，并进一步强调品牌化。为此，它提升了企业身份准入门槛，清退个人卖家，并对销售产品提出品牌资质要求。

同时，速卖通引入天猫优质商家，并将流量资源倾斜到资源、资本、人才密集，拥有自主品牌的企业。如果传统行业里的企业想试水跨境电商，我们不建议首选速卖通平台。

敦煌网。敦煌网是一个针对 B2B 网上交易的网站。它收取注册费，在双方交易成功后收取佣金。这种模式与阿里巴巴、环球资源等交易平台类似。敦煌网拥有大量中小型跨境电商企业，订单的单价集中在数千或数万美元，但可以积累起一定的生产规模。这个平台比较适合制造型企业运营跨境电商业务。

亚马逊。2012 年年初，亚马逊在中国开启"全球开店"业务。到目前为止，中国商家可以在美国、德国、法国、英国等数十个国家和地区的亚马逊网站上开展跨境电商业务。亚马逊平台的优势在于全球物流仓储系统及本地化客服系统。但它目前仅对企业商家开放，且资质审核比较严格，对销售的产品也有诸多限制。它独创的"跟卖"项目，可以增加新商家的曝光机会，让他们获得更多流量和销售机会。在亚马逊上，关键词和标题的重要性会明显高过其他几个平台。但"跟卖"项目比较适合新卖家打开局面，对于希望长期发展的企业，进行品牌化是必经之路。

eBay。这个平台的交易主体是全球范围内的自然人。中小型企业通常也会选择以自然人的身份注册 eBay 账号，开展业务。在众多产品品类中，日常生活消费品占据了相当大比例。从事终端消费品生产或零售的企业可以优先选择这个平台。为了吸引中国卖家入驻，eBay 推出了无抵押纯信用贷款业务，并且开发了许多种类的保险产品，以减少交易过程的风险。

Wish。这是一个基于移动端的跨境电商平台，移动端用户占比高达 95%。与前面几大电商平台的最大区别在于，它拥有最纯正的移动互联网基因，因此，它的页面展现都是与众不同的。它专注于关联产品推荐，淡化了品类浏览、搜索和促销活动等传统电商的营销思维。无论用户在电梯里，还是在站台上候车，都可以利用数十秒时间，直接在站内购买到喜欢的商品。这一点又让它与其他移动端 App 平台拉开了巨大差别。

除了上述跨境电商平台之外，企业还可以选择很多类似平台，如DX、兰亭集势、环球易购、米兰网、大龙网、全麦网、FocalPrice 等。

虽然传统企业在转型过程中需要解决物流、跨境支付、用户体验及客户服务等众多问题，但这些问题都不是企业能否转型成功的"牛耳"。那么，究竟什么是企业向跨境电商转型的"牛耳"呢？

2011 年，阳萌放弃谷歌公司提供的高薪职位，回到国内创业。他在全球范围内注册了消费类电子产品 Anker 品牌，借助 eBay、亚马逊等跨境电商平台，居然在两年内把销售额做到了上亿人民币。阳萌的公司分别在深圳和上海设立了研发中心，从外观设计和性能等方面持续升级，改进自有产品。

2016年以来，速卖通、eBay、亚马逊等众多平台越来越重视平台产品的品牌。品牌可以帮助企业破解价格战困局，与全球同行企业竞争。因此，品牌才是企业向跨境电商转型的"牛耳"。一家企业在建立产品品牌之前，需要了解自身资源和市场需求，并在两者之间选择一个清晰的定位。

尽管条条大路通罗马，但罗马不是一天建成的。品牌亦是如此。无论在境内或在境外，企业要想为产品注册一个商标，简直易如反掌，但如果想打造一个长盛不衰的品牌，就难上加难。

我们应众多学员企业需要，利用一个章节简单介绍了跨境电商的一些入门知识。我们组织了专门团队研发这类课程，但我们不想让有些学员企业等我们的跨境电商课程开了班，报了名，学了知识再行动。市场竞争瞬息万变，商业模式也在快速变化，大家的时间有限，可不能白白浪费在等待之中。

现在，我们至少知道要跨到哪里去，也知道了可以借助哪些渠道跨出去，以及如何开展必备的营销工作。我们即将推出更加系统、专业的跨境电商课程，欢迎大家一起交流学习。

第 17 章

优化网络销售流程与全网发售

> 找到已经获得你想要的结果的那个人；找出这个人正在
> 做什么；和他做同样的事情，你会得到同样的结果。
>
> ——全球著名潜能激励大师　安东尼·罗宾

老话常说，磨刀不误砍柴工。我们在前文花费了大量
笔墨诠释如何磨刀。从本章开始，我们即将进入砍柴过程。
不过，在举刀前，我们有必要搞清楚几个不是问题的问题。

这些不是问题的问题！

我们马上就要开始落地实施全网生态营销了。在此之
前，我们需要给企业负责人和运营人员"打几针预防针"，
以防他们遇到下述问题时，手忙脚乱或不知所措。

定位是永远不变的吗？ 2015 年，特劳特中国区合伙
人邓德隆在接受《哈佛商业评论》中文版记者专访时表示，
定位就是针对竞争确立优势位置。当记者问到当今产品周
期、创新周期、企业竞争优势周期都在快速缩短的形势时，
他回答：

如果仅从产品出发，已经没有蓝海了。一项创新出来，就会迅速普及，甚至供应过剩，我们正陷入一个全球性的新困局。唯一的应对之道，就是跳出产品思维，深入顾客心智中去创建一个定位。因为顾客心智有很大的稳定性，可保障企业的长期发展。

特劳特先生跟踪研究过25个行业的领导品牌，发现经历了80年之后，仍然有21个品牌保持着行业领导地位，这就是定位理论中一条基本规律：心智抗拒改变。产品、创新的生命周期的确越来越短，只有在顾客心智中创建一个定位，才是唯一可持续的竞争优势，或者说是"深深的护城河"。

几百年来，我们经常用"三十年河东，三十年河西"来形容社会发生的巨大变迁。在PC互联网时代，时间可能大大缩短，变成"三年河东，三年河西"；而在近五六年兴起的移动互联时代，可能是"三月河东，三月河西"了。

互联网发展已进入第二波，中小微企业终于可以施展手脚，发挥创造性了。也就是说，可以向市场提供新产品或新服务的主体翻了数倍。这也会变相缩短一件产品的生命周期。

在互联网第二波浪潮中，许多企业追求所谓的现象级产品。一件产品上市，爆卖三五个月，然后进入沉寂期。在沉寂期里的产品通常会面临两种结局：要么成功迭代，再爆卖；要么就此结束短暂的生命周期。由此看来，我们在前文讲述的关键词、目标客户、核心产品及核心卖点四大定位系统既不是一成不变的，也不是一蹴而就的。

我们也可以认为，定位是一项持续性工作。当市场、行业或企业内部某些变量发生变化后，我们也应该随之调整。我们始终以用户为中心，围绕用户心智进行调整。这就像毛主席反复阅读《资治通鉴》

后得到的感悟——以万变应万变，但万变不离其宗。

推广过程中，有没有无效的努力？ 这个问题的答案是肯定的。到目前为止，业内也没有一个人敢说，每一条推广都是有效的。并且，大多数时候，我们很难评估某一项行为的有效性。但这并不是说，这个问题是一个无解的哥德巴赫猜想。

我们可以采用底线思维方式，最大限度地提升推广的有效性。在众多推广方式中，邮件、微信、微博等主动型推广行为，我们都可以提取一些数据，验证效果。反而是搜索引擎优化和网盟等被动型推广可能会产生无效行为。

针对搜索引擎优化容易产生无效行为的情况，我们可以从四个方面进行改善：

第一，不轻易修改网站和网页的title标签。在搜索引擎看来，网站title标签就是脸面。搜索引擎又不是孙悟空，我们的网站自然也不是白骨精，所以，用不着三天两头修改title标签。否则，搜索引擎每次都会把你的网站当成新网站。当然，企业网站的内容需要日日新，又日新，但title标签还是要慎重为好。

第二，使用稳定性好的服务器。大多数企业的官网架设在租用的虚拟空间上，所以，我们应该选择可靠的虚拟主机服务商。我们在第10章分享了如何选择可靠的虚拟主机服务商。

第三，网站URL标准统一。网络"蜘蛛"会根据搜索引擎在访问页面内容时记下网页相应的URL。如果一个网页，对应两个或多个URL，搜索引擎就不知道应该向用户展示哪个URL。

因此，我们排查网页，使用两种方法统一URL：一是使用301永久性定向，将其他URL转向到一个你想要的唯一URL；二是在发布外链时，将链接指向网站首页。

第四，循序渐进地发布外链。搜索引擎自认为，新网站不会自带大量外链。因此，网站上线初期，切忌立即发布大量外链。同时，在维护运营期间，外链数量也不应该骤增或骤减，这容易被搜索引擎判定为作弊。

网盟推广是另外一种容易产生无效推广的途径。与搜索引擎推广相比，网盟推广的流量不太精准，但其曝光量比较高，且费用低廉。因此，筛选且屏蔽无效曝光网站，可以提升推广的有效性。我们需要屏蔽四类网站：

1. 转化率低的网站。如果后台支持统计转化率数据，可以直接屏蔽网站；如果后台不支持，运营人员可以通过访问时长和跳出率判断转化率，然后屏蔽时长异常或跳出率非常高的网站。

2. 点击量过高的网站。有时，我们会发现某个站点的点击量高达总预算的80%以上。这应该引起运营人员的警觉。如果在如此高的点击率下，消耗大部分预算，而效果并不显著，那就屏蔽它。

3. 第三方DSP平台。虽然第三方DSP平台和百度是流量合作模式，但如果精准度和效果都很差，那就屏蔽，避免出现耗费大量预算却收效甚微的现象。

4. 与行业无关的站点。

结合上述思路，长期监控，再与百度统计、网盟推广结合分析，把跳出率高、访问时段异常、转化率低的网站——剔除。

尽管上述两种方法无法精确识别推广的有效性，但可以明显提升推广效果。就像一个团队，如果我们很难判断谁是第一名，而容易看出谁是倒数第一名，那么剔除倒数第一名，这样一来，全团队的业绩平均值也会得到明显提升。

网站转化率在短期内，为什么会不停波动？ 在排查波动前，我们先排除代码部署异常和作弊流量带来的波动。目前，主流网站通过 JS 统计代码获取用户访问数据。在基础代码部署的基础上，我们会根据业务需要对具体位置进行埋点或设置事件代码。这容易导致操作过程中出现错误，比如某页面没有及时覆盖基础代码，导致无法统计这块业务流量。如果某一常规投放渠道流量突然升高，跳出率接近 100%，人均 PV 在 1 左右，且访问时间集中，频率密集，我们基本可以判断这是作弊流量。

除了上述两类行为会带来转化波动外，调整产品也会带来转化率波动。观察业务调整前后的流量变化，并关注调整过程中的流量情况，便于我们及时发现问题，作出调整，比如检查 404 页面，再看点击量和导流。如果表单页的填写事项过多，会带来高点击量、低转化率的结果。我们还应该关注列表页、详情页与登录页的流量，尽量减少用户访问步骤，减少转化流失。经验丰富的运营人员凭经验可以判断调整产品前后的结果对比情况。AB 测试、多变量测试等方法可以得出好建议。

投放渠道变化，也会导致转化率发生波动。另外，季节性产品、竞争对手的动作、行业热点等问题也会带来波动。

因此，在一段时间内，转化率的确会发生波动起伏。这是一种常态，我们要做的是，长期跟踪监测，并在企业内部建立及时有效的沟通机制。

它可以确保产品、渠道和市场环境发生变化时，营销推广与业务部门能够及时分析，作出合理判断，并采取有效行动。

网络运营关键工作之提升流量

流量之于运营人员，就像土地之于农民。没有土地，农民无法耕种庄稼，当然，你也可以钻牛角尖地说："现在不是有无土栽培吗？"但本书讲述的并不是无土栽培，而是网络营销。

企业网站没有流量，运营人员能够"无土栽培"吗？因此，说一千，道一万，流量为本，流量是运营人员的根基。在前文中，我们多处讲述了提升流量的内容，这里不再一一列举。提升流量的方法有很多种，不同的平台也会有一些特殊的推广方式。运营人员在实际工作中，不断总结与丰富"武器库"，并结合实际情况择优使用，就可以带来满意的效果。

网络运营关键工作之提升询盘转化率

访客经历展现、点击、访问三个环节，终于来到了询盘环节。询盘数据为即将发生的成交提供了强有力的数据基础。我们可以通过下列动作提升询盘转化率。

优化产品结构。访客登录网站，是为了寻找他们需要的产品或服务。分析过往一段时间的销售数据，调整产品展示与搜索结构，把核心产品或新产品通过主广告位展示出来，设置产品高低配，通过价格比对，促进核心产品成交。

优化登录页。这个页面就像是一家五星级酒店的迎宾大堂。且不说客房如何，每一家酒店都会用心装扮自家大堂。登录页是访客接触企业的第一个页面，因此，我们也应该花费心思装扮好这个页面，我们在第 14 章里介绍了登录页的有关内容。

合理布置探头。企业网站通常使用 QQ、微信、400 电话、MSN等形式的探头。在设置探头时，我们需要考虑以下问题：

◆ 无须安装插件，即可进行QQ、微信、微博、MSN等多种形式的对话。

◆ 访客点击探头，直接弹出对话框。

◆ 使用图标、飘窗、邀请框、问候语等多种表现形式。

◆ 主动邀请访客会话。

探头是访客通往成交的"桥头堡"。我们设计明显、有吸引力并且便捷的探头，会更加有利于询盘转化率。

完善问题库（FAQ）。针对每一款产品，认真编写详细的 FAQ 清单。越是简单的问题，用户提问次数越多。如果企业能够使用图文并茂的形式展示 FAQ，访客就更加容易看懂产品的情况，作出是否成交的决定。

启用客户管理系统（CRM）。客户管理系统是一种以客户价值为中心的企业管理理论、商业策略和企业运作实践，也是一种以信息技术为手段，有效提高企业收益、客户满意度、员工生产力的管理软件。比如，悟空 CRM 是一款免费开源软件，注册开通后即可使用，基本上可以满足企业日常客户管理需要，并且支持移动端使用。

网络运营关键工作之提升成交率

据统计，网站成交率通常是 2% ～ 3%，也就是 100 位访客登录网站，实际成交两三位客户。如何提升成交率呢？

第一，优化销售结构，提高首次成交率。首先，优化或创作以成交为目的的文案；其次，缩短从访问到成交的流程；再者，设置限时优惠、回馈奖品。第二，分析客户消费周期，进行追销。如果说提高首次成交率是追求一见钟情，那么追销就是培养长期感情了。在无法达成首次成交时，一定要设置追销诱饵，方便再次追销。如果能够分析客户的消费周期，我们就可以进行及时追销。第三，分配、分类与管理客户。使用CRM客户管理系统分类管理客户。比如可以按行业、产品或地区划分。

全网发售公式：任何产品都可以在互联网上疯卖的秘密

威尔·汉密尔顿刚从大学毕业，创立了一个网球视频教学会员网站。尽管他和合伙人将会员价格定为每月25美元，但依然没有赢得更多会员。10个月后，当他们准备关闭网店，宣布破产时，遇到了杰夫·沃克，并学习了产品发售公式。

经过几周草率的准备，威尔使用最简单的发售技巧，开启了第一次产品发售。令他感到震惊的是，短短一周之内，他的销售额达到35 000美元。这个数字远远超过前10个月的销售额。值得声明的是，威尔通过网络发售产品，成本可以忽略不计，35 000美元几乎都是净利润。

第二次发售的销售额达到65 000美元，第三次发售的销售额达到105 000美元，第四次发售的销售额高达170 000美元，还吸引了美国职业网球选手鲍伯·布莱恩和麦克·布莱恩的经纪人的关注。借此机会，布莱恩兄弟决定与威尔合作开发新产品。

这个故事来自著名网络营销大师杰夫·沃克所著的畅销书《浪潮式发售》（Launch）。在该书中，沃克毫无保留地分享了他创立的产品发售公式。我觉得，他的发售公式与我们全网生态营销策略具有完美的互补作用。虽然我们十分擅长全网生态营销，但发售是我们的一块短板。这也会成为今后，我们创新与丰富课程内容的一个方向。沃克开发的发售公式包括发售序列、讲故事和触发心理诱因三个方面。

第一，发售序列。这个环节包括造势、预售、发售与跟进四个步骤。

造势的目的在于引起"粉丝"对产品的兴趣。同时，在造势过程中，我们也可以判断市场对产品的接受程度，并收集消费者对产品的意见，还可以对产品进行迭代升级。

预售是发售序列的灵魂节点。预售可以引发消费者对权威感、社会认同感、群体意识、期望，以及互惠心理的共鸣。预售通常会持续5～12天。或许，你还可以收到一些负面反馈。这是顾客在帮助你改进产品。发售是把产品或服务推给顾客的关键步骤，或者叫作"开通购物车"。发售通常持续1～7天。跟进属于扫尾阶段。通过沟通，向潜在客户追销，实现销售。这是向顾客传递价值、宣传品牌形象的良机，并且为下一次发售积累人气。

第二，讲故事。故事是人类发展史上诸多智慧凝结成的火花，既可以点燃人们内心深处的力量之源，也可以引诱他们的行为。杰夫自认为"是个讲究逻辑的人，热爱知识、喜欢用事实说话"。沃克借助众多故事，把他的发售公式引荐给读者。当然，讲故事也是他的发售公式的秘密武器之一。他依据电影、小说的结构，把发售公式设计成三段式。这个公式看似简单，却可以爆发出无穷威力。

第三，触发心理诱因。杰夫认为，心理诱因一直在人们的潜意识中发挥作用，并对人们的行为方式产生巨大影响。常见的心理诱因包括权威感、互惠心理、信任感、期望、亲和力、重大活动与仪式感、群体意识、稀缺性和社会认同度。结合使用发售公式和全网生态营销体系，大多数传统企业都可以立即启动网络发售。原因是，我们有现成的产品、营销型网站、客户名单，而我们要做的事情就是发售！

在本章中，我们先明晰了几个不是问题的问题。紧接着掌握了优化销售流程的三个步骤。最后，我们一起学习了产品发售公式。在第18章里，我们将会学习搭建运营团队以及绩效考核。

团队
TEAM

网络运营团队规划与组建

第 18 章
打造运营团队，岗位职责与绩效考核

在用人方面，头脑里没有任何桎梏，完全打破等级、门户、辈分之见。让优秀的人才在公司的主战场和第一线感受他们自己的价值。

——通用公司前 CEO 杰克·韦尔奇

2017 年 1 月的一天，深圳，乍暖还凉。天色渐渐黑了下来，窗外鳞次栉比的办公楼，灯火依旧阑珊。一个经理人瘫坐在大班椅里，满脸疲惫。一堆报表散乱摊开在他面前的办公台上，红色批注字迹依稀可见。他有些想不通，年初制订的营销计划为何落得如此惨淡的收场？明天如何向经营层述职？

"这真的是太打击人了，"他自己感叹道，"年初，我从几个部门抽调人员，又从外面挖来熟手，搭建网络运营团队。我们召开了几次计划会，制订规章制度，明确工作标准。甚至，我们还聘请咨询公司协助我们。每个人都觉得这项计划很好，也都摩拳擦掌，准备施展拳脚，大干一场。

"我们制订了季度、月度等阶段目标，并赋予不同岗位所需权力，给他们发挥的空间。每个人也清楚自己的任务。我们的激励措施既清晰又有吸引力，大家也都熟悉奖惩措施。刚开始，大家信心满满，干劲十足，到头来，我们怎么会失败呢？而且还是溃败？

"一年过完了，我们的各项指标都没有达到要求，这太打击人了。并且，在几个月前，我们被迫下调了年度目标。怎么向经营层的高管交代？老板也不会信任我了。怎么办？他们可能会辞退我。"

果然，几天后，这名经理一脸颓废地离开了这间办公室。

这是一个故事，源于生活。在我们给华为实现 5 200 亿元销售额鼓掌时，会听到更多叹息声。并且，这些声音更多来自传统行业的制造型企业。

因此，尽管我们在课堂上不厌其烦地反复唠叨，搭建团队是运营的核心，但许多企业在实施过程中，仍然在此环节马失前蹄，将拉刀枪，兵溃如蝗。

成功运营的关键点

美国大作家马克·吐温说："你的生命有两个重要日子，一个是你出生的日子，另一个是你知道你为什么出生的日子。"在过去十多年里，十多万名企业家先后走进了我们的培训课堂。他们无一例外都知道第一个重要的日子，但大多数人并不知道第二个重要日子。或者说，他们之所以找到我们，是因为想知道第二个重要日子。对此，我们认为成功运营有三个关键点：目标是成功的灯塔，架构是目标的阶梯，各司其职、分工合作。

目标是成功的灯塔

其实，不管你是企业老板还是运营专员，完成销售目标都是你必须实现的理想，也是激励你，给你无穷力量的魔杖。目标与你做什么没有关系，它只与你怎样做和为什么做有关系。尽管不同行业或不同企业里的人面临着不同的市场和不同的困难，但人们都应该有自己独特的目标。而且，目标的独特性也决定了你之所以是你，也是其他人离开你后会怀念你的地方。

因此，在我们的培训体系中，我们设计了独特的年度计划制订与执行训练营。我们选调优秀成员，与学员一起总结往年，规划来年。我们的老师协助企业家学员依据 SMART 原则，设定目标，把目标分解到季度、月度，甚至周。刘宏老师带领专家评审团毫无保留地点评学员的目标和计划，并给出可行性建议。

架构是目标的阶梯

企业目标转化为全员的实际行动是一个相当漫长的过程。在这个过程中，我们不仅需要紧盯目标，评估风险，更需要时刻关注，把对的人在对的时间里安排到对的岗位上，以此保障架构的完整性和运营的顺畅性。缺胳膊断腿的团队容易掉链子，僧多粥少的团队容易推卸责任，狼多肉少的团队则会主动出击。

通常而言，一家企业网络运营部应该包括运营总监、网络编辑、推广人员、程序、美工、客服和销售等岗位。对于大多数中小型企业而言，他们难以承担这样架构的成本。我们也提出了包括运营总监、网站编辑、推广人员、美工和客服五个岗位的精简架构，见图 18.1。这样的运营架构既可以满足企业开展网络运营的基本需求，又可以减少一部分运营费用。

对于业务量相对较大的企业，可以搭建标准运营团队，共八个岗位，分别是运营总监、推广人员、两名客服人员、网络编辑、优化专

图 18.1　精简型运营团队人员配置

员、美工、追销。如果标准运营团队仍然无法满足运营需求，可以在标准团队基础上，分别成立推广、客服、编辑与追销小组。这样的团队大约包括 15 个岗位。

各司其职，分工合作

如果说前两个关键点都是从战略高度诠释如何确保成功运营，达成目标，那么第三个关键点则是从战术层面给出指导建议。为了最大限度地激发团队创造优异业绩，团队领导者需要从三个层面确保成员可以清晰阐述自己承担的角色：

1. 他们知道领导者对他们的期望，以及他们的工作为什么如此重要。这些概念不仅体现在职责、权限和决策上，更应该体现在每个人都知道自己的角色可以为团队目标作出的贡献上。

2. 每个人都切实理解其他成员的职责，也明白个人对于团队的价值。实际经验证明，调岗或轮岗可以提升成员合作的意愿度和业绩。

3. 每个人都需要全景思维，知道每一块"拼图"如何组成全景，由此认可彼此间的互存互惠关系。

最后，每个人也要明白，很多时候，一个团队的业绩离不开外部的配合与支持。因此，成员需要充分理解有外部业务关系的岗位，并给予充分支持。

运营岗位职责及绩效考核

我们分别阐述企业老板、运营总监、程序员、美工、推广人员、优化人员、编辑、客服，以及追销人员的岗位职责及绩效考核重点。企业老板和运营总监属于决策层岗位，程序员和美工属于技术型人员，其余岗位都是操作型人员。

大多数时候，程序员和美工的岗位职责通过外包达成，这并不影响团队运行。尽管我们并不鼓励学员在搭建团队时，出现身兼数职的情况，但实际上这种情况时有发生。

为了拓展这部分内容的普适性，我们设定的标准相对宽泛，并且没有考虑行业差别。因此，企业在运用过程中，应结合自身行业及企业特点，灵活调整职责及指标。并且这些岗位都是联系在一起，相互影响的。

企业老板。在课间闲暇，我喜欢和学员交流。有些企业老板告诉我，他真的很忙，能否只听课，课后不亲自加入全网生态营销运营团队？对此，我给出的建议是：全网生态营销及运营是一项长期工作，老板只要抓好下面几件事情，可以不必事事躬亲：

1. 参与前期团队搭建，制订目标和计划。

2. 审核运营团队提报的运营方案。通过培训，掌握运营流程，了解不同岗位的职责与考核标准，便于审核运营方案的可行性。

3. 亲自考核运营团队。根据情况，设定考核要点。

4. 检查网站运营效果。熟悉流量、询盘、转化率、成交率等核心指标。

运营总监。运营总监是运营团队的第一负责人。他负责搭建运营团队，招聘人员及日常管理。他还负责内容规划、运营策略，并制订计划，拓展和监督推广渠道，跟踪新媒体推广落地。

岗位职责设置要点：

1. 根据公司发展目标及战略，规划与搭建运营团队，制订运营部门运营指标。

2. 负责运营部门招聘、职责、绩效等日常管理工作。

3. 根据公司年度目标（含销售），分解与制订季度和月度运营计划。

4. 制订及提报年度、月度营销预算。

5. 负责规划制订运营策略，跟进监督计划执行情况。

6. 拓展与维护网媒、网盟、博客、论坛、社区、微信公众号、微博公号、搜索引擎等渠道的推广。

7. 结合热点、新闻、事件等线索策划全渠道推广内容，包括线上活动。

8. 跟踪推广效果，调整及优化推广计划。

9. 负责汇总、分析各渠道运营数据报表，并形成月度报告。

绩效考核重点：

1. 销售目标达成率。

2. 流量目标达成率。

3. 推广计划实现情况。

4. 运营团队在岗情况及人员培训提升。

程序员。大多数中小型企业的运营团队并没有设置程序员岗位。当需要程序员提供技术支持时，通常联系建站公司或外包。

岗位职责设置要点：

1. 参与规划、搭建营销型网站，保障网站上线后稳定运行。

2. 参与需求调研、设立项目、技术可行性分析和二次开发。

3. 对运营总监负责，参与设计、开发、测试网站需要的插件。

4. 与推广、客服、编辑、美工等岗位紧密合作，优化网站内容。

5. 负责拟订相关技术文档。

6. 负责网站软件与硬件设施维护。

7. 负责统计与监视系统日志。

8. 负责防止黑客攻击，定期查杀病毒，修复安全漏洞等工作。

绩效考核重点：

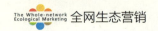
1. 网站运行效果，如连续平稳运行时长。

2. 改进或优化网站程序。

3. 优化用户体验。

4. 网站运行与维护成本。

美工。美工的工作和推广人员、编辑息息相关。当推广人员和编辑需要图片时，美工要及时完成并交付。因此，团队奖励或提成，也应该考虑美工岗位。依据实际调整，让美工也体会到部门业绩与自己的工作分不开。

岗位职责设置要点：

1. 负责规划与实现营销型网站整体风格。

2. 负责制作、美化网页图片。

3. 负责制作广告、Flash、宣传页面等内容。

4. 负责收集、归档网站图片、创意、元素等内容。

5. 负责制作与更新付费广告。

6. 参与网站改版与优化。

绩效考核重点：

1. 工作及时交付率。

推广人员。推广人员需要具备互联网视野，熟悉本行业推广渠道。他们也需要较强的沟通与谈判能力。

岗位职责设置要点：

1. 使用站长工具，查询公司网站排名，网站关键词收录数量，公司关键词排名等信息，维护网站权重稳定。

2. 从高权重到低权重，更新B2B网站供应信息，优化排名，发布新产品信息。

3. 修改审核未通过、未收录的官网SEO软文，并转发到微博、阿里专栏及其他高权重的B2B行业平台。

4. 分别在不同平台发布推广信息（微博发布产品信息、热门话题评论发广告）。

5. 每天在百度知道、百度贴吧、360问答等平台推广产品信息（回答相关问题，带上产品信息或自问自答等）。

6. 使用百度视频、百度文库、百度知道、百度贴吧等免费渠道推广。

7. 浏览各大论坛、新闻网，创作一篇原创SEO软文与两篇伪原创文章，用于次日更新网络资讯。

8. 写当日工作报告，完善修改《免费推广操作手册》。登记当日遇到的难题，争取次日早会解决。查看公司网站来访流量、来访关键词、来访路径，分析来访用户，搜索热门关键词，通过软文优化排名。

9. 准备微文章、微引流页的素材，每周发布两篇。

10. 开会讨论工作问题或学习网络营销知识。

绩效考核重点：

1. 网站有效访问量。

2. 网站转化率。

3. 网站销售额。

4. 各渠道推广工作量。

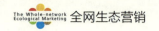

　　网络编辑。负责网站日常内容更新，对外提交推广内容。通常情况下，每天在各平台发布 1～2 篇原创内容和 2～3 篇伪原创内容，数量依据熟练程度调整。

　　岗位职责设置要点：

　　1. 负责撰写网站、产品文案。
　　2. 负责策划、撰写论坛、微信、微博、博客等各类推广文案。
　　3. 撰写软文、新闻资讯。
　　4. 参与关键词策划与优化。

　　绩效考核要点：

　　1. 月度文章数量。
　　2. 内容贡献的流量（阅读量），建议依据行业及官网日常情况决定，设置封顶。

　　除了上述岗位之外，运营团队还包括 SEO 专员、客服及网络销售等岗位。

运营团队从初创到卓越的三个阶段

　　第一阶段，以整合人员为主。初期，我们可以选调或内部招聘，组成运营团队。但在多数情况下，团队核心人物（领导者）需要外部招聘，甚至不惜借助猎头之手，挖竞争对手墙脚。

　　我们认为，合格的领导者应该具备以下条件：

1. 对网络营销和运营有足够认识。

2. 良好的沟通能力。

3. 明晰自己的工作职能。

4. 擅长项目策划、业务培训、人员整合、项目调整。

网站优化人员需要熟悉搜索引擎的基本算法，能够通过优化技术，提升排名，可以找出网站优化过程的问题，做好 SEO 诊断。

网站推广人员与优化人员不同。前者更关注外部营销，后者则关注站内工作。推广人员不一定要懂得论坛、博客、QQ、邮件、微信、微博、搜索引擎、软文等多种推广方法，但一定要特别擅长一项或几项，并且懂得整合各种途径的推广效果。

网站编辑不仅需要优秀的文笔和领悟力，写出有营销力的文章，还需要掌握站内优化基础知识，更新内容，向推广人员输送新鲜血液。

程序和美工属于技术岗位，也是营销团队不可或缺的角色。负责搭建网站及维护日常稳定运营。

第二阶段，以合作项目磨合。团队领导者通过培训，用目标统一全员行动，提高成员的综合素质和业务能力。组织团队分享交流，也是成员进步的最快方式之一。通过具体运营项目使团队成员之间的合作更加默契。同时，移除不合格成员，吸收新生力量。

第三阶段，在实战中提高要求。继续在实战中提升能力，加强合作，统一行动和步调。挖掘人员潜力，调整分工，提炼团队文化。

编写修订文档和操作手册

在日常运营管理中，我们要求每个成员针对自己的岗位职责，认真编写，并每日完善各类工作的操作手册。我们这样要求的好处有以下五点：

1. 间接调动员工积极性。

2. 有利于员工熟悉本岗位全盘工作内容。

3. 有利于员工了解公司与团队工作内容。

4. 通过收集相关信息，提出本岗位效率改进计划。

5. 促使员工团结目标，履行职责，提炼关键节点。

在我们的课堂上，学员可以得到更多操作手册。

第一类，《网络营销启动篇操作手册》，包括《企业定位及网站规划方案》《网站架构图操作手册》。

第二类，《付费推广操作手册》，包括《百度付费推广操作手册》《百度网盟操作手册》。

第三类，《免费推广操作手册》，包括《软文创作手册》《营销型视频制作和推广手册》《B2B推广操作手册》《问答推广操作手册》《微信公众号执行手册》《主动营销内容执行手册》《主动营销平台执行手册》《主动营销渠道执行手册》。

第四类，《网络营销运营管理方案》，包括《网销团队架构》《岗位职责》《人员考核方案》《咨询师与销售工作流程》《金牌咨询师话术》《网站探头》。在上述手册中，每一项手册都列示了各自的标准。比如：《软文创作手册》的标准包括七项：

1. 图文并茂、图片文字相关性强。

2. 图片尺寸宽度700毫米。

3. 文章不低于200字。

4. 图片标签填写完整（含关键词）。

5. 设置一个以上超链接（链接内容保持一致）。

6. 原创文章用时控制在30～40分钟，伪原创文章用时控制在20分钟以内。

7. 转发文章到各大平台，增加外链（如阿里专栏、尚有全、新浪博客等）。

在日常管理过程中，企业经营者、运营总监及其他成员也会经常用到一些表格，比如《免费推广数据统计分析》《付费推广数据统计分析》《新媒体数据统计分析》《客服询盘信息分析表》《月度目标分解表》《客服转化率统计表》《销售转化率统计表》《关键词分析表》等。

在本章中，我们掌握了如何搭建网络营销运营团队，以及相关岗位的职责和绩效考核要点。在第19章，我们将学习如何制定营销预算、作出科学的营销决策以及监测与评估运营效果。

第 19 章

制定营销预算，科学决策与效果评估

预算只是最后用来表达平衡决策的文件，但是决策本身有赖于良好的判断力，而健全的判断必须基于完善的企业经营分析。企业管理者能否谨守预算，往往被视为对管理能力的一大考验。

——著名管理学大师　彼得·德鲁克

西汉宣帝时期，丞相丙吉在暮春时节外出，遇到行人斗殴，路边躺着死伤者。丙吉视若无睹，驾车而过。过一会儿，他看到一个老农赶着一头步履蹒跚、气喘吁吁的牛。丙吉却叫车夫停下来，询问缘由。车夫不解，问丙吉何以如此重畜轻人？

丙吉回答："行人斗殴，地方官可以处理。我会考察地方官的政绩，赏罚分明。牛的事情则不同，现在是春天，天气不应该太热，而那头牛则伤热喘气，这说明节气不正常，势必影响农事。"

在现实的企业经营中，我们时常看到，老板干总监的活，总监干经理的活，经理干主管的活，主管干员工的活，而员工却高谈阔论企业发展战略。企业管理之所以会陷入这种"怪圈"，是因为老板定位错了。

在第 18 章，我们讲述了如何搭建运营团队，设计岗位职责，以及绩效考核。在本章里，我们将会阐述几件老板必须做的事情：审批营销预算，制定营销决策以及监控运营效果。

需要掌握五个核心指标

在实际运营过程中，老板审批营销预算，制定营销决策，都会用到几个关键数据：流量、询盘量、有效询盘量、成交量与丢单量。

◆ 流量指搜索引擎访问量（包括付费推广和免费优化带来的访问量）、独立IP访问量和外部链接访问量的总和。

◆ 询盘量指通过在线沟通工具、400电话、注册、留言与名片获得的咨询量。

◆ 有效询盘量指电商客服沟通过后，确认对产品有需求，留有电话的询盘量。通常会录入客户档案表、需求分析表、问题统计表、标准话术表等表。

◆ 成交量指通过在线下单、上门拜访、邀约参观、业务跟进等方式，达成销售的单数。在统计成交量数据时，需要记录成交额。

◆ 丢单数指有效询盘量中，未成交的那部分询盘量。

在上述关键数据基础上，通过简单计算，可得出核心指标：询盘转化率、有效询盘率、成交率、流量转化率、流量成本率、关键词精准度。

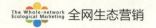

- ◆ 询盘转化率=询盘量÷流量×100%
- ◆ 有效询盘率=有效询盘量÷询盘量×100%
- ◆ 成交率=成交量÷有效询盘量×100%
- ◆ 流量转化率=成交单数÷总流量×100%
- ◆ 流量成本率=流量成本÷总流量×100%
- ◆ 关键词精准度=关键词流量÷总流量×100%

制定年度营销预算的五种方法

首先，我们需要明确，预算不等同于预测。预算是一种控制全局的定量管理技术，它可以引导企业所有部门、所有员工的经营行为。预算用来帮助协调和控制在给定时期内，资源的获得、配置和使用。预算的作用包括制订计划，协调部门工作，评价业绩，以目标导向激励员工，合理配置和利用资源，监督企业经营行为。我们所谓的营销预算，是企业总预算里面的一个分支。营销预算用来制订营销计划，安排营销团队工作，评价他们的业绩，激励他们完成任务。

企业可以通过很多方法得出年度营销预算，比如老板拍脑袋得到的数据。即使拍脑袋得出的数据是真正预估出来的，但我也不建议你拍脑袋。拍脑袋的成本可能会非常大。

销售额百分比法。按照企业年度销售额为基数，乘以一个百分数，得到年度营销预算总额。首先，存续经营企业可以提取过往年度的营销费用和销售额这两个数据，并计算得出这个百分数。需要注意的是，这个百分数的增长比例应低于预估当年销售额的增长比例。其次，依据过往年度销售额，预估当年销售额。最后，年度营销费用＝预估当年销售额×百分比。

假设，企业往年销售额100万元，预估当年销售额200

万元，增长率100%。而往年实际发生的营销费用是2万元，低于预算2.5万元。一是当年的费用增长率应该小于100%，如80%；二是以往年实际发生的费用为基数。依此计算，当年的营销预算=2万元×（1+80%）=3.6万元。

利润最大化法。利润是经营企业的直接目的，也是经营行为的终极指向。有一些传统行业的市场环境和企业经营要素并没有发生明显变化，对于处于这种环境的企业，我们建议设置以利润为导向的营销预算。

通过翻查历年企业经营账务数据，我们可以找到利润最大化年度的利润总额和营销费用、营销预算这三个数据。这个营销费用就可以直接作为当年的营销预算。当然，也可以以利润最大化年份的营销预算作为当年营销预算。

目标导向法。通常而言，我们可以把营销目标归为两大类，一类是提升销售额，一类是树立品牌。如果企业的营销目标更倾向于提升销售额，那么，建议采用利润最大化法或目标导向法制定营销预算。如果企业的营销目标更加倾向于树立品牌，那么，建议使用零基预算法制定营销预算。首先，为了达到树立品牌的目标，我们明确列出必须执行的营销任务，如线上渠道和线下渠道；其次，依据渠道，预估各项费用；最后，加总得出当年营销预算。

考虑到预估的不确定性，建议设立营销备用金，以备在真正遇到不时之需时，可以有资金出口，同时，又不至于影响企业其他经营计划。

零基预算法。对于市场环境、经营要素发生重大变革的企业，我们建议采用零基预算法。这种方法类似目标导向法，但不同之处是，对于任何一个年度预算，任何一项费用都不参考历年数据。一切从零开始，将当年作为一个开端，与历年的经营数据"一刀两断"。使用零基预算法的关键之处在于，仔细核查每项行为或活动的预估成本。

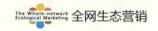

竞争优势法。为了保持与对手竞争过程中的优势，依据对手的营销费用，制定自己的营销预算。这种方法或有浪费嫌疑，但并非不计成本。从 2015 年滴滴出行和优步（Uber）的营销白刃战可以看出，双方真的是不计成本地"烧钱"，只是为了争夺一丝微乎其微的竞争优势。如果我们在经营过程中遇到这样的竞争对手，或许也只能"人在江湖，身不由己"了。

除了上述五种方法，企业还可以根据行业标准制定营销预算，也可以根据自身实力制定营销预算，或者根据历年的经验数据，得出当年营销预算。营销预算是企业达成营销目标的方法之一，可以发挥指引作用，但它并不能保证企业一定会达成营销目标。

科学决策的七个步骤

美国著名管理学家赫伯特·西蒙（Herbert Simon）提出："管理就是决策。"他认为决策是管理的核心内容，并且贯穿管理过程。的确如他所言，无论做计划、搭建团队、制定预算，还是投放广告，实现销售，这些工作都离不开决策。管理实际上由一连串决策组合而成，决策质量直接影响了各项工作的效果。企业老板这一类人群经常习惯话无定音，朝令夕改。他们忽视了一个非常重要的情况：他随口说出的一句话可能会被员工当作一项决策，或者处理一项工作的指导方针。因此，企业老板需要掌握科学决策的七个步骤：

步骤 1：明确问题。问题是决策的靶子。找准靶子，才能有的放矢。很多情况下，决策者并没有真正了解清楚发生了什么问题，就依据经验判断，给出自以为是的解决之道。因此，明确问题是科学决策的前提。

步骤 2：准备工作。我们找到了问题所在，还要找到这个问题有哪些限定条件及相关信息。很可能的一种情况是，决策之道就隐藏在这些不易被发现的条件或相关信息里面。纷繁琐碎的准备工作往往容易让人陷入情绪泥沼，进而设定心理偏见，甚至无法缜密思考。因此，摆正心态，认真收集信息，做好充足准备，才能提高决策的有效性。

步骤3：设计可行性方案。在这个环节，头脑风暴法和六顶思考帽法都是有效的思维工具，可以帮助我们收获更多想法和决策方案。

步骤4：评估方案。依据步骤2收集的信息和可以动用的资源，通过SWOT方法，分析步骤3列示的第一种方案。

步骤5：作出决策。首先，根据步骤4，针对超出资源需求或能力范围的方案，评估可否扩展资源和能力。如果无法实现，则删除该方案。这样，保留下来的方案就是可行方案。其次，运用本杰明·富兰克林（Benjamin Franklin）决策法给每个可行方案的优点打分，从0分到10分；给每个可行方案的缺点打分，从-10到0分。最后加总每个方案的得分，依据分数最高的方案，作出决策。

步骤6：列示行动计划并执行。首先，按照SMART原则和5W2H要求，明确行动计划。然后，依照行动计划，落实执行。

步骤7：评估与复盘。可以使用美国陆军的事后评估法（After Action Reviews, AAR's）或者联想舵手柳传志先生倡导的复盘方法（可参考陈中著：《复盘》，北京：机械工业出版社，2013年7月），评估决策的有效性，包括表现良好的要素，表现不佳的要素，需要改进的要素等。最后，把这些要素形成档案文本。

科学决策是一项思维工具。面对重大经营决策，这个过程可能会持续一段时间；对于日常管理中的一般性决策，我们可以有意识地沿着这个顺序思考一遍，可能只有短短几分钟时间，却可以带来积极的正面效果。

对营销效果评估的思考

网络营销渠道日趋多样化，互动性也越来越强，受众也在加速以

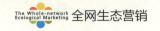

群体特性分化。这些因素也说明，我们很难用一个标准或指标体系评估网络营销的效果。其实，这一点也成为传统行业中众多企业投身网络营销的一大障碍。

虽然评估效果的难度较大，且准确度不高，但还是有一些可用的方法。塔玛拉·温伯格（Tamara Weinberg）在《正在爆发的营销革命》（*The new community rules*）一书中写道：

我们不太好判断社会媒体营销策略究竟带来了多少新客户，特别是当同时运用多种营销策略的时候。如果要估算投资回报率（ROI），可以考虑以下五个独立的指标：

1.到达率。到达率是指你的信息的链接数量、传播你的推广活动的人数，或者创建Facebook主页后获得的"粉丝"数。可以查看某项内容或者链接被转发的次数。

2.访问频率和流量。使用分析软件，查看在某个特定时间段内网页的观看次数和其他时间段的对比。还可以通过网络分析，查看网站的平均访问次数，以及营销活动开始后用户访问网站的频率。

3.影响力。如果人们对你的网站或话题的讨论更有深度和影响力，就会有更多的转化潜力和病毒式推广的可能性。

4.转化率和交易率。统计交易达成率。

5.持续性。比如某篇文章发布前，网站的流量和发布后网站的流量增加数据。

通过这些不同的指标可以衡量社会化媒体营销活动是否成功。但企业内部的营销团队需要查看每一个独立指标，然后再决定怎样更好地评估营销结果，而结果则是最有说服力的判断标准。

对于温伯格提出的五个评估指标，我个人觉得，影响力本身是一个难以量化的因素，作为指标不妥当。转化率和交易率也不能反映访客的价值。

我比较倾向于结合全网生态营销的预期目标，从定量和定性两个方面，整体评估营销效果。如果营销目标是以树立品牌为主，提升销售额为辅，那么，我建议采用定性评估法。所谓的定性评估法，主要包括网络舆情和影响力两个维度。

- 网络舆情指统计网站留言、搜索引擎、微信、博客、社区论坛、微博等渠道对企业或产品的评论数量，分为正面、负面与中性。计算各自占比，分析这些渠道评论的跟帖评论比率。分析网民关注的内容，如产品性能、售后服务等。同样，把这些评论分类为正面、负面和中性。
- 影响力分为两个方面。一方面统计知名博客、大V、社区意见领袖等个体有没有自动撰文、引用、转发、推荐、加精华；另一方面，统计有无平面媒体、电视、广播等传统媒体跟进话题及二次传播。

如果营销目标以提升销售额为主，树立品牌为辅，那么，我建议采用定量评估方法。统计一段时期内网络销售额的增长情况，与推广开始前的数据进行对比，即可以得出这轮营销的结果。

在本章中，我们阐述了运营工作经常用到的核心指标，制定营销预算的方法，科学决策的步骤，以及评估运营效果的方法。

在第四部分，我们精心筛选了六个学员企业案例，一起学习他们是如何做的，倾听他们的感受、心得和取得的成果。这些案例更加有利于我们消化、应用前文讲述的策略和方法。

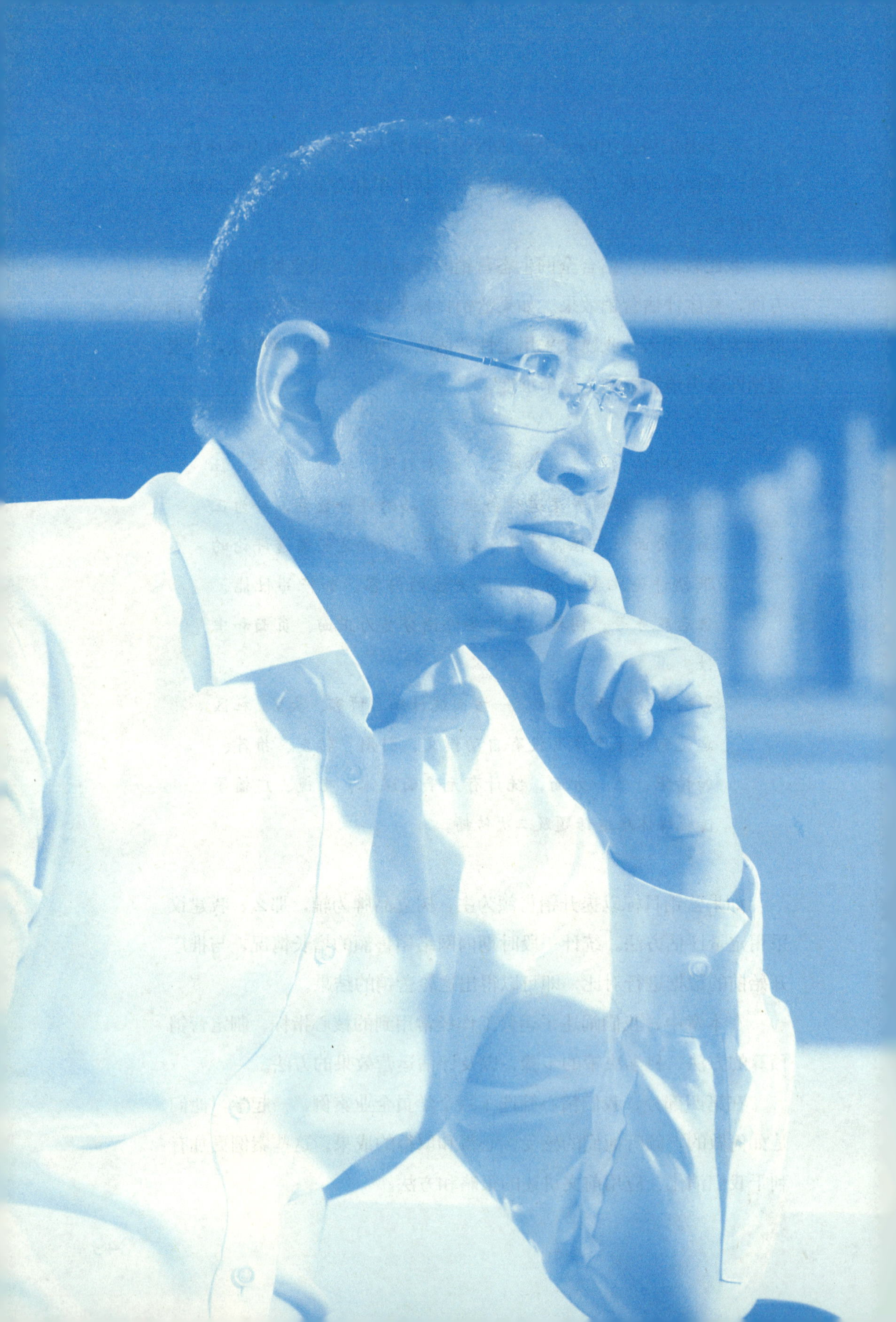

第四部分

全网心得

　　10 年前赶潮流，匆忙搭建企业官网，却让网站昏睡了 10 年，直到走进单仁资讯，短短两年里，竟然新增 126 家专卖店。

　　最古老的手工绣花企业如何"勾搭"上最前沿的网络营销？并通过网络斩获 70% 的营业额？挂牌上市？祖传瑶医如何通过网络营销，创造收益一年内增长 10 倍的成就？饰品花边行业的"苹果"怎样把产品卖到 GAP、欧时力等全球知名快时尚企业？

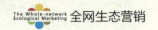

【装修材料行业】

昏睡10年的网站复苏，新增126家专卖店

"这几年，朋友们常劝我，现在我的企业规模大了，不用那么操心，可以到处走走、逛逛、玩玩。其实恰恰相反，市场的不景气让我心中常感不安。"山东金马首装饰材料有限公司总经理郭欣说。

2014年，郭欣带领老企业焕发新活力。参加单仁全网营销课程后，郭欣系统掌握网络营销知识，让"昏睡"10年的网站复苏。他还带领团队大胆探索，在电商、微商、自建商城全面布局，让网络营销成为企业的赚钱机器。

2014—2016年，新网站上线的短短两年里，企业新增加了126家专卖店，工程营业额约6 400万元，销售网络遍布江苏以北13个省市。2016年以来，到公司考察的客户订单及意向性订单约8 500万元。

如今的辉煌业绩，更让郭欣时刻谨记过去的探索历程。

山东金马首装饰材料有限公司是一家主要生产木门及木质装修材料的公司，有15年专业生产经验，是"中国木门十大品牌"之一。多年来，公司的主要盈利模式是发展各地代理商，建立专卖店，开展木门零售业务，也承接木门施工工程。

随着网络营销的迅猛发展，郭欣开始意识到转型网络的重要性，于是加大品牌宣传力度。2009年开始，企业每年投入电视媒体广告200多万元，初期，广告效果明显。2009年，企业发展了150多家专卖店。然而，随着全网营销的深入发展，电视媒体广告的竞争力日益消减。2012年以后，企业成交下滑，2013年，新增加盟店不到15家，甚至出现客户解约情况。200万元的投入，不足15家新加盟店，触目惊心的数字给初触网络的金马首公司带来沉重一击。"是否触电、触网，怎么触电、触网"时刻困扰着郭欣，全网营销下公司的出路在哪？

就在郭欣毫无头绪，辗转难眠的时刻，当地经信局推荐了一家网络营销专业教学机构——单仁全网营销培训。

2013年12月23日，郭欣走进单仁资讯课堂。在这里，他听到了最全面、最前沿的全网营销课程，掌握了全网营销的策略与要点。参加完《实战全网营销》课程，郭欣满怀信心地带领企业重新开始触网之旅，在单仁资讯的协助下，对公司进行了分析定位，确立了公司的核心竞争力及目标客户定位。对公司有了充分认识之后，郭欣决定重新制定招商政策，紧跟形势要求，不断求新求变。

其实，参加课程之前，金马首公司已经建立了自己的网站，可惜的是，这个网站多年来业绩一直为零。通过学习后，郭欣重新搭建企业的营销型网站，2014年3月25日，企业营销型网站正式启用。2014—2016年，新网站上线的短短两年里，企业新增加了126家专卖店，销售网络遍布江苏以北13个省市。

从2013年的不足15家加盟店，到现在的126家新专卖店，郭欣带领老企业焕发了新活力。

在这个经济的寒冬，通过网络创新经营，才会感受到春天的温暖。

【手工刺绣行业】
一涵汴绣挂牌上市，70%的营业额来自电商

繁花虽好，却是美景易逝。心灵手巧的女子，将那些繁花美景绣于织锦之上，留住了美景，久而久之，也形成了一种独特的刺绣工艺——汴绣。在古都开封，精致秀丽的汴绣工艺就是这样在历史的长河中留存下来的。

河南一涵汴绣有限公司，是汴绣行业的佼佼者。它的刺绣工艺精致秀美，更重要的是，一涵汴绣有限公司紧跟时代步伐，借助互联网，让具有4 000年文化历史的手工刺绣行业率先打破小规模生产、个体户销售的模式，迈出国门，走向世界。

2015年7月，一涵汴绣成功在上海股权交易托管中心挂牌，成为汴绣行业唯一一家上市公司。从默默无闻到成功挂牌，一涵汴绣只用了4年多的时间，一涵汴绣掌门人"绣娘"张留凤是怎么做到的呢？

一涵汴绣成立于2011年。成立之初，一涵汴绣和许多传统企业一样，主要以线下门店销售为主，运营状况并不

尽如人意。开业两个月，客流量几乎为零，仅有的几个销售订单也是小得可怜。

后来，在一次同学聚会上，张留凤听说了帮助企业在全网营销获利的单仁资讯集团。2011 年 8 月，她走进了单仁资讯《实战全网营销》的课堂。听完培训课，张留凤开始认真思考其产品定位，对自己的目标客户进行明确的分类。在原本的线下门店资源上，制定了 O2O 模式的发展路线，销量也出现了大幅度提高。

张留凤趁热打铁，带领人员创建电商团队，上百度竞价，做站群，三个月的时间，就在四个网站全部整装上线。2012 年，一涵汴绣电商平台步入正轨，电商部通过网络营销，签约了第一笔 30 多万元的订单。

2011—2015 年，一涵汴绣只用了四年的时间，就成功改变了汴绣的传统销售模式。现在的一涵汴绣，一共组建了四个公司网站，基本实现了全网覆盖。借助网络平台，一涵汴绣的营业额从 2011 年的 15 万元，飙升到 2015 年的 5 000 万元，实现了大幅增长，在这些营业额中，70% 来自电子商务。

全网营销，不仅让一涵汴绣实现销售盈利，还帮助企业发现更大市场。为了迎合更大的消费市场，一涵汴绣还成立了自己的研发中心，研发新产品多达 1 000 多种，成为行业内的佼佼者。

如今的辉煌业绩，更让郭欣时刻谨记过去的探索历程。

【茶行业】

荔花村把红茶卖到联合国，
2015年营业额达3 000万

深圳市荔花村茶叶有限公司专业做茶15年，主营英德红茶批发、茶礼定制。董事长李佳霖表示，自己从事英德红茶零售十几年。近几年，线下成本越来越高，销量和利润都在下降。2012年，李佳霖开办了一个茶艺馆，希望能够带动销售，然而，效果并不好。经营茶叶生意，除了给工人发工资，还要在茶山、茶厂、茶馆投入资金，销售和利润的下降，让李佳霖做得很辛苦。

线下成本的提高，互联网的快速发展，让李佳霖萌发了在互联网寻找发展机会的想法。其实，早在2003年，荔花村茶叶有限公司就建立了模板网站，可惜的是，整整10年都没有一个询盘。机遇与风险并存的时刻，李佳霖一时踌躇不定。

"无意中有朋友对我说有个网络营销课程不错，试听了部分课程后很有感触，立马报名。2014年1月，我走进单仁资讯实战全网营销的课程，通过课后完善的增值服务迅速落地，两年来受益匪浅。"李佳霖说道。

李佳霖系统化学习网络营销，重新定位，从零做起。企业从传统行业转型网络营销，盈利模式由原来的 B2C 调整为 B2B、B2 大 C，走礼品定制和批发路线，整体销售额明显提升。

2014 年 6 月底，荔花村营销型网站上线，上线后马上做付费推广，第 2 天就有询盘。营销型网站上线 20 天首单达 380 万元，2015 年营业额达 3 000 万元。通过网络营销，企业接到了联合国定制 8 000 份茶叶礼品的订单，还接到平安银行多笔大订单，达成长期合作关系。目前英德红茶已经推广到了国外，现于加拿大拥有销售点。

茶叶批发的营销型网站和营销型手机网站接到了不少企业咨询，也成交了订单。李佳霖敏锐地捕捉到其中的商机：茶叶礼品定制有市场，销量大，利润更高，自己有专业设计团队，可以接单。

李佳霖表示，目前公司走礼品定制和批发路线，整体销售额明显提升，如今又做了两个新的礼品定制网站。在 2016 年 8 月，礼品定制营销型网站和营销型手机网站同时上线，相信销量肯定会翻倍。

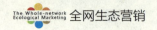
【医疗行业】

瑶医"+互联网"，一年内网上收益增长10倍

2015年，抗癌励志电影《滚蛋吧！肿瘤君》赚了不少人的眼泪。现实生活中，有一位医生"为抗癌而生"，是中国"减法治癌"的创立者。他的医院成立了30年。然而，进入互联网时代，酒香也怕巷子深，仅依靠口碑相传，医院无法跟上社会的发展速度，可能被社会和行业淘汰。

北京德坤瑶医医疗集团1985年创立，至今已发展成为包括八家医院、三家省级研究院等超过20家机构的大型医疗集团。该医院的创始人、"覃氏瑶医"第十三代传人覃迅云教授创立瑶医"减法治癌"理念，是中国瑶医首席防癌专家，经常受邀作客央视、北京电视台《养生堂》等30余家健康栏目。

然而，30年来，北京德坤瑶医医疗集团一直依靠患者口碑相传，品牌影响力小，产品推广渠道单一，人流量少，影响企业发展。

2012年，他组建团队开展网络营销，通过网络推广增加曝光率、加大引流，然而好景不长，由于没有清晰的方向和系统知识，在网络推广投入产出比仅为 1 :0.8，成本越来越高，销售额却无增长。

2012 年，覃迅云带公司高层参加了单仁资讯实战全网营销课程学习后，公司整体定位更加清晰，改变了以往的传统医疗模式，更加注重用户体验，在服务上做加法，抓细节，用人性化的服务抓住客户，完善了服务系统模式，患者满意度高达 98% 以上。

覃迅云说："在上课之前，我们的网站是'自我欣赏'，学习后才懂得如何从消费者的角度建设营销型网站，网站流量有百倍增长。"

团队开展有效的付费和免费推广，经过一年的努力，北京德坤瑶医医疗集团 2015 年投入产出比达到了 1 :8.6，相比之前增长了 10 倍，声誉也越来越高。

"互联网 +"为北京德坤瑶医医疗集团提供了第二个平台，医院整体工作效率提高，升级了服务产品，推出网络预约就诊等方便快捷的服务，让患者看病变得便利、快捷。

【箱包行业】

"箱包女王"玩转电商,"巨龙"帝国初成长

把普通箱包做成时尚生意,登上中央电视台《新闻联播》,设立独具特色的箱包博物馆,打造电子商务产业园……短短几年,巨龙箱包有限公司(以下简称"巨龙箱包")依靠技术创新和强大的市场营销能力,带领企业实现了多次大跨越,创造了一次又一次的神话。巨龙箱包董事长邵宝玲用自己的经历,印证了"东方有多大,巨龙告诉你"这句广告语,可谓巾帼不让须眉。

十年前,巨龙箱包初创时期,发展之路走得磕磕绊绊。总裁邵宝玲在走投无路的情况下,选择了网络营销。没想到的是,通过拓展线上线下多层次销售,电子商务成为公司最重要的销售渠道,企业半数订单来自网络。利用网络引擎,巨龙箱包找到了发展之路。如今,公司线上线下的销售业绩比更是达到8∶1。

依靠网络营销,巨龙箱包闯出了一条发展之路,但是,随着互联网的发展,巨龙箱包遭遇了业绩瓶颈期。邵宝玲"碰

运气"似的走进了单仁资讯的实战全网营销课堂。在系统学习了网络营销课程后，邵宝玲学以致用，利用网络引擎，成功突破行业成长瓶颈。2013年，网络订单成交额高达3.6亿元。不断学习后的企业再次得到发展，现已成为义乌名片，全球知名。

回看发展之路，我们可以深深体会到网络营销对巨龙箱包的影响。

2002年成立的巨龙箱包是一家集科、工、贸于一体的综合性箱包企业，拥有"巨龙""宝丽"和"乐程"三大自主品牌。目前，年产500万个铝箱及300万个PC箱，是国内规模最大的工艺箱包生产基地之一，70%的产品销往欧美、东南亚、日本、韩国等国家和地区。

巨龙箱包起初的主要销售模式是"前店后厂"，靠展会和店面接单，年销售额始终无法突破2 000万元。这种销售方式，接单成本高，灵活性不够，致使企业发展缓慢。

"传统实体销售疲软，但是需求还在，只是转移了。"早在2003年，坚信电子商务是未来企业发展方向的邵宝玲就投入20万元在B2B平台上，抢跑同行。渐渐地，从传统的电话、门市和展会营销，到线上线下、实体与互联网整合营销，转型给巨龙箱包带来了新的契机。

"认为自己还不错的时候，就是快被淘汰的时候！"企业在快速发展多年后进入瓶颈期，连续几年，销售额一直只有30%提升，再也不能上一个台阶。邵宝玲表示，"我一直在困惑，但就是想不出办法。抱着碰碰运气的心态，我上了一整天单仁资讯的实战全网营销课程，课后我感慨良多，原来的思维和做法已经很落伍了！"

2011年3月，通过单仁资讯第67届实战全网营销课程的学习，邵宝玲在系统了解网络营销后，再次带领巨龙箱包在销售上取得大突破。

通过学习，她和团队在网络推广工作中，更加深刻理解询盘转化的方法。通过重新建站，极大提高了成交率。

通过与单仁资讯的合作、学习，巨龙箱包的业绩提升明显，每年以大于 30% 的速度递增，2013 年网络订单成交额达到 3.6 亿元，单笔订单最高额超过 3 000 万元。线上线下销售业绩明显拉开，占比达到了 8：1。

巨龙箱包从一两家综合电子商务平台，发展到多家专业电商平台，现拥有网站批发、OEM 网络平台 16 个，零售电子商务平台五个，批发定制网站有阿里巴巴英文站、中文站、环球资源、七国语言商贸平台，国内零售有天猫商城、京东商城、淘宝店铺、分销渠道及银行网站等，团队有约 50 人，产品多达 4 000 种，行销网络遍布全世界。

2010 年，公司成为上海世博会指定供应商；2013 年，拿下化妆品巨头美国玫琳凯的化妆箱订单。通过网络平台销售，公司步入国内外知名企业行列，全球采购商都知道义乌有个巨龙箱包。

邵宝玲表示，"单仁资讯不但能帮助中小企业成长获利，更能帮助我们成为国家级、全球级的企业！"

凭借优秀的领导能力，2014 年 4 月，在第五届中国电子商务十大牛商评选活动中，邵宝玲获得全国"十大牛商"荣誉称号。

按照传统思维，箱包只是一种工具，而巨龙箱包专门成立了研发中心，给普通的箱包附加了其他功能。从卖产品到卖设计创意。目前，巨龙箱包拥有 100 多项外观专利，产品广泛用于科研、航空、金融等领域。多年的商场征战，让邵宝玲变成了塑造产品价值和品牌价值的高手。

2013 年，巨龙箱包建立了全国首家"箱包博物馆"，馆内陈列着不同年代的箱包 2 000 多个；2014 年投资兴建"幸福里"电子商务产业园，打造立体式的电子商务产业。

对于今后的发展规划，邵宝玲充满信心："在高速发展中，销售的基础一定是创新。原来的代工不变，因为这是义乌的基础；第二是要做好自己的品牌；第三是现代化的网络一定要做好。"

【服装行业】

做花边行业的"苹果"

在传统市场如鱼得水，在网络大潮中却屡屡失手。广东百华花边科技有限公司（以下简称"百华"）总经理赖世军在遭遇经营失败后，系统地学习了实战全网营销课程。通过学习，他认识到，未来的竞争不是企业与企业的竞争，而是产业链之战。他说："企业如果只是把网络当成一个工具或一种渠道，那网络营销充其量也只能带来微小的利润，让你赚点小钱。但是，如果把全网营销提升到企业的战略层面来思考并进行布局，效果就完全不同了。我们百华要做花边行业的苹果。"

网络营销不是你想不想做的问题，而是你的企业要不要活、能活多久的问题。能否赶上互联网的最后一班车，将决定你的企业是否能抓住这转型的唯一机会。

赖世军是一位商业才俊，曾通过资源整合，与设计师签分成协议，向下游服装企业喊价，产品和专利一起卖等方式，将产品售价提高了三倍。他所在的企业生产服装辅料，花边、蕾丝只能做点缀，但他想让企业做行业里的主角。他曾尝试向互联网转型，却在烧钱中恐惧，在挫败中隐退。

2010 年，他系统学习网络营销，用知识武装自己，最后终于在网络营销中实现了盈利，取得第一年销售业绩 300% 增长的喜人成绩，目前公司 80% 的业绩来自网络。以前遥不可及的 GAP、欧时力等知名服装品牌，现在通过网络主动与百华接洽展开合作。

广东百华花边科技有限公司于 2010 年成立，是一家集开发、生产、销售、服务于一体的专业花边企业，拥有 spring flower 花边品牌。

最初，百华也跟同行一样，依靠陪吃饭、喝酒的拉关系方式去开发、维护客户，效率很低，同时，订单结款时间长，企业资金压力巨大。

在很多人还不相信配件辅料企业能在网络做销售的时候，赖世军就敏锐地看到了机会，尝试进行互联网转型。但是，由于对网络营销的理解过于简单，错误地认为电商就等于在阿里巴巴开个商铺或建个企业网站。创建网站之后，却没人打理。网站在搜索引擎上也没有排名，一直没有效果，无奈中途放弃了走网络这条路。

2010 年 1 月，赖世军参加了单仁资讯第 38 届实战全网营销课程学习后，对企业进行全面梳理，把网络提升到企业战略层面来进行布局。从产品的定位到网站的规划，再到团队的打造，全部严格按照网络营销的思维进行改造。

赖世军建立了八个网站，进行站群的推广活动，效果明显。各类 B2B 平台、博客平台等都有排名；超过 1 000 个长尾关键词排在了百度首页；将视频推广运用到极致，整个百度视频推广中，前 50 页全为百华公司视频；目前实现了官网自动排名，百科、问答、B2B 平台、微博、视频等全信息覆盖的同时，付费推广费用下降了 80%。

做网络第一年，百华的销售业绩实现 300% 增长，网络最大的一张订单为 100 万元。目前，公司 80% 的业绩来源于网络，奠定了行业内网络领导品牌的基础。凭借带领公司取得飞跃式发展，2014 年 4

月，赖世军当选第五届中国电子商务"十大牛商"。

"之前，像欧时力之类的大一点的品牌服装，即使是我们主动找过去，他们一般也不搭理。"赖世军回忆道，"而在网络上，他们要采购辅料时，在阿里商铺上可以找到我们；采购面料时，又能从百度关键词搜索上找到我们。另一个设计师通过微博与我们建立了关系，说百华很有实力。这些都是做网络营销前不敢想象的。"

赖世军表示，未来的竞争不是企业与企业的竞争，而是产业链之战。百华希望实现花边行业的绝对竞争优势，用 iPhone 模式打造花边行业领导品牌，做花边行业的"苹果"。他想用自己多年的实践和探索经验，帮助同行走进网络，共同打造花边行业生态链，帮助服装企业创造核心竞争力，使民族品牌更受尊重。

赖世军说："如果把网络当成是一个工具或是一种渠道，那充其量只能在网络上赚点小钱。但如果把网络提升到一个企业的战略层面来思考并进行布局，那效果就完全不一样了。所以我们的网络布局是一张无形蜘蛛网，无论哪一类型的客户，无论选用哪一个关键词，都会进入我们指定的相匹配的网站内。"

借助互联网，百华成长为行业主角。其 2010 年转型后首创行业"1+1 模式"——唯一产品唯一提供，保证服装客户的绝对竞争优势。第一个用 iPhone 模式实现传统花边行业的产业链整合，打造花边行业第一品牌。2012 年实现企业裂变扩张，从最初的加工型企业向品牌企业转型升级。

2014 年，百华的网络规划是执行 2017 年的上市计划，实施 SP 平台战略，让 80% 的客户用上百华的体系，实现花边产业链的整合及服装工业的互通互融，紧跟时代，全面布局移动互联网。

赖世军说："单仁资讯能非常系统地帮助企业规划和布局网络战略，而且可操作性较强，一般认真学习过、立即去进行落地的企业都能在网络上赚到钱。"

"要知道，网络营销是'一把手'工程，老板要把自己放在网络营销总设计师的位置。我们最早安排了两个人去单仁资讯的操作班学习，经过三年的尝试和探索，目前网络推广团队已基本实现流水线操作，改变了之前对网络推广人才技术的绝对依赖的局面。目前即使是一个刚出校门无任何网络操作经验的学生，也可实现七天内上岗。"

能够摆脱对网络推广人才的绝对依赖，主要原因有两点：

1. 在团队管理上，结合多年网络推广实战经验，独创"牛吃草"理论体系和运作系统，实现推广人员流水线标准化运作。（完善的电子商务团队运营经验）——推广人员找女性，有点文采的人最好。

2. 独创"恋爱式"网络客服系统，让每个客服人员与客户进行恋爱式沟通交流，提升客户黏性，成交率成倍增长。（独特的客户系统）——客服要找善于网聊的人，有过网恋经历的人可优先考虑。

结　语

雷震声似鼓，风动帆即帜

这本书终于写到了尾声，关于全网生态营销的"千红万紫"也已经安排好了，我们正热切期盼，听到你启动全网生态营销的第一声"新雷"！

虽然我写作本书的初衷是立足营销前沿，结合 10 多年一线培训经验，传递理念、技巧，解析实战案例，将全网营销升级为全网生态营销，并提出行之有效的建议，但这些动作都无法代替你的实际行动。越早行动，你会发现越多机会。

希望本书可以坚定你的信念，助你熟悉全网生态营销知识系统。我们再来回顾一下全书内容。

第一部分（第 1 ~ 9 章），明道先行。我们分析了传统企业面临的新环境：急速迭代的市场、销售渠道碎片化、用户接收的信息过载等。当移动互联网向我们的生活纵深切入时，我们已无路可逃。我们基于移动互联网的燎原之势，讲述传统行业必备的六种盈利模式，并且重构了网络三大盈利模式：零售盈利、形象展示 + 销售盈利以及平台盈利。通过运用盈利模式定位系统，找准企业在互联网时代的位置，明白靠什么赚钱的道理。我们阐述了新媒体与旧媒体的"量子纠缠"关系。它们两者既有替代的部分，更有互补的作用。企业老板最需要认清这一点：做网络营销并不是弃线下于死地。全网生态营销的五大思维模式，全网防御策略和全网进攻策略，让我们放下诸多疑虑，开启线上线下整合之道。接着，我们阐述了全网生态营销四大定位系统：目标客户定位、核心产品定位、产品卖点定位和关键词定位。

第二部分（第 10 ~ 15 章），触网有术。我们借助迈克尔·波特的竞争力模型和优化 SWOT 分析范式，一起找准企业的核心竞争力，并将其打造成为可以瞬时更新的优势竞争带。接着，我们分别讲述了搜索引擎优化、内容营销、口碑营销、移动营销、付费推广、搭建营销型网站、设置流量转化节点等内容。其间，我们还穿插引用几家学员案例，解析了如何进行落地。

第三部分（第 16 ~ 19 章），破网亮剑。我们前瞻性地探讨了传统行业里的制造型企业如何开展跨境电商业务，还阐述了如何优化网络销售系统、规划运营团队、设计岗位职责、绩效考核、制定营销预算、作出科学的营销决策以及监控营销效果。

第四部分，全网心得。我们选取了装修、纺织、餐饮、零售、医疗等传统行业的学员企业的实战案例，倾听他们的心声，了解他们的做法。

我本不想唠叨这么多，可双手好像不听我控制了，依然在键盘上飞舞，就像炫迈口香糖的广告语——根本停不下来，那么，就容我再提出三点叮嘱吧：

第一，以用户为中心。无论你从事的是 B2B 业务还是 B2C 业务，确保你和你的运营团队真正理解用户，并且围绕"以用户为中心"的原则，研究他们的需求、购买行为和使用行为，以及他们为什么喜欢你的产品，他们为什么购买你的产品。

第二，永葆学习的心。在实践全网生态营销系统的过程中，改进方法，提升效果，并且及时参加复训。我们的专家团队在提升，我们的课程在持续进化，并且呈现加速趋势，请紧跟我们的步伐。

第三，切合实际。要求你和你的运营团队抱持实事求是的态度，脚踏实地，认真落实执行年度、季度、月度、周，以及日营销计划。营销本就是一场持久战，侥幸心理要不得。

除此之外，作为一位受人尊敬的企业家，你的确需要一个来自公司外部的朋友，帮助你驶入正确车道，并开启"奔驰模式"。这个朋友就相当于一位智慧的旁观者，他可以帮助你自省，陪伴你成长，共同克艰迎难。需要强调一点，功名利禄身外物，唯有家人心中留。在追求事业的路上，我们需要感恩在背后一直默默支持我们的家人。

我衷心希望全网生态营销理论体系能够帮你从触网到破网，打通线下线上业务，助你事业更上一层楼！

学员说

成都正恒动力配件有限公司董事长　刘　帆

这本书中，单仁博士总结了超过 10 万家企业案例，并对其理论体系进行了升级与延伸，给读者一个更加深刻的全网生态营销策略指导书。

苏州依斯倍环保装备科技有限公司董事长　常　英

通过一系列严谨的学习过程，我们可以从这本书中，学习到如何让传统企业做好全网生态营销与电子商务。我们甚至可以把本书当成一本手边参考书。翻阅一下，总能找到对应的方法或策略。

北京瑶隆科技有限责任公司董事长　覃迅云

它给传统企业指明了成功转型互联网的康庄大道。当然，转型并非一日之功，我们需要按照单仁老师提供的系统，一步一步，终将可以见到成效，就像书中提供的案例企业一样。

广东连盈家具有限公司董事长　东莞聚大电商产业园董事长　张锡林

我公司曾经即将关门，通过学习单仁老师所教的东西，企业每年业绩 100% 以上的增长，真不可思议！单仁老师站在绝对高度，带着战略眼光，指导企业向互联网转型以及开拓电商业务。值得学习，很有启发意义。

三牛众创空间董事长　江苏圣澜服饰创意有限公司"同桌的你"品牌创始人　王秋芬

这本书是继《抢道》《网道》《渠道新战争》之后，单仁老师的又一部宏篇巨著。推荐所有企业家、网络营销及电子商务人士共读。

深圳市荔花村茶叶有限公司董事长　李佳霖

它是我读过的最有趣、最具实战意义的营销书籍。它的信息量之大，绝对会超乎你的想像。你一旦捧起来阅读，不由自主会产生一种强烈的阅读快感，绝对会放不下来。

河南一涵汴绣有限公司董事长　张留凤

这本书从网络营销的角度由浅入深地讲解了企业从定位，渠道开拓，营销策略和战术有个深度剖析，一涵汴绣在这本书里找到了企业的需求，也按照这本书有效的执行，团队业绩有了很大提升。

乐好英超标志服有限公司创始人　崔玉波

单仁博士是网络营销界首屈一指的实战派大师。这本书正是他对过去数年的实战经验的总结与升华，值得一读。

广东康宝电器股份有限公司副总裁　黄正祥

阅读这本书，你可以全面及深入地了解网络营销的最前沿知识，比如微信小程序如何给企业带来机会？

义乌幸福里国际电子商务产业园董事长　邵宝玲

这本书的内容非常吸引人，单仁老师不仅毫不保留地分享了他数十年的研究成果与实践经验，更是站在一个全新高度，在网络营销及电子商务方面，给读者带来更多启发。

广东百华科技股份有限公司董事长　赖世军

单仁老师这本书内容可读性强，一读就懂，把我们知识过剩的碎片思维方式快速调整到体系化思维导图中。我受益匪浅，成大事要智慧！

柳州嘉沃农业科技有限公司执行董事　韦玲玲

《抢道》告诉我们，传统企业需要向互联网转型，《全网生态营销》则告诉我们，如何转型升级。对于想要开展电商平台的企业家而言，这也是一本必备的启发之书。

佛山市顺德区数码彩涂料有限公司总经理　陈雪根

选择一本好书，就是选择一种更高级的思维方式，获得一种更厉害的工具。在产业互联网来临之时，营销对销售的影响更大了。这本书从策略入手，以战术收尾，是一整套网络营销系统。

杭州立新实业有限公司董事长　杨自中

营销流派五花八门，即使优秀的营销人员，面对汹涌而来的互联网营销大潮，也会顾此失彼。这本书给出了一套系统，包括如何进行客户定位、如何进行产品定位，如何进行企业定位以及关键词定位。

长沙自强梦数码科技有限公司总经理　彭世斌

这本书很有趣味性，甚至与单老师之前的书完全不同。在这本书里，单仁老师旁征博引，案例丰富，启发意义十分强大。单仁老师的书，值得我们仔细揣摩与实践。

鹤山市丰雨顺户外用品有限公司总经理　李国权

这本书通过大量学员案例与知名企业案例，结合单仁资讯的四大系统，阐述全网生态营销理论及操作方法。

上海欣海报关有限公司董事长　葛基中

营销是一门技艺双拼的工作。本书既重思维艺术，又重实战技术，是难得一见的高品质作品。感谢单仁老师又给学员带来一大波福利。

山东金马首装饰材料有限公司总经理　郭　欣

我们企业是单仁老师教育下的受益者，我的企业通过学习，实现了销售业绩的大幅提升。真切希望有更多的企业尽快学习掌握电子商务这一工具，实现企业的转型升级！

2026互联网温控创始人　廖　炯

这是一本写给决策层看的网络营销之书。融实战经营于网络情景之中，是理解全网生态营销体系的扛鼎之作。

武汉德立固材料股份有限公司总经理　周章瑛

互联网带给企业腾飞的机会，单仁老师引导我们插上翱翔天际的羽翼！这本书对企业主来说，是一本难能可贵的好书！

扫我学习
《传统产业如何被互联网击垮的》

参考文献

【1】 单仁著：《抢道》，北京：中国电力出版社，2008 年 12 月

【2】 单仁著：《渠道新战争》，广州：广东经济出版社，2010 年 4 月

【3】 单仁、轩鹏著：《网道》，广州：广东经济出版社，2011 年 6 月

【4】 范冰著：《增长黑客》，北京：电子工业出版社，2015 年 7 月

【5】 麓山文化编著：《掘金移动互联》，北京：清华大学出版社，2016 年 1 月

【6】 李善友著：《产品型社群》，北京：机械工业出版社，2015 年 1 月

【7】 龚焱著：《精益创业方法论》，北京：机械工业出版社，2014 年 12 月

【8】 韦智勇著：《O2O 操盘手》，广州：广东旅游出版社，2015 年 5 月

【9】 张育绮著：《二维码营销》，北京：中信出版社，2013 年 7 月

【10】 王辉著：《10000+ 软文》，北京：机械工业出版社，2016 年 6 月

【11】 张波著：《O2O 落地》，北京：机械工业出版社，2014 年 11 月

【12】 李鹏博著：《揭秘跨境电商》，北京：电子工业出版社，2015 年 6 月

【13】 速卖通大学编著：《跨境电商营销》，北京：电子工业出版社，2016 年 1 月

【14】朱秋诚著：《跨境电商 3.0 时代》，北京：中国海关出版社，2016 年 8 月

【15】 谢松杰著：《网站说服力》，北京：电子工业出版社，2014 年 1 月

【16】高鸿业主编：《西方经济学（第六版）》，北京：中国人民大学出版社，2014 年 7 月

【17】 黄铁鹰著：《海底捞你学不会》，北京：中信出版社，2015 年 10 月

【18】 腾讯科技频道著：《跨界》，北京：机械工业出版社，2014 年 10 月

【19】 黎万强著：《参与感》，北京：中信出版社，2014 年 8 月

【20】 昝辉 Zac 著：《网络营销实战密码》，北京：电子工业出版社，2013 年 5 月

【21】 江礼坤著：《网络营销实战推广实战宝典》，北京：电子工业出版社，2012 年 1 月

【22】 实力传播著：《投放决定利润》，北京：中信出版社，2011 年 11 月

【23】崔楠著：《消费者的真实性感知》，武汉：武汉大学出版社，2015 年 11 月

【24】百度营销研究院著：《百度推广》，北京：电子工业出版社，

2013 年 6 月

【25】刘鹏、王超著：《计算广告》，北京：人民邮电出版社，2015 年 6 月

【26】鼠念念著：《松鼠老爹与三只松鼠》，北京：电子工业出版社，2016 年 10 月

【27】[美] 塔玛拉·温伯格著，赵俐、刘霞、高明勤译：《正在爆发的营销革命》，北京：机械工业出版社，2010 年 4 月

【28】[美] 杰克·米切尔著，张若涵译：《卖体验》，成都：四川人民出版社，2015 年 9 月

【29】[美] 杰夫·沃克著，李文远译：《浪潮式发售》，广州：广东人民出版社，2016 年 3 月

【30】[英] 索尼娅·杰斐逊、莎伦·坦顿著，祖静、屈云波译：《内容营销》，北京：企业管理出版社，2014 年 3 月

【31】[美] 科恩·保韦尔斯著，李文远译：《数据化营销》，北京：当代中国出版社，2016 年 11 月

【32】[美] 加斯顿·莱戈鲁、达伦·麦科尔著，师蓉等译：《故事场景摩天楼》，北京：中国人民大学出版社，2015 年 11 月

【33】[美] 马尔科姆·格拉德威尔著，钱清译：《引爆点》，北京：中信出版社，2014 年 4 月

【34】[美] 戴维·纽曼著，陈书译：《集客行动营销》，成都：四川人民出版社，2014 年 11 月

【35】[美] 瑞安·霍利迪著，潘丽君译：《一个媒体推手的自白》，广州：广东人民出版社，2013 年 6 月

【36】[美] 科林·斯坦利著，余卓桓译：《销售就是要玩转情商》，武汉：武汉大学出版社，2015 年 9 月

【37】[美] 维纳查克著，张树燕译：《新媒体营销圣经》，北京：北京联合出版公司，2016 年 4 月

"iHappy 书友会" 会员申请表

姓　名（以身份证为准）：＿＿＿＿＿　　性　别：＿＿＿＿＿＿＿＿＿

年　龄：＿＿＿＿＿＿＿＿＿＿　　职　业：＿＿＿＿＿＿＿＿＿＿

手机号码：＿＿＿＿＿＿＿＿＿　　E-mail：＿＿＿＿＿＿＿＿＿＿

邮寄地址：＿＿＿＿＿＿＿＿＿　　邮政编码：＿＿＿＿＿＿＿＿＿

微信账号：＿＿＿＿＿＿＿＿＿　　（选填）

请严格按上述格式将相关信息发邮件至中资海派 "iHappy 书友会" 会员服务部。

邮　箱：zzhp_marketing6@126.com

微信联系方式：请扫描二维码或查找 zzhpszpublishing 关注 "中资海派图书"

		订 阅 人		部　门		单位名称		
优惠订购		地　址						
		电　话				传　真		
		电子邮箱			公司网址		邮　编	
	订购书目							
	付款方式	邮局汇款	中资海派商务管理（深圳）有限公司 中国深圳银湖路中国脑库 A 栋四楼				邮编：518029	
		银行电汇或转账	户　名：中资海派商务管理（深圳）有限公司 开户行：招行深圳科苑支行 账　号：81 5781 4257 1000 1 交通银行卡户名：桂林　　卡　号：622260 1310006 765820					
	附注	1. 请将订阅单连同汇款单影印件传真或邮寄，以凭办理。 2. 订阅单请用正楷填写清楚，以便以最快方式送达。 3. 咨询热线：0755－25970306 转 158、168　　传　真：0755－25970309 转 825 E-mail: szmiss@126.com					

→利用本订购单订购一律享受九折特价优惠。

→团购 30 本以上八五折优惠。